TUTORIUM JURA

Jürgen Seier

Die Anfängerklausur im Strafrecht

Zentrale Probleme des Allgemeinen Teils in der Fallbearbeitung

Springer

Professor Dr. iur. Jürgen Seier
Universität zu Köln
Institut für Strafrecht und Strafprozessrecht
Albertus-Magnus-Platz 1
50923 Köln
Deutschland
j.seier@uni-koeln.de

ISSN 1613-8724
ISBN 978-3-540-68183-0 e-ISBN 978-3-540-68184-7
DOI 10.1007/978-3-540-68184-7
Springer Heidelberg Dordrecht London New York

Die Deutsche Nationalbibliothek verzeichnet diese Publikation in der Deutschen Nationalbibliografie; detaillierte bibliografische Daten sind im Internet über http://dnb.d-nb.de abrufbar.

Einbandentwurf: WMXDesign GmbH, Heidelberg

Gedruckt auf säurefreiem Papier

Springer ist Teil der Fachverlagsgruppe Springer Science+Business Media (www.springer.com)

Vorwort

Mit dem vorliegenden Band wird die Reihe „Die Anfängerklausur" um den Bereich des Strafrechts ergänzt. In ihm enthalten sind 15 Klausuren, deren Problemschwerpunkte im Allgemeinen Teil angesiedelt sind. Bei der Auswahl der Klausuraufgaben wurde einerseits versucht, den gesamten Stoff des Allgemeinen Teils gleichermaßen abzudecken und die einzelnen Fälle in der Reihenfolge zu behandeln, die üblicherweise auch in Vorlesungen und Lehrbüchern eingehalten wird. Andererseits greifen die Falllösungen nur Problem-„Klassiker" auf, d.h. Materien, die zum Basiswissen gehören (oder gehören sollten) und die deshalb bevorzugt den Gegenstand strafrechtlicher Prüfungsarbeiten im Grundstudium bilden.

Es liegt auf der Hand, dass dieses Buch kein Lehrbuch zum Allgemeinen Teil ersetzen kann und auch nicht soll. Im Gegenteil: Etliche der zu klärenden Sachfragen setzen voraus, dass man über die in Rede stehende Thematik bereits informiert ist. Sofern die entsprechenden Kenntnisse (noch) fehlen sollten, ist man gut beraten, zu einem Lehrbuch zu greifen und Versäumtes nachzuholen.

Um von vornherein nicht den Eindruck zu erwecken, das Buch könne an die Stelle eines Lehrbuchs treten, sind Rechtsprechungs- und Schrifttumsnachweise bewusst spärlich eingestreut. Lediglich da, wo es unbedingt erforderlich erschien, finden sich Zitate, die sich jeweils auf eine Belegstelle beschränken. Alles andere hätte dazu geführt, dass der Umfang des Buches zu sehr zugenommen hätte.

Was den Inhalt angeht, so wird im 1. Teil in knapper Form eine allgemeine Einführung in das Arbeitsprogramm gegeben. Der nachfolgende Hauptteil ist den Klausuren gewidmet. Bei jeder einzelnen Klausur wird begonnen mit gedanklichen Überlegungen, die im Vorfeld der Niederschrift anzustellen sind. Die zuvor nur abstrakt-theoretisch dargestellten Arbeitsschritte werden hier fallspezifisch umgesetzt. Das Kernproblem der Klausuraufgabe wird dann jeweils in einem eigenen Arbeitsschritt aufbereitet. Insoweit geht es – der Zielsetzung des Buches entsprechend – nicht darum, den Leser mit dem notwendigen Wissen um Meinungsstreitigkeiten, Theorien, Lehrmeinungen etc. zu rüsten. Im Vordergrund steht vielmehr das Bemühen, die – hoffentlich (!) – vorhandenen Kenntnisse für eine Klausurlösung zu aktivieren. Dass sich damit eine Auffrischung des erlernten Rechtsstoffes verbindet, versteht sich von selbst.

So finden sich z.B. in diesem Abschnitt Vorschläge, wie man einen Erlaubnistatbestandsirrtum methodisch „angeht" oder wie das Problem der actio libera in causa klausurangemessen behandelt werden kann. Darüber hinaus werden hier durchweg Aufbaumuster vorgestellt, die durch fallbezogene Erläuterungen konkretisiert werden. Der eigentlichen – ausformulierten – Klausurlösung ist dann stets ein auf das Wesentlichste beschränkter Lösungsplan vorangestellt, der das Ergebnis der Vorüberlegungen wiedergibt.

Der 3. Teil enthält schließlich einen Leitfaden (samt einer Arbeitsanleitung) zur Konkurrenzlehre. Er geht zurück auf ein Skript, das ich in den vergangenen Semestern an die Hörer meiner AT-Vorlesung verteilt habe, weil ich in Anbetracht der Stofffülle diese Thematik, obwohl ebenso schwierig wie bedeutsam, in der Vorlesung vernachlässigen musste. Die positive Resonanz, die ich erfahren habe, hat mich ermutigt, dieses auf den neuesten Stand gebrachte Skript dem Klausurteil als Anhang beizufügen.

Erlaubt sei in diesem Zusammenhang noch der Hinweis, dass der Nutzen von Fallsammlungen mit sog. Musterlösungen keineswegs unbestritten ist. Weil eben nicht unter Prüfungsbedingungen, sondern unter Zuhilfenahme von Lehrbüchern und Kommentaren verfasst, werden sie zum Teil als „Muster ohne Wert" ohne wirkliche Vorbildfunktion erachtet (vgl. *Arzt*, Die Strafrechtsklausur, 7. Aufl. 2006, S. 1). Man sollte sich aber auf der anderen Seite vergegenwärtigen, dass der Studierende gerade durch „perfekte" Falllösungen zu argumentieren lernt. Ihm wird vor Augen geführt, wo die Schwerpunkte zu setzen sind und wie er mit Selbstverständlichem und Problematischem umzugehen hat. Ganz nebenbei eignet er sich zudem – wenn vielleicht auch nur unbewusst – die richtige Stilart (Gutachten- oder Urteilsstil; Gebrauch des Konjunktivs) sowie einen Fundus von sprachlichen Formulierungen und Redewendungen an, die sich allmählich verfestigen und schließlich in Fleisch und Blut übergehen sollten. Im Ernstfall nämlich, sprich in der Klausursituation, hat man keine Zeit, Sprache und Darstellungsstil groß zu überdenken. Beides muss dann dem Bearbeiter intuitiv verfügbar sein.

Die Lektüre von Musterklausuren bringt also unter dem Strich viele Vorteile. Dass die eigene Ausarbeitung mehr oder weniger weit hinter der Qualität der Musterlösung zurückbleibt, ist selbstverständlich und kein Umstand, der zur Beunruhigung Anlass geben sollte.

Zu Dank verpflichtet bin ich meinen Mitarbeitern. Die Klausurfälle und -lösungen gehen allesamt auf einen Diskurs mit Frau Dr. *Tanja Lehmann*, Frau Dr. *Diana Hembach* und Frau *Miriam Ruppenthal* zurück. Bei einzelnen Klausuren (Fall 4, 5 und 9) waren sie selbst federführend. Herr *Carsten Justenhoven* hat umsichtig das Manuskript erstellt. Den Lesern danke ich bereits jetzt für Kritik oder auch Zuspruch und etwaige Anregungen, die per E-Mail an jseier@uni-koeln.de geäußert werden können.

Köln, im Oktober 2009 Jürgen Seier

Inhaltsverzeichnis

1. Teil: Einführung

1 Allgemeine Vorbemerkungen

Seine Leistungsnachweise hat der Studierende – nach dem weitgehenden Rückzug von Hausarbeiten – in erster Linie durch (Fall-) Klausuren zu erbringen. Sie anzufertigen und Erlerntes auf einen konkreten Sachverhalt anzuwenden, macht auch dem Schwierigkeiten, der über solide Rechtskenntnisse verfügt. Denn gutes theoretisches Wissen allein schafft noch keine Gewähr für einwandfreie Falllösungen. Wesentlicher Teil der juristischen Ausbildung ist deshalb auch, die Technik und die Methodik der Fallbearbeitung einzuüben, d.h. die erforderlichen Form-, Aufbau- und Stilfragen zu erlernen.

Die Notwendigkeit, abstrakt-theoretisches Wissen in konkret-praktisches Arbeiten umzusetzen, begleitet den Juristen das ganze Berufsleben lang. Man denke nur an den zweiten Ausbildungsabschnitt – die Referendarzeit – oder den Berufsanfang als Staatsanwalt oder Strafrichter. Selbst mit noch so fundierten dogmatischen Kenntnissen steht man auf verlorenem Posten, wenn man nicht weiß, wie eine Anklageschrift bzw. ein Strafurteil auszusehen hat.

Umgekehrt hüte man sich vor der Annahme, mit einer noch so ausgefeilten Klausurentechnik alles erreichen zu können. Grundvoraussetzung für eine gelungene Klausur ist selbstverständlich das Beherrschen des materiellen Rechts. Es heißt also zunächst, sich diesbezüglich ein solides Fundament zu verschaffen und – überdies – „am Ball zu bleiben“, d.h. sich ständig weiter- und fortzubilden.

2 Die Bedeutung von Anfängerklausuren

Wie alle Klausuren werden auch die Anfängerklausuren mit Zeitvorgabe unter Aufsicht geschrieben. Als Hilfsmittel ist ausschließlich der Gesetzestext zugelassen. Im Verlaufe des Studiums nehmen Umfang und Schwierigkeitsgrad der Aufgaben kontinuierlich zu. Parallel dazu wächst die Bearbeitungszeit. Sie beträgt in den Grundkursen üblicherweise 2 Stunden, im Fortgeschrittenenstadium 3 bis 4 Stunden und bei Examensarbeiten 5 Stunden.

Was die Beschaffenheit von Klausuren angeht, ist auf § 10 Abs. 2 S. 4 JAG NRW hinzuweisen, der über die im Ersten Staatsexamen anzufertigenden Aufsichtsarbeiten Folgendes sagt: „Die Aufgaben sollen einen rechtlich und tatsächlich einfachen Fall betreffen, der dem Prüfling jedoch Gelegenheit gibt, seine Fähigkeit zur Erörterung von Rechtsfragen darzutun.“

Hierauf sollte sich der Examenskandidat nicht unbedingt verlassen. Viele Klausuren – auch in NRW – sind von einem leichten Zuschnitt weit entfernt und erscheinen insbesondere im Bereich des Strafrechts überfrachtet. Umso mehr ist es geboten, sich schon zu Anfang des Studiums – bei Vorhandensein genügenden Basiswissens – in die Klausurtechnik einzuarbeiten, um dann diese Fertigkeit während des Studiums zu verfestigen und zu optimieren.

Beides – die Aneignung des materiellen Rechts sowie der Methodik der Fallbearbeitung – sollte dabei dem jeweiligen Studienabschnitt angepasst werden. Geradezu leichtfertig wäre es, wenn man sich schon zu Studiumsbeginn auf schwierige Fälle konzentriert und, was Anfängerklausuren angeht, die Zügel schleifen lässt. Denn gerade die Anfängerklausuren sind es, die sich mit den wichtigen Grundlagen und systematischen Zusammenhängen befassen. Durch sie sammelt man erste Erfahrungen im handwerklichen Umgang mit dem Recht und verschafft sich so mehr und mehr Sicherheit in Fallaufbau und -lösung. Wer sie entweder aus dem Gefühl der Unterforderung, der Überlegenheit den Mitstudierenden gegenüber oder aber mit Blick auf eine zeitnahe Zwischenprüfung oder den sog. Freischuss vernachlässigt, muss damit rechnen, später an typischen Anfängerfehlern oder Verstößen gegen elementare Regeln zu scheitern.

3 Die Klausurensituation

Es sei sogleich vorweggenommen: Das größte Problem bei Klausuren – speziell bei Strafrechtsklausuren – ist das der Zeiteinteilung. Die begrenzte Zeitvorgabe setzt gerade im Strafrecht in besonderem Maße rationelles, ökonomisches Arbeiten voraus. Der Studierende ist aufgerufen, äußerst diszipliniert vorzugehen und sich Schritt für Schritt an die Lösung heranzutasten. Abweichungen vom Denk- und Arbeitsschema oder das Überspringen einzelner Lösungsschritte führen regelmäßig zum Misserfolg. Das gilt etwa für den, der sich ohne viel Federlesens sogleich an die „Reinschrift" macht. Wer hingegen umgekehrt zunächst eine komplette Niederschrift „ins Unreine" fertigt, muss zwangsläufig in Zeitnot geraten. Von daher ist es unbedingt erforderlich, planvolle Ordnung in Gedankengang und Arbeitsweise zu bringen.

Etliche Anleitungsbücher schreiben exakt die Zeit vor, die der Studierende für die einzelnen Lösungsschritte veranschlagen soll. Solche – sicher gut gemeinten – Zeitpläne täuschen aber letztlich darüber hinweg, dass die Zeitaufteilung maßgeblich von der jeweiligen Klausuraufgabe und dem individuellen Arbeitsstil abhängig ist. Der Studierende muss selbst erproben, wie schnell oder langsam er die einzelnen Lösungsschritte bewältigt. Er muss durch Klausurenpraxis ein eigenes Zeitgespür entwickeln. Auch mit Rücksicht auf das Zeitproblem sollte man deshalb die Anfängerklausur nicht als lästige Pflicht für den Erwerb des notwendigen Leistungsnachweises abtun, sondern ihr die Bedeutung beimessen, die sie hat: Sie ist der Einstieg in die „Arbeitswelt" des Juristen und stellt die Weichen für das (erfolgreiche) Examen.

4 Der Arbeitsablauf

4.1 Zweckmäßige Vorarbeiten

Um keine wertvolle Zeit zu verlieren, sollte man bereits im Vorfeld der Klausur das Deckblatt erstellen. Im Klaren muss man sich außerdem über die zu beachtenden Förmlichkeiten sein: So ist auf der linken Seite mindestens 1/3 Korrekturrand zu lassen; die Blätter dürfen nur einseitig beschrieben werden und sind fortlaufend zu nummerieren. Das Gutachten ist zu unterschreiben und selbstverständlich leserlich abzufassen.

4.2 Das Erfassen des Sachverhalts

Trotz gebotener Eile sollte man sich anfangs genügend Zeit nehmen, den Aufgabentext gründlich und aufmerksam zu lesen. Weil man später erfahrungsgemäß nicht mehr in den Sachverhalt schaut, läuft man sonst Gefahr, wichtige Einzelheiten außer Acht zu lassen oder aber die Angaben zu verfälschen, etwa weil man einen ähnlichen kurz zuvor gelesenen Fall im Kopf hat.

Im Übrigen ist der Sachverhalt für den Studierenden in jeder Hinsicht verbindlich. Selbst wenn er insgesamt oder in einzelnen Passagen noch so unwahrscheinlich erscheinen mag, hat das der Studierende hinzunehmen und nicht in Frage zu stellen. Etwaige Lücken im Sachverhalt sind durch lebensnahe Auslegung zu schließen.

4.3 Beachtung der Fallfrage und etwaiger Bearbeitungsvermerke

Nicht weniger bedeutsam ist es, die Schlussfrage in den Blick zu nehmen. Vor allem bei Strafrechtsklausuren kommt es häufig vor, dass bestimmte Personen oder auch Delikte von der Prüfung auszunehmen sind. Acht zu geben ist darüber hinaus auf etwaige Zusatzinformationen, z.B. auf den Hinweis, dass Strafanträge, sofern erforderlich, gestellt worden sind oder die abschließende Mitteilung, dass die Blutalkoholkonzentration des Täters zur Tatzeit 3,2 ‰ betragen hat.

4.4 Das Lösungskonzept

Die wesentlichste Station ist sodann das Erstellen einer Lösungsskizze. Angezeigt ist hier, stufenweise vorzugehen: Der Studierende sollte sich zwingen, die Vorüberlegungen hintereinander, ohne vorzugreifen, abzuwickeln, sich also Schritt für Schritt vom Groben zu den Feinheiten vor- und durchzuarbeiten.

Das beginnt mit dem Aufspüren der maßgeblichen Strafgrundlagen, geht dann weiter mit der Erstellung des Gesamtaufbaus des Gutachtens (Bildung von Tatkomplexen; Reihenfolge bei mehreren Beteiligten; Abfolge der aufgefundenen Tatbestände) sowie der (Fein-) Strukturierung der einzelnen Delikte. Um später bei der Reinschrift nichts zu vergessen, sollten diese Vorarbeiten einmünden in einen schriftlichen Lösungsplan, der übersichtlich, vollständig, aber aus Zeitgründen kurz ausfallen sollte.

Bei den nachfolgenden Klausuren wird diese Etappe jeweils der eigentlichen Falllösung vorangestellt. An dieser Stelle seien nur einige allgemeine Hinweise gegeben.

4.4.1 Das Ermitteln der maßgeblichen Vorschriften

In einer Art von Stoffsammlung sind zunächst die Straftatbestände aufzusuchen (und zu notieren), die als Prüfgegenstand in Betracht kommen. Dieser erste – wichtige – Schritt hat Filterfunktion: Abseitige, d.h. offensichtlich nicht gegebene Tatbestände sind auszublenden. Die Entscheidung über das „Ob“ einer Prüfung fällt dabei insbesondere Anfängern mitunter schwer. Häufig fehlt der Mut, Delikte, die, wie auf den ersten Blick erkennbar, nicht „einschlägig“ sind, einfach beiseite zu lassen. Aus den unten näher bezeichneten Gründen (s. u. 4.5) sollte man sich hiervon schnell lösen. So kann man beispielsweise Vorsatzdelikte, wenn Vorsatz augenfällig nicht vorliegt, getrost unberücksichtigt lassen.

4.4.2 Einteilung in Tatkomplexe

Im Anschluss daran ist zu fragen, ob es aus Gründen besserer Übersichtlichkeit angezeigt ist, den Sachverhalt in Handlungsabschnitte zu untergliedern. Das ist ratsam, wenn das (Gesamt-) Geschehen Zeitsprünge aufweist und/oder sich an unterschiedlichen Tatorten abspielt. Äußerlich erkennbar ist dies zumeist schon daran, dass der Aufgabentext entsprechende Absätze aufweist.

Der einzelne Tatkomplex muss zudem einer isolierten rechtlichen Würdigung zugänglich sein. Das ist z.B. nicht der Fall, wenn sich ein Delikt – z.B. ein Dauerdelikt (§ 316 StGB) oder ein sog. Pauschaldelikt (§ 225 StGB) – über einen längeren Zeitraum erstreckt. Weil dann nur eine Gesetzesverletzung gegeben ist, geht es nicht an, die einheitliche Tat durch Bilden von Tatkomplexen in Teilstücke zu zerlegen.

Die einzelnen Tatkomplexe sind ferner mit einer Überschrift zu versehen, die den jeweiligen Sachverhaltsausschnitt skizziert. Dabei ist darauf zu achten, dass man das rechtlich erst noch zu Prüfende nicht in dieser Kennzeichnung vorwegnimmt. Statt „1. Tatkomplex: Die Körperverletzung von A und die Notwehr des B“ sollte es also heißen: „1. Tatkomplex: Die Auseinandersetzung zwischen A und B“.

4.4.3 Die Reihenfolge bei mehreren Personen

Ist die Strafbarkeit mehrerer zu begutachten, muss das Verhalten jedes einzelnen Akteurs grundsätzlich (Ausnahme: Mittäterschaft, § 25 Abs. 2 StGB) separat bewertet werden. Sofern der Sachverhalt zuvor in Handlungskomplexe unterteilt worden ist, muss in jedem einzelnen Abschnitt die Strafbarkeit aller der dort tätig Gewordenen erörtert werden.

Was die Prüfungsabfolge angeht, ist zu unterscheiden zwischen Straftaten, an denen mehrere beteiligt sind, und Delikten, die unabhängig voneinander begangen werden. Für den ersten Fall gilt die „eherne" Regel, dass mit demjenigen zu beginnen ist, der der Tat am nächsten steht. Wegen der Akzessorietät der Teilnahme von einer Haupttat ist dieses Prinzip unbedingt und ausnahmslos bei der Anstiftung und Beihilfe einzuhalten („Täter vor Teilnehmer"). Zu beherzigen ist diese Vorgehensweise auch bei der mittelbaren Täterschaft (§ 25 Abs. 1 Var. 2 StGB: „Tatmittler vor Hintermann") sowie bei der Mittäterschaft (§ 25 Abs. 2 StGB), wenn einem der Mitwirkenden möglicherweise nur eine Teilnehmerrolle zufällt.

Im zweiten Fall – bei Straftaten, die „im Alleingang" verübt werden – kann man nichts falsch machen, wenn man sich an der Chronologie des Geschehens orientiert. Im Gegenteil: Diese (historische) Reihenfolge ist sogar geboten, wenn Rechtfertigungsgründe in Rede stehen, die die Tat eines anderen voraussetzen. So ist beispielsweise bei der Notwehr (§ 32 StGB) „der Angreifer vor dem Verteidiger" zu prüfen. Entsprechendes gilt für die Anschlussstraftaten der §§ 257 ff. StGB, die erst nach der Vortat zu behandeln sind.

4.4.4 Die Reihenfolge der Delikte

Auf der nächsten Stufe ist zu bestimmen, in welcher Abfolge die bei einer Person in Betracht kommenden Delikte aneinanderzureihen sind. Grundsätzlich hat der Bearbeiter die Wahl, entweder chronologisch vorzugehen oder den Aufbau an der Schwere der zu prüfenden Tatbestände auszurichten. Sich für den zweiten Weg zu entscheiden, scheint allerdings empfehlenswerter zu sein, weil die Schwerpunkte der Klausuraufgabe zumeist bei den Kapitalverbrechen liegen und weil sonst die Gefahr besteht, dass man sich bei den weniger wichtigen (und für die Praxis unbedeutenden) Tatbeständen „festbeißt". Hinzu kommt, dass man bei Delikten, die auf eine (natürliche) Handlung zurückgehen, ohnehin dem Schwereprinzip folgen sollte.

Ganz ohne Ausnahme durchhalten lässt sich aber auch das nicht. So ist es etwa bei Mord in Verdeckungsabsicht (§ 211 StGB) oder bei gravierenden Taten, die durch ein (unechtes) Unterlassen (§ 13 StGB) begangen werden, angezeigt, zuvor die zu verdeckende Tat bzw. die leichtere Tat, die die Ingerenzgarantie auslöst, zu untersuchen. In beiden Fällen kann dann im Rahmen der schwereren Delikte auf die vorangegangenen Ausführungen Bezug genommen werden.

4.4.5 Die Strafgrundlagen im Einzelnen

Nach der Festlegung des Gesamtaufbaus hat die Aufmerksamkeit der Struktur der einzelnen Delikte zu gelten. Hierbei muss auch das „rechtliche Umfeld" der Tatbestände beachtet werden: Möglicherweise treten Qualifizierungen (§ 244 StGB), auch in Gestalt von Erfolgsqualifikationen (§§ 251, 18 StGB), Privilegierungen (§ 216 StGB), Regelbeispiele (§ 243 StGB) oder lückenausfüllende Spezialvorschriften (§§ 248a, 248c StGB) auf den Plan.

Innerhalb der Einzelprüfung muss sich der Bearbeiter dahingehend disziplinieren, die unterschiedlichen Deliktsvoraussetzungen nach und nach abzuwickeln, d.h. sie streng und konsequent voneinander zu trennen. So ist es beispielsweise verfehlt, die Kausalität mit Fragen der objektiven Zurechnung miteinander zu vermengen, oder – noch unverzeihlicher – den Rechtfertigungsgrund der Notwehr (§ 32 StGB) mit dem Entschuldigungsgrund des Notwehrexzesses (§ 33 StGB) in einen Topf zu werfen.

Klarheit sollte man sich des Weiteren darüber verschaffen, wo die Sachprobleme der Aufgabe liegen und an welcher konstruktiven Stelle sie zu diskutieren sind. Hier heißt es dann, die Schwerpunkte zu setzen.

Was die Schwerpunktsetzung allgemein betrifft, sollte sich der Studierende in den „Empfängerhorizont" hineinversetzen: Was erwartet der Korrektor von mir? Worüber will der Leser Näheres erfahren? So gesehen, ist dann auch klar, dass Punkte, die man beim Durchlaufen des Aufbauschemas als eindeutig und unzweifelhaft erkennt, keiner weitschweifigen Erörterung bedürfen.

4.5 Die Niederschrift

Im Anschluss an die Anfertigung der Lösungsskizze (s. o. 4.4) ist mit der Reinschrift zu beginnen. Auch dazu ließe sich Vieles und zweifellos Wichtiges sagen. Lassen wir stattdessen das *Bundesverwaltungsgericht* zu Wort kommen, wonach es „im Wesentlichen auf den folgerichtigen Aufbau, den Grad der rechtlichen Durchdringung des Falles und die Klarheit der Gedankenführung" ankommt (BVerwG, DVBl. 1966, 860 f.). Ergänzend hierzu ist Folgendes anzumerken:

Die Niederschrift hat sich – schon aus Zeitgründen – auf das Wichtigste zu konzentrieren. Im Idealfall sollte es so sein, dass jeder Satz die Lösung vorantreibt. Den Gesetzestext abzuschreiben bringt ebenso wenig von der Stelle wie den Sachverhalt zu wiederholen. Beides ist ja dem Leser bekannt! Gleiches gilt für abstrakt-theoretische Vorbemerkungen über das Schutzgut des Gesetzes, über Sinn und Zweck eines Merkmals sowie für Erwägungen, mit denen man den gewählten Aufbau bzw. den Gedankengang zu verteidigen sucht. Ausführungen mit diesem Inhalt kosten nicht nur wertvolle Zeit, sondern verraten im Grunde genommen auch Unsicherheit.

Dass Klausuren lediglich an sachlichen Fehlern scheitern, ist relativ selten. Zumeist ist der Misserfolg darauf zurückzuführen, dass der Bearbeiter sich verzettelt. Er prüft Überflüssiges und Scheinprobleme, widmet Selbstverständlichkeiten und Banalitäten zu breiten Raum und beißt sich an Nebensächlichem fest. Es liegt auf der Hand, dass solche Klausuren nicht gelingen können: Der Bearbeiter handelt sich zum einen den berechtigten Tadel ein, keinen Überblick zu haben. Zum anderen vertut er mit seinen nutzlosen Überlegungen viel Zeit; Zeit, die ihm dann fehlt, wenn es darum geht, sich den eigentlichen Sachfragen zu stellen. Und drittens eröffnen abseitige bzw. fernliegende Ausführungen natürlich ein weites Feld für zusätzliche Fehler.

Es ist ein – bei Anfängern weit verbreiteter – Trugschluss zu meinen, dass für die Benotung in erster Linie das aufgezeigte Ergebnis maßgeblich ist. In Wahrheit zählen Begründungen und Sachargumente. Sie zu liefern ist nur in der Lage, wer sowohl mit der Subsumtionstechnik als auch mit dem methodologischen Instrumentarium (Auslegungsarten, Analogie, Umkehrschluss etc.) vertraut ist. Weil Begründungen die Qualität der Arbeit ausmachen, ist hierauf die größte Mühe zu verwenden. Es geht nicht an, erforderliche Her- und Ableitungen durch bloße Behauptungen zu ersetzen und noch schlimmer: sich der Begründung durch entlarvende Worte wie „offensichtlich", „zweifelsfrei", „eindeutig" und dergleichen zu entziehen. Auch der Hinweis auf die h.L. (= herrschende Lehre) oder die Autorität des BGH schafft selbstverständlich keinen Ersatz für Begründungen.

Es versteht sich von selbst, dass der Studierende größten Wert auf Sprache und Darstellungsstil legen muss. Man versetze sich abermals in die Rolle des Korrektors: Ist die Klausur insgesamt gefällig, klar und präzise formuliert, wird er eher geneigt sein, über gelegentliche inhaltliche Schwächen hinwegzusehen.

2. Teil: Klausuren

Fall 1 „Die Bücherverbrennung“

Die allgemeinen Deliktsaufbaustufen

S hat nach dem Tode seines Vaters V, der Vorsitzender Richter am OLG war, die Alleinerbschaft angetreten. Zur Erbmasse gehört unter anderem eine umfangreiche Sammlung juristischer Bücher, von deren Verkauf sich S großen Gewinn erhofft. Gerade diese Sammlung hat V jedoch testamentarisch dem Jurastudenten J vermacht, der in der Nachbarschaft wohnt und mit dem V häufig lange juristische Gespräche geführt hat. Als S von seinem Anwalt erfährt, dass er verpflichtet sei, das Eigentum an den Büchern auf den ihm verhassten J zu übertragen, gerät er so in Zorn, dass er alle Bücher im Garten verbrennt. Dabei entgeht ihm, dass sich unter den Büchern einige befinden, die V erst vor kurzem aus der Gerichtsbibliothek entliehen hat.

J erfährt von der Schandtat erst sieben Tage später. Wutentbrannt eilt er zu S, überschüttet ihn mit heftigen Vorwürfen und versetzt ihm eine schallende Ohrfeige. Als J erneut ausholt, stößt S ihn mit einem schmerzhaften Hieb in die Magengegend zurück. J lässt daraufhin von S ab.

Beurteilen Sie die Strafbarkeit von S und J! Strafanträge sind, soweit erforderlich, gestellt.

Lösung 1 „Die Bücherverbrennung“

Die ersten Lösungsschritte

1. Nach aufmerksamer Lektüre von Sachverhalt und Fallfrage heißt es, die erörterungsbedürftigen Strafgrundlagen aufzuspüren. Das Verbrennen der Bücher durch S ist an § 303 Abs. 1 StGB zu messen. Mit Blick auf die Bücher, die aus der Gerichtsbücherei stammen, ist überdies § 304 StGB in Betracht zu ziehen. Weil S durch sein Tun den Anspruch des J auf Übereignung durchkreuzt hat, könnte zudem an § 288 StGB – Vereiteln der Zwangsvollstreckung – gedacht werden. Da der Sachverhalt jedoch keinen Anhaltspunkt darüber enthält, dass dem S bereits die Zwangsvollstreckung droht, und das Vernichten einer Sache nicht unter ein „Beiseiteschaffen“ subsumiert werden kann, bedarf dieses Delikt keiner Prüfung. Was das Folgegeschehen angeht, liegt auf der Hand, dass beide – S und J – jeweils aus § 223 StGB strafbar sein könnten.

   Wegen der zeitlichen Zäsur empfiehlt es sich, den Sachverhalt in zwei Tatkomplexe zu unterteilen und diese mit einer kurzen Kennzeichnung zu versehen; etwa: „1. Tatkomplex: Das Vernichten der Bücher; 2. Tatkomplex: Das Aufeinandertreffen von J und S“.

   Im ersten Handlungsabschnitt fragt sich sodann, ob man, weil ggf. ja nur eine Tat, die Sachbeschädigung nach § 303 Abs. 1 StGB sogleich auf alle Bücher beziehen oder ob man besser trennen sollte. Ratsamer ist es, die Nachlass-Bücher und die Bibliothek-Bücher in zwei Deliktsprüfungen unterzubringen. Weil die rechtliche Bewertung jeweils in unterschiedlichen Bahnen verläuft, würde sonst die Darstellung zu kompliziert.

   § 304 StGB ist schließlich als eigenständiges Delikt zu erörtern. Diese Vorschrift stellt keine Qualifikation zu § 303 StGB dar – die Fremdheit wird ja nicht vorausgesetzt –, sondern schützt vielmehr das öffentliche Interesse an den in Abs. 1 aufgelisteten Gegenständen.

   Im zweiten Tatkomplex ist streng chronologisch vorzugehen: Der Angriff des J ist der Verteidigungshandlung des S voranzustellen.

2. Nunmehr gilt es, sich den Delikten im Einzelnen zuzuwenden. Im Rahmen der Sachbeschädigung an den Büchern, die vormals dem V gehörten, liegt der Prüfungsschwerpunkt im objektiven Tatbestand bei der Fremdheit. Da für die Eigentumsverhältnisse BGB-Regeln maßgeblich sind, hat an dieser Stelle ein „Ausflug“ in das Erbrecht zu erfolgen. Weil es für einen Studienanfänger schwierig ist, die dort aufzufindende dingliche Rechtslage zu beurteilen, ist im Sachverhalt die Lösung vorgezeichnet: J ist – anders als ein Erbe – mit Erbfall nicht automatisch Eigentümer geworden, sondern hat als Vermächtnisnehmer lediglich einen Anspruch auf Übereignung der ihm zugewandten Vermögensvorteile. Das folgt aus §§ 1939, 2174 BGB. Zum Tatzeitpunkt war S demnach

als Gesamtrechtsnachfolger des V Eigentümer der Bücher (§§ 1922, 1942 Abs. 1 BGB), so dass es an der Fremdheit fehlt.

Ein weit verbreitetes Unwesen ist es, bei Mängeln im objektiven Tatbestand schematisch auf eine Versuchsprüfung umzusteigen. Anlass dazu besteht nur, wenn der Täter irrig vom Vorhandensein des fehlenden objektiven Merkmals ausgegangen ist; in concreto: wenn S irrigerweise angenommen hätte, die Bücher stünden bereits im Eigentum des J. Davon kann indes keine Rede sein: S war sich aufgrund der Information seines Anwalts über die Rechtslage im Bilde.

Anders liegen die Dinge bei den Büchern aus der Gerichtsbibliothek. Diese sind zwar für S fremd, so dass insoweit der objektive Tatbestand des § 303 Abs. 1 StGB erfüllt ist. Weil S sie aber irrtümlich seinem Erbe zugeordnet hat, erlag er einem Tatbestandsirrtum nach § 16 Abs. 1 S. 1 StGB, der seinen Vorsatz und damit den subjektiven Tatbestand ausschließt. Da eine fahrlässige Sachbeschädigung nicht unter Strafe steht (§§ 16 Abs. 1 S. 2, 15 StGB), geht S auch diesbezüglich straffrei aus.

Schwieriger liegt es mit § 304 StGB, bei dem es auf die Fremdheit nicht ankommt. Hier hilft jedoch eine exakte Lektüre des Tatbestands weiter: V hatte die Bücher privat entliehen; sie befanden sich damit zur Tatzeit jedenfalls nicht mehr in einer (möglicherweise) öffentlichen Sammlung bzw. dienten aktuell keinem öffentlichen Nutzen. Abgesehen davon stellen Gerichtsbüchereien prinzipiell keine „öffentlichen" Sammlungen dar (BGHSt 10, 285 f.: Benutzerkreis begrenzt!). Die dort aufbewahrten Bücher dienen auch nicht unmittelbar dem öffentlichen Nutzen, sondern sind bloße Hilfsmittel der Justiz (BGHSt 31, 185 ff.: bloße „Gemeinwohlfunktion" reicht nicht aus). Wer sich nicht recht traut, schon aus dem objektiven Tatbestand „auszusteigen", kann sich ohne Weiteres auf einen „Jedenfalls-Satz" verlegen: Dem S war die Herkunft der Bücher nicht bekannt; er befand sich damit auch insoweit in einem vorsatzausschließenden Tatbestandsirrtum, § 16 Abs. 1 StGB.

Dass im 2. Tatkomplex J wie S den objektiven und subjektiven Tatbestand des § 223 StGB erfüllt haben, ist unzweifelhaft. Die Frage für beide ist, ob sie sich auf Notwehr (§ 32 StGB) berufen können (Aufbaumuster bei Fall 6, S. 73). Die einzelnen Rechtfertigungsvoraussetzungen sind dabei selbstverständlich mit der gleichen Sorgfalt und Intensität zu untersuchen wie Tatbestandsmerkmale. Aus unerfindlichen Gründen neigen viele Klausurbearbeiter dazu, auf der Ebene der Rechtswidrigkeit oberflächlicher vorzugehen und weit weniger exakt zu subsumieren.

Für J ergibt sich, dass der von S verübte Angriff auf sein Vermögen längst abgeschlossen und somit nicht mehr gegenwärtig war. S hingegen befand sich in einer Notwehrlage („gegenwärtiger rechtswidriger Angriff") und hat sich auch auf eine „erforderliche Verteidigung" besonnen. Die Frage ist nur, ob ihm wegen seines Vorverhaltens, dass J zur Tat veranlasst hat, überhaupt das volle Notwehrrecht zusteht. Im Ergebnis ist das zu bejahen, wobei man nicht allzu viele Gedanken darein investieren sollte, an welcher konstruktiven Stelle (Gebotenheit i.S. von § 32 Abs. 1 StGB; ungeschriebener Rechtsmissbrauch) die

Fälle der Notwehreinschränkung anzusprechen sind und welche konkreten Voraussetzungen es sind, die bei schuldhafter Herbeiführung der Notwehrlage die Rechte des Angegriffenen schmälern. Zu verlangen ist jedenfalls ein enger zeitlicher und räumlicher Zusammenhang zwischen dem Vorverhalten und dem rechtswidrigen Angriff (vgl. *Fischer*, StGB, § 32 Rn. 45 m. zahlr. Nachw. aus der Rspr.). Bei einem Zeitabstand von einer Woche kann davon keine Rede mehr sein.

Der schriftliche Lösungsplan

Nach all diesen Vorarbeiten könnte die Lösungsskizze, an der sich dann die Reinschrift zu orientieren hat, wie folgt aussehen:

Erster Tatkomplex: Das Vernichten der Bücher

I. Strafbarkeit des S aus § 303 I bzgl. der Buchsammlung des V
   1. OTB
      a) Sachen (+)
      b) Fremdheit: S = Erbe; J = bloßer Vermächtnisnehmer (§§ 1939, 2174 BGB!) → (–)
   2. Ergebnis: (–)

II. Strafbarkeit des S aus § 303 I bzgl. der entliehenen Bücher
   1. OTB
      a) Sachen (+)
      b) Fremdheit (+)
      c) Zerstören (+)
   2. STB (–), kein Fremdheitsvorsatz
   3. Ergebnis: (–)

III. Strafbarkeit des S aus § 304 bzgl. der Bücher aus der Gerichtsbibliothek
   1. OTB: keine Fremdheit erforderlich!
      a) Gegenstände der Wissenschaft, die in einer öffentlichen Sammlung aufbewahrt werden: eher (–), weil an V verliehen und nicht öffentlich
      b) Gegenstände, die dem öffentlichen Nutzen dienen: ebenfalls eher (–), weil Entleihe und kein unmittelbarer Nutzen
   2. STB: jedenfalls kein Vorsatz
   3. Ergebnis: (–)

Zweiter Tatkomplex: Das Aufeinandertreffen von J und S

I. Strafbarkeit von J aus § 223 (Ohrfeige)
   1. OTB
      a) körperliches Misshandeln = Ohrfeige (+)
      b) Gesundheitsschädigung (–)
   2. STB (+)

3. RW: § 32
   a) rechtswidriger Angriff seitens S (+)
   b) Gegenwärtigkeit (–), da weit im Vorfeld
4. Schuld (+)
5. Strafantrag (§ 230): (+)
6. Ergebnis: § 223 (+)

II. Strafbarkeit des S aus § 223 (Zurückschlagen)
1. OTB (+)
2. STB (+)
3. RW: § 32
   a) Notwehrlage (+)
   b) erforderliche Verteidigung (+)
   c) Notwehrbeschränkung, weil Angriff (unbewusst) provoziert? i.E. (–), da kein enger zeitlicher Zusammenhang
   d) Verteidigungswillen (+)
4. Ergebnis: (–)

Gesamtergebnis: J aus § 223

Klausurlösung

Erster Tatkomplex: Das Vernichten der Bücher

I. Strafbarkeit des S aus § 303 Abs. 1 StGB

S könnte sich dadurch, dass er die Bücher seines verstorbenen Vaters verbrannt hat, wegen Sachbeschädigung nach § 303 Abs. 1 StGB strafbar gemacht haben.

1. Objektiver Tatbestand

Bei den Büchern handelt es sich um körperliche Gegenstände i.S. von § 90 BGB und damit um Sachen. Sie wären für S fremd, wenn sie zur Tatzeit im Eigentum eines anderen gestanden hätten. Nach dem Tode des V ist S als Erbe Gesamtrechtsnachfolger geworden, §§ 1922, 1942 Abs. 1 BGB. Ihm ist mithin das Eigentum an allen Nachlassgegenständen zugefallen. Fraglich ist, ob sich sein Eigentum auch auf die Bücher erstreckt, die V testamentarisch dem J vermacht hat. Anders als der Erbe wird aber der Vermächtnisnehmer mit dem Erbfall nicht ipso iure Eigentümer der ihm zugedachten Vermögensvorteile; gem. § 2174 BGB hat er lediglich einen schuldrechtlichen Anspruch auf Übereignung. Dementsprechend hatte J im Tatzeitpunkt nur ein Forderungsrecht gegen S, ihm das Eigentum an den Büchern zu verschaffen.

S hat mithin tätereigene Sachen vernichtet. Der objektive Tatbestand ist nicht gegeben.

2. Ergebnis

Infolge fehlender Fremdheit hat S sich insoweit keiner Sachbeschädigung nach § 303 Abs. 1 StGB schuldig gemacht.

II. Strafbarkeit des S aus § 303 Abs. 1 StGB

Da sich unter den Büchern auch Werke aus der Gerichtsbibliothek befanden, könnte S sich dennoch wegen Sachbeschädigung nach § 303 Abs. 1 StGB strafbar gemacht haben.

1. Objektiver Tatbestand

Die von V entliehenen Bücher standen im Eigentum des Staates; sie waren damit für S fremde Sachen. S könnte sie zerstört haben. Zerstört ist eine Sache, wenn ihre Gebrauchsfähigkeit vollständig verloren geht. Hierunter fällt auch das Vernichten. S hat die Bücher verbrannt und damit ihre Sachsubstanz aufgehoben. Der objektive Tatbestand ist demnach gegeben.

2. Subjektiver Tatbestand

S müsste in Kenntnis aller Tatumstände gehandelt haben. Dem S war nicht bewusst, dass sich unter den Büchern auch solche befanden, die dem V nicht gehörten. Er ging vielmehr davon aus, dass alle Bücher Teil der Erbschaft und damit für ihn nicht fremd waren. Dieser Irrtum schließt nach § 16 Abs. 1 S. 1 StGB den Vorsatz aus. Der subjektive Tatbestand liegt somit nicht vor.

3. Ergebnis

Mangels Fremdheitsvorsatzes hat S sich nicht aus § 303 Abs. 1 StGB strafbar gemacht.

III. Strafbarkeit des S aus § 304 StGB

Mit Blick auf die Bücher, die aus der Gerichtsbibliothek stammten, könnte S sich jedoch einer gemeinschädlichen Sachbeschädigung nach § 304 StGB schuldig gemacht haben.

1. Objektiver Tatbestand

Bei den Büchern müsste es sich um Gegenstände der Wissenschaft handeln, die in einer öffentlichen Sammlung aufbewahrt werden. Fraglich ist bereits, ob eine Gerichtsbibliothek, die nur einem begrenzten Benutzerkreis offen steht, als öffentliche Sammlung angesehen werden kann. Zu berücksichtigen ist darüber hinaus, dass sich die Bücher zur Tatzeit gerade nicht mehr in der Sammlung befanden.

Ebenso zweifelhaft ist, ob die Bücher zum öffentlichen Nutzen dienten. Unmittelbar kommt die Bücherei nur den am OLG Tätigen zugute; der Gemeinnutzen ist somit nur ein mittelbarer. Zudem hatte V die Bücher für private Zwecke ausgeliehen, so dass sie im Tatzeitpunkt dem Publikum gar nicht zu Verfügung standen.

Ob die Bücher gleichwohl ein taugliches Tatobjekt i.S. von § 304 StGB bilden, könnte allerdings auf sich beruhen, wenn es an der subjektiven Tatseite fehlen würde.

2. Subjektiver Tatbestand

S müsste vorsätzlich gehandelt haben. Als S die Bücher verbrannte, war ihm nicht bekannt, dass ein Teil davon der Gerichtsbibliothek zugehörig war. Er irrte demnach über die besondere Zweckbestimmung der Bücher und erlag damit einem Tatbestandsirrtum nach § 16 Abs. 1 S. 1 StGB, der den Vorsatz entfallen lässt.

3. Ergebnis

S handelte jedenfalls vorsatzlos; zumindest aus diesem Grund scheidet eine Strafbarkeit aus § 304 StGB aus.

Zweiter Tatkomplex: Das Aufeinandertreffen von J und S

I. Strafbarkeit des J aus § 223 StGB

J hat dem S eine Ohrfeige verpasst. Hierdurch könnte er sich wegen Körperverletzung nach § 223 StGB strafbar gemacht haben.

1. Objektiver Tatbestand

J könnte S körperlich misshandelt haben. Darunter ist eine üble, unangemessene Behandlung zu verstehen, durch die das Opfer in seinem körperlichen Wohlbefinden oder seiner Unversehrtheit in nicht unerheblicher Weise beeinträchtigt wird. Ein mit flacher Hand durchgeführter Schlag auf eine Gesichtshälfte ist für das Opfer regelmäßig mit Schmerzen verbunden. Dies gilt umso mehr, wenn die Ohrfeige „schallend“ war, also mit einiger Körperkraft verabreicht wurde. J hat demnach S körperlich misshandelt.

Ob S überdies an der Gesundheit geschädigt worden ist, d.h. bei ihm ein pathologischer Zustand hervorgerufen wurde, ist dem Sachverhalt hingegen nicht zu entnehmen.

2. Subjektiver Tatbestand

Der hiernach gegebene objektive Tatbestand müsste vorsätzlich verwirklicht worden sein. J hat wissentlich und willentlich auf S eingeschlagen. Die subjektive Tatbestandshälfte liegt ebenfalls vor.

3. Rechtswidrigkeit

Die Körperverletzung könnte über § 32 StGB gerechtfertigt sein. J müsste sich in einer Notwehrlage befunden haben, also einem gegenwärtigen, rechtswidrigen

Angriff ausgesetzt gewesen sein. Ein Angriff ist jede durch menschliches Verhalten drohende Verletzung rechtlich geschützter Güter oder Interessen. S hatte zuvor die dem J vermachten Bücher verbrannt. Damit verbunden war zwar keine Eigentumsverletzung; S hat aber dadurch die Vermögensinteressen des J beeinträchtigt. Weil dem S kein Rechtfertigungsgrund zur Seite stand, war sein Angriff auch rechtswidrig.

Gegenwärtig ist ein Angriff, wenn die Rechtsgutsverletzung noch nicht endgültig eingetreten ist. Als J zu S eilte, waren die Bücher längst Opfer der Flammen geworden. Der Angriff war damit abgeschlossen. Infolge fehlender Gegenwärtigkeit kann J sich nicht auf Notwehr berufen. Er handelte rechtswidrig.

4. Schuld

Schuldausschließungs- und Entschuldigungsgründe sind nicht ersichtlich; J handelte schuldhaft.

5. Strafantrag

Der nach § 230 StGB notwendige Strafantrag ist gestellt.

6. Ergebnis

J hat sich wegen Körperverletzung nach § 223 StGB strafbar gemacht.

II. Strafbarkeit des S aus § 223 StGB

Dadurch, dass S dem J einen Schlag in die Magengegend versetzt hat, könnte er sich wegen Körperverletzung nach § 223 StGB strafbar gemacht haben.

1. Objektiver Tatbestand

S müsste J körperlich misshandelt haben. Durch den schmerzhaften Schlag in die Magengegend ist J in nicht unerheblicher Weise in seinem körperlichen Wohlbefinden beeinträchtigt worden. Der objektive Tatbestand liegt vor.

2. Subjektiver Tatbestand

S hat wissentlich und willentlich zurückgeschlagen. Körperverletzungsvorsatz ist mithin gegeben.

3. Rechtswidrigkeit

Möglicherweise steht dem S das Notwehrrecht nach § 32 StGB zur Seite. S sah sich einem Angriff auf seine körperliche Unversehrtheit ausgesetzt. Da das Handeln des J – wie gesehen – nicht von Notwehr gedeckt war, war der Angriff des J auch rechtswidrig. Der Angriff müsste überdies gegenwärtig gewesen sein, d.h. noch andauern. J wollte es nicht bei der einen Ohrfeige belassen, sondern hatte bereits zu einem weiteren Schlag ausgeholt. Diese neuerliche Verletzungshandlung stand unmittelbar bevor. S befand sich demnach in einer Notwehrsituation.

Seine Verteidigungshandlung – der Schlag in die Magengegend – müsste erforderlich gewesen sein, den Angriff des J abzuwenden. Erforderlich ist ein Abwehrverhalten dann, wenn es einerseits geeignet ist, den Angriff zu beenden, und andererseits das relativ mildeste Mittel darstellt. Der Schlag in die Magengegend hat bewirkt, dass J von S abgelassen hat. Die Verteidigung war damit tauglich, den weiteren Angriff des J zu unterbinden.

Fraglich ist aber, ob dem S nicht eine mildere Handlungsalternative zur Verfügung stand. Möglicherweise musste er sich in der konkreten Angriffssituation darauf beschränken, die Hand des J festzuhalten bzw. die bevorstehende Ohrfeige mit dem Arm abzuwehren. Ob dem S dies gelungen wäre, ist aber ebenso zweifelhaft wie eine dadurch erzielte Dauerwirkung. Die Wut des J lässt erwarten, dass J sich dadurch nicht hätte beeindrucken lassen, sondern nach Loslassen der Hand oder nach Abblocken des Schlages seine Attacken weiter fortgesetzt hätte. Der Hieb des S war somit notwendig, um dem Angriff des J nachhaltig und endgültig entgegenzutreten.

Mit Blick auf seine Vortat könnte aber die Notwehrbefugnis des S eingeschränkt sein. Das Verbrennen der Bücher hat J veranlasst, Rache zu nehmen. Durch sein rechtswidriges Verhalten hat S die Reaktion des J – wenn auch nur unbewusst – provoziert und zu der für ihn entstandenen Notwehrlage schuldhaft beigetragen. Mit Rücksicht darauf könnte S verpflichtet gewesen sein, sich zurückzuhalten. Das Gebot, dem Angriff nach Möglichkeit auszuweichen und zunächst alle Mittel der Schutzwehr zu nutzen, gilt aber nur dann, wenn zwischen dem Vorverhalten und dem Angriff ein enger zeitlicher Zusammenhang besteht. Sofern – wie hier – ein Zeitabstand von einer Woche gegeben ist, behält der Angegriffene das uneingeschränkte Recht zur Trutzwehr.

Dem könnte allerdings entgegenstehen, dass J erst nach sieben Tagen von dem Schädigungsvorsatz des S erfahren hat. Darauf kann es jedoch nicht ankommen, weil sonst das Notwehrrecht des Angegriffenen unter Umständen auch noch nach Jahr und Tag geschmälert wäre.

Die Tat des S war somit durch Notwehr geboten. Weil S auch mit Verteidigungswillen handelte, ist die Körperverletzung von Notwehr gedeckt.

4. Ergebnis

S hat sich nicht wegen Körperverletzung nach § 223 StGB strafbar gemacht.

Gesamtergebnis

J hat sich einer Körperverletzung nach § 223 StGB schuldig gemacht. S hingegen geht straffrei aus.

Fall 2 „VfL Bochum – 1. FC Köln: ein Nachspiel"

Kausalität und objektive Zurechnung

Nach einem Bundesliga-Spiel im Revirpower-Stadion in Bochum kommt es zu einer Massenschlägerei zwischen den rivalisierenden Fans des VfL Bochum und des 1. FC Köln. Als es der Polizei gelingt, den Raufhandel aufzulösen, findet sie B, einen jungen Bochumer, tot auf dem Boden liegen. B hat durch wuchtige Tritte vor den Kopf eine tödliche Schädelfraktur erlitten.

Die Polizei nimmt unter anderem K, einen zweiundzwanzigjährigen Kölner fest. Bei seiner Vernehmung räumt K zwar ein, „mitgemischt" zu haben; er habe sich aber darauf beschränkt, seine Kontrahenten wegzustoßen oder ihnen leichte Schläge vor die Brust zu versetzen. Mit B sei er zu keinem Zeitpunkt in Berührung gekommen. Außerdem sei eine solche Rangelei unter den Fans doch nach jedem Bundesligaspiel gang und gäbe. Dass es zu einem solchen Unglück kommen könne, sei für niemanden voraussehbar gewesen.

Beurteilen Sie die Strafbarkeit des K! § 125 StGB ist nicht zu prüfen. Strafanträge sind, soweit erforderlich, gestellt.

1. Fallvariante

B hat lediglich Verletzungen an der Stirn und im Augenbereich davongetragen. Der Notarzt erklärt dem B, dass er dringend in eine Augenklinik verbracht werden müsste, weil B sonst möglicherweise sein Augenlicht verlieren könne. Als der Notarztwagen die Klinik erreicht hat, sucht B aus Furcht, wegen der Schlägerei belangt zu werden, sein Heil in der Flucht. Drei Tage später ist er auf beiden Augen blind.

2. Fallvariante

B hat kräftige Tritte vor beide Schläfen abbekommen. Vier Jahre später wird er taub, was nachweislich auf die Tritte zurückzuführen ist.

Beurteilen Sie auch für diese Fallabwandlungen die Strafbarkeit des K!

Lösung 2 „VfL Bochum – 1. FC Köln: ein Nachspiel“

Die ersten Lösungsschritte

1. In den Blick rückt zunächst die Körperverletzung gegenüber den Gegnern, mit denen K sich direkt auseinandergesetzt hat. Insoweit lägen ggf. je nach Anzahl der Betroffenen mehrere Gesetzesverletzungen nach § 223 StGB vor. Was den Tod des B angeht, ist Totschlag (§ 212 StGB) zu bedenken. Nach seiner unwiderlegbaren Einlassung kann K aber weder als der „Wer“ des Tatbestands ausgegeben werden noch hatte er Vorsatz bezüglich des Todeserfolgs. Das ist so offensichtlich, dass in der Klausur von der Prüfung dieses Delikts abgesehen werden sollte. Stattdessen kann sogleich § 222 StGB, die fahrlässige Tötung, angegangen werden. Hier stellt sich die Frage der Kausalität, die man unter mehreren Aspekten zu behandeln hat und die im Ergebnis zu verneinen ist.

   Zum Schluss ist die Beteiligung an einer Schlägerei (§ 231 StGB) ins Auge zu fassen; ein (abstraktes) Gefährdungsdelikt, das gerade wegen der großen Beweisschwierigkeiten bei der Feststellung der Kausalität geschaffen worden ist (BGHSt 14, 132, 135). Einzig dieses Delikt ist auch bei den Fallvarianten zugrunde zu legen, wobei hier fraglich wird, ob die schweren Körperverletzungsfolgen (§ 226 StGB) noch „durch die Schlägerei verursacht“ worden sind.

2. Bezüglich der von K im Zuge der Schlägerei begangenen Körperverletzungen ist der Sachverhalt so eingerichtet, dass die Erheblichkeitsschwelle eines körperlichen Misshandelns noch nicht überschritten ist. K hat seine Tätlichkeiten auf bloßes Wegstoßen und leichte Hiebe vor die Brust seiner Kontrahenten beschränkt. Durch beides wird das körperliche Wohlbefinden in nur unerheblicher Weise beeinträchtigt (vgl. BGH, StV 2001, 680).

   Im Rahmen von § 222 StGB bedarf es der Erörterung, ob K durch sein Verhalten kausal den Tod des B herbeigeführt haben könnte. Weil er selbst auf B nicht eingetreten hat bzw. weil sich das nicht nachweisen lässt, scheidet unmittelbare Kausalität aus. Für die Kausalität reichen aber bekanntlich Mitursächlichkeit und damit mittelbar gesetzte Bedingungen. Von daher gilt es zu prüfen, ob durch das bloße „Mitmachen“ bei der Schlägerei ein Kausalbeitrag geleistet worden ist. Nach Maßgabe der Äquivalenztheorie ist das anhand der conditio sine qua non-Formel zu bestimmen: Erfolgsursächlich ist jede Bedingung, die nicht hinweggedacht werden kann, ohne dass der (konkrete) Erfolg entfiele. Das wäre anzunehmen, wenn gerade das Mittun des K zur Folge gehabt hätte, dass das Kampfgeschehen bis hin zur Tötung eskalierte. Erforderlich wäre also der Nachweis, dass speziell die Teilnahme des K die Streitwütigkeit des oder der wirklichen Täter(s) gesteigert und diese(n) veranlasst hätte, dem B schwere Tritte zu versetzen (sog. psychische Kausalität). Anhaltspunkte in diese Richtung enthält der Sachverhalt jedoch nicht. Im Gegenteil: Weil K sich nicht in der Nähe von B befand und sich auf mäßige Tätlichkeiten beschränkt hat, ist davon auszugehen, dass auch ohne seine Beteiligung der Todeserfolg nicht ausgeblieben wäre.

Mit Rücksicht auf die Vielzahl der Beteiligten wäre zu überlegen, ob nicht die Regeln über die kumulative oder alternative Kausalität weiterhelfen. Kumulative Kausalität meint die Fälle, in denen unabhängig voneinander vorgenommene Handlungen nicht jeweils für sich, sondern erst in ihrem Zusammentreffen geeignet sind, den Erfolg herbeizuführen. Alternative Kausalität (bzw. Mehrfachkausalität) liegt demgegenüber vor, wenn zwei oder mehrere wiederum losgelöst voneinander erbrachte Tatbeiträge bereits für sich allein zur Erfolgsbewirkung ausgereicht hätten, die dann aber tatsächlich alle in den eingetretenen Erfolg eingemündet sind (BGHSt 39, 195, 198). In Abwandlung der Grundformel ist hier das conditio sine qua non-Prinzip zu modifizieren: Von mehreren Bedingungen, die zwar alternativ, aber nicht kumulativ hinweggedacht werden können, ohne dass der Erfolg entfiele, ist jede für den Erfolg ursächlich.

Beide Sachlagen sind für K nicht einschlägig. Kumulative Kausalität setzt die Feststellung voraus, dass ein Verhalten – wenn auch nur im Zusammenwirken mit anderen Bedingungen – den Erfolg (mit-)verursacht hat, was wiederum mittels des „Hinwegdenk-Verfahrens" zu bestimmen ist. Das kann, wie gesehen, für den Einzelbeitrag des K nicht angenommen werden. Des Weiteren ist auch kein Fall alternativer Kausalität gegeben, für die grundsätzlich nur Raum ist, wenn schon das Einzelverhalten für sich allein betrachtet erfolgstauglich wäre.

Durchaus diskutabel erscheint noch ein anderer Ansatz, mit dem sich die Kausalhaftung des K vielleicht begründen ließe: K könnte als Mittäter (§ 25 Abs. 2 StGB) zusammen mit den anderen Fans des 1. FC Köln für den Tod des B verantwortlich sein. Kennzeichen der Mittäterschaft ist es ja gerade, dass sich der Einzelne das Handeln des oder der anderen wie eigenes Tun zurechnen lassen muss. Die für K nicht nachweisbare individuelle Kausalität könnte deshalb überspielt werden, weil davon auszugehen ist, dass B von jemandem aus der Gruppe der Kölner Fans getötet worden ist. Nach herkömmlicher Sicht ist indes im Fahrlässigkeitsbereich keine Mittäterschaft möglich (vgl. etwa *Jescheck/Weigend*, Strafrecht, Allgemeiner Teil, 5. Aufl. 1996, S. 676 m. w. Nachw.), weil Mittäterschaft einen gemeinsamen (auch den Erfolg mitumfassenden) Tatentschluss verlangt. Lässt man das nicht gelten (dazu *Roxin*, Strafrecht, Allgemeiner Teil II, 2003, § 25 Rn. 239 ff.), ist zumindest zu fordern, dass das „gemeinschaftliche Begehen" (i.S. des § 25 Abs. 2 StGB) auf einen gemeinsam gefassten Entschluss zurückgeht. Die Kölner Fans müssten sich demnach abgesprochen haben, entweder die Bochumer Fans anzugreifen oder aber sich deren Attacke gemeinsam zu stellen. Dass eine solche Verabredung stattgefunden hat, kann jedoch dem Sachverhalt nicht entnommen werden und lässt sich auch nicht durch eine „lebensnahe Auslegung" mutmaßen.

§ 231 StGB: Objektive Zurechnung und objektive Strafbarkeitsbedingungen

Weil bei § 222 StGB die Hürde der Kausalität nicht zu überwinden ist, bleibt § 231 StGB, die Beteiligung an einer Schlägerei übrig. Bezugspunkt der Ursächlichkeit ist hier nicht das Handeln des einzelnen „Schlägers“, sondern die Schlägerei als solche.

1. Das tatbestandliche Unrecht des § 231 StGB erschöpft sich in der bloßen Beteiligung an der Auseinandersetzung („wird schon wegen dieser Beteiligung ... bestraft“). Bei der Verursachung der schweren Folge handelt es sich hingegen um eine unrechtsneutrale objektive Bedingung der Strafbarkeit, auf die sich dementsprechend Vorsatz und Fahrlässigkeit nicht zu beziehen brauchen (einschränkend *Hirsch*, in: LK StGB, 11. Aufl. 2001, § 231 Rn. 13, 15, der Voraussehbarkeit verlangt).

   Der Besonderheit von objektiven Strafbarkeitsbedingungen ist natürlich auch im Deliktsaufbau Rechnung zu tragen. Man darf sie nicht in die Prüfung des objektiven Tatbestands integrieren; stattdessen kann man ihnen einen eigenen Gliederungspunkt jenseits der Schuld widmen. Weil vielfach davon gesprochen wird, dass objektive Strafbarkeitsbedingungen „Tatbestandsanhängsel bzw. -annexe“ darstellen, wird im Folgenden eine andere Möglichkeit gewählt: Die Erörterung wird zwischen den subjektiven Tatbestand und der Rechtswidrigkeit eingeschoben.

2. Für den Ausgangsfall kann ohne Umschweife festgestellt werden, dass der Tod des B „durch die Schlägerei“ herbeigeführt worden ist. Das liegt anders bei den beiden Fallvarianten, bei denen zweifelhaft ist, ob die schweren Körperverletzungen (§ 226 Abs. 1 Nr. 1 StGB: Verlust des Sehvermögens bzw. des Gehörs), die B erlitten hat, sich noch der Schlägerei zurechnen lassen. Über die Ursächlichkeit hinaus setzt nämlich § 231 StGB voraus, dass die schlimme Folge gerade aus der spezifischen Gefährlichkeit der Schlägerei resultiert. Das ist entsprechend der Regeln zu bewerten, die für die Erfolgsqualifikation des § 227 StGB (Körperverletzung mit Todesfolge) gelten.

   a) In der ersten Fallabwandlung hat B sich der notwendigen Heilbehandlung entzogen und durch dieses Unterlassen die Letztursache für seine Erblindung gesetzt. Dieses Risiko ist er, weil zuvor über die möglichen Konsequenzen aufgeklärt, „sehenden Auges“ und überdies eigenverantwortlich eingegangen. Auch wenn es ihm darum ging, sich der Strafverfolgung zu entziehen, muss seine Entscheidung, sich nicht in ärztliche Behandlung zu begeben, als grob unvernünftig eingestuft werden. Das hat zur Folge, dass seine Erblindung sich nicht auf die von der Schlägerei ausgehenden Gefahren zurückführen lässt; es fehlt der Gefahrverwirklichungszusammenhang.

   b) In der 2. Fallvariante ist ein anderes Zurechnungsproblem betroffen: die Zurechnung von sog. Spätschäden, die zwar unbestreitbar auf ein bestimmtes Ereignis rückführbar sind, die aber erst nach Verstreichen einer erheblichen Zeitspanne eintreten.

Selbstverständlich kann man insoweit den Standpunkt einnehmen, dass der Zeitablauf allein die Zurechnung nicht zu sperren vermag. Solange sich solche Folgeschäden – wie hier – noch im Rahmen des Voraussehbaren halten und der spezifische Gefahrzusammenhang nicht dadurch unterbrochen ist, dass das Opfer es an Selbstschutzmaßnahmen hat fehlen lassen, hat der Täter für die Spätfolgen einzustehen. Dabei kommt hinzu, dass – anders als bei der Verjährung – ein genauer Zeitpunkt, ab dem die zeitliche Zurechnung enden soll, sich nicht wird angeben lassen.

Auf der anderen Seite deutet schon der Wortlaut des § 231 StGB („durch die Schlägerei verursacht") darauf hin, dass zwischen dem Kampfgeschehen und der schweren Folge ein gewisser zeitlicher Zusammenhang bestehen muss: Der Erfolg muss entweder während der Schlägerei oder alsbald danach eintreten. Für die Anerkennung eines rein zeitlichen Zurechnungshindernisses streitet überdies das Institut der Verjährung, wonach aus Gründen der Rechtssicherheit und des Rechtsfriedens irgendwann ein Schlussstrich zu ziehen und die Tat nur noch „Geschichte" ist. Für K wäre es des Weiteren kaum einzusehen, wenn er erst nach Ablauf von vier Jahren noch wegen § 231 StGB zur Rechenschaft gezogen werden könnte. Gleiches gilt im Übrigen – zumindest theoretisch – für B, weil nach h.A. auch der Beteiligte, der die Verletzung selbst und allein davongetragen hat, Täter des § 231 StGB sein kann (RGSt 32, 33, 37 f.).

Berücksichtigt werden muss schließlich, dass das Schadensereignis bei § 231 StGB außerhalb des objektiven Unrechts steht. Mit dem späteren Eintritt der schweren Folge wird also kein neues Unrecht gesetzt, sondern nur die Voraussetzung geschaffen, dass die Beteiligten bestraft werden können. Das sollte Grund genug sein, eine Schadensfolge, zu der es erst in einem Zeitabstand von vier Jahren gekommen ist, für § 231 StGB nicht genügen zu lassen.

Der schriftliche Lösungsplan

Unsere Vorüberlegungen lassen sich in das folgende Lösungskonzept umsetzen:

Ausgangsfall

I. Strafbarkeit des K aus § 223 (z. N. der unmittelbaren Widersacher)
   1. OTB
      körperliches Misshandeln (–), weil nur unerhebliche Beeinträchtigung
   2. Ergebnis: (–)

II. Strafbarkeit des K aus § 222
   1. TB
      a) Erfolg (+), Tod des B

b) Handlung des K (+), Mitwirken bei Schlägerei
c) Kausalität?
aa) unmittelbar (–), nicht nachweisbar
bb) kumulative Kausalität (–), weil nicht mitursächlich
cc) alternative Kausalität (–), weil für sich gesehen nicht erfolgstauglich
dd) Zurechnung qua fahrlässiger Mittäterschaft (–), weil entweder grds. nicht möglich oder keine Tatverabredung
2. Ergebnis: § 222 (–)

III. Strafbarkeit des K aus § 231
1. OTB
Schlägerei (+)
daran beteiligt (+)
2. STB = Vorsatz (+)
3. Objektive Strafbarkeitsbedingung
Tod eines anderen (+)
durch die Schlägerei verursacht (+)
4. Rechtswidrigkeit (§ 231 II): (+)
5. Schuld (§ 231 II): (+)
6. Ergebnis: § 231 (+)

1. Fallvariante

Strafbarkeit des K aus § 231
1. OTB und STB (+), wie oben
2. Objektive Strafbarkeitsbedingung
a) schwere Körperverletzung (§ 226 I Nr. 1): (+), Verlust des Sehvermögens auf beiden Augen
b) durch Schlägerei verursacht (–), weil eigenverantwortliche und grob unvernünftige Verweigerung ärztlicher Hilfe
3. Ergebnis: § 231 (–)

2. Fallvariante

Strafbarkeit des K aus § 231
1. OTB und STB (+), wie oben
2. Objektive Strafbarkeitsbedingung
a) schwere Körperverletzung (§ 226 I Nr. 1): (+), Verlust des Gehörs
b) durch Körperverletzung verursacht? zw. wegen Zeitabstands. (+), weil vorhersehbar und Gefahrverwirklichungszusammenhang noch gewahrt; zudem Rechtsunsicherheit. Aber: Wortlaut des § 231; Rechtsgedanke der Verjährung; Erfolgseintritt bloße obj. Strafbarkeitsbedingung
3. Ergebnis: § 231 (–)

Gesamtergebnis: § 231 (+) nur im Ausgangsfall

Klausurlösung

Ausgangsfall

I. Strafbarkeit des K aus § 223 StGB

K könnte sich dadurch, dass er seine Gegner weggestoßen und Schläge ausgeteilt hat, wegen Körperverletzung nach § 223 StGB in mehreren Fällen strafbar gemacht haben.

1. Objektiver Tatbestand

K müsste seine Widersacher körperlich misshandelt haben. Darunter ist eine üble, unangemessene Behandlung zu verstehen, durch die das Opfer in seinem körperlichen Wohlbefinden mehr als nur unerheblich beeinträchtigt wird. K hat sich lediglich darauf verlegt, andere wegzustoßen bzw. ihnen leichte Hiebe vor die Brust zu verpassen. Dieses Verhalten bedeutet lediglich einen Bagatellangriff, der die Betroffenen nicht nennenswert in ihrem körperlichen Wohlbefinden gestört hat. Eine körperliche Misshandlung ist mithin abzulehnen. Der objektive Tatbestand entfällt.

2. Ergebnis

K hat sich keiner Körperverletzung nach § 223 StGB schuldig gemacht.

II. Strafbarkeit des K aus § 222 StGB

Mit Rücksicht darauf, dass B bei der Prügelei, bei der K mitgewirkt hat, zu Tode kam, könnte sich K wegen fahrlässiger Tötung nach § 222 StGB strafbar gemacht haben.

1. Tatbestand

Der Tod eines Menschen – B – ist eingetreten. Die Tathandlung des K ist darin zu sehen, dass er an der Rauferei beteiligt war. Fraglich ist, ob sein Mitwirken für den Todeserfolg ursächlich war. Die Aussage des K, es sei zu keinem Kontakt mit B gekommen, er selbst habe also nicht zugetreten, kann nicht widerlegt werden. Unmittelbar kausal war deshalb das Verhalten des K nicht. Nach der Äquivalenztheorie genügt jedoch bloße Mitursächlichkeit, die dann gegeben ist, wenn eine bestimmte Handlung zusammen mit anderen Kausalfaktoren den Erfolgseintritt mitbewirkt hat. Ob das der Fall ist, richtet sich nach der conditio sine qua non-Formel. Danach wäre das Handeln des K erfolgsursächlich, wenn es nicht hinweggedacht werden könnte, ohne dass der Erfolg entfiele. Blendet man K als Einzelperson aus dem Kampfgeschehen aus, wäre es gleichfalls zum Tode des B gekommen. Dass es gerade das Mitwirken des K war, das den oder die „wahren" Täter zur Tötung motiviert bzw. provoziert hat, lässt sich nicht feststellen. Kausalität in Gestalt von Mitursächlichkeit ist deshalb ebenfalls nicht gegeben.

Dennoch könnte von Kausalität auszugehen sein, wenn man eine Abwandlung der conditio sine qua non-Formel heranzieht. So ist anerkannt, dass bei mehreren

Einzelhandlungen, die zwar alternativ, nicht aber kumulativ hinweggedacht werden können, ohne dass der Erfolg entfallen würde, jede für sich erfolgsursächlich ist. Diese Regel ist indes allein den Fällen der alternativen Kausalität vorbehalten, in denen jeder Einzelbeitrag schon bei isolierter Betrachtung ausgereicht hätte, den Erfolg herbeizuführen. Auch über diesen Weg ist demnach der Kausalzusammenhang nicht begründbar.

Zu erwägen bleibt, ob K sich das erfolgsverursachende Verhalten des bzw. der wirklichen Täter zurechnen lassen muss. Weil viel dafür spricht, dass B von Kölner Fans attackiert worden ist, könnte K als Mittäter nach § 25 Abs. 2 StGB für den Tod des B verantwortlich sein. Mittäterschaft setzt jedoch einen gemeinschaftlichen Tatentschluss voraus, der auch den Erfolg miteinbezieht. Infolgedessen ist Mittäterschaft bei einer Fahrlässigkeitstat ausgeschlossen. Ließe man hingegen eine fahrlässige Mittäterschaft zu, wäre für diese zu verlangen, dass sich die Beteiligten abgesprochen haben, gemeinsam vorzugehen. Dies ist aus dem Sachverhalt nicht ersichtlich, so dass auch über diese Konstruktion K für den Tod des B nicht einzustehen hat.

Mangels Kausalität ist der Tatbestand des § 222 StGB nicht erfüllt.

2. Ergebnis

K hat sich nicht wegen fahrlässiger Tötung aus § 222 StGB strafbar gemacht.

III. Strafbarkeit des K aus § 231 StGB

K war in den Raufhandel verstrickt. Er könnte sich deshalb wegen Beteiligung an einer Schlägerei gem. § 231 StGB strafbar gemacht haben.

1. Objektiver Tatbestand

Es muss zunächst eine Schlägerei stattgefunden haben. Eine Schlägerei ist der in gegenseitige Tätlichkeiten ausartende Streit zwischen drei Personen oder mehr. Eine solche Situation war hier gegeben. Beteiligt daran ist jeder, der am Tatort anwesend ist und in feindseliger Weise an den Tätlichkeiten teilnimmt. Ob das bei K der Fall war, ist deshalb fraglich, weil sein Handeln – wie gesehen – nicht die Qualität einer Körperverletzung hatte. Für die Beteiligung reicht jedoch jede physische oder psychische Mitwirkung am Raufhandel, sofern in ihr nur eine Feindseligkeit zum Ausdruck kommt. Auch das bloße Wegstoßen und die leichten Schläge bedeuten demnach eine Beteiligung.

2. Subjektiver Tatbestand

Der hiernach gegebene objektive Tatbestand müsste vom Vorsatz des K umfasst gewesen sein. K hat sich wissentlich und willentlich an der Schlägerei beteiligt. Allerdings hat er nicht mit der Möglichkeit gerechnet, dass jemand im Zuge der Prügelei tödlich verletzt werden könnte. Das kann ihn aber nicht entlasten, weil die Voraussetzungen „wenn durch die Schlägerei der Tod eines Menschen verursacht worden ist" eine objektive Bedingung der Strafbarkeit darstellt, die sich dem Vorsatzerfordernis entzieht.

3. Objektive Strafbarkeitsbedingung

B ist getötet worden. Dieser Erfolg ist durch die Schlägerei verursacht worden. Anhaltspunkte, dass es an der Kausalität fehlen könnte, sind nicht erkennbar. Ob der schlimme Ausgang objektiv oder speziell für K vorhersehbar war, spielt keine Rolle. Da eine objektive Strafbarkeitsbedingung in Rede steht, ist § 18 StGB nicht anwendbar.

4. Rechtswidrigkeit

Rechtfertigungsgründe sind nicht ersichtlich. Die Beteiligung ist deshalb dem K als Unrechtstat vorzuwerfen, § 231 Abs. 2 StGB.

5. Schuld

Gründe, die die Schuld des K ausschließen oder ihn entschuldigen würden, sind ebenfalls nicht vorhanden. Die Beteiligung ist mithin dem K insgesamt vorzuwerfen, § 231 Abs. 2 StGB.

6. Ergebnis

K hat sich wegen Beteiligung an einer Schlägerei aus § 231 StGB strafbar gemacht.

1. Fallvariante

Strafbarkeit des K aus § 231 StGB

1. Objektiver und subjektiver Tatbestand

Wie im Ausgangsfall hat K den äußeren und einen inneren Tatbestand des § 231 StGB verwirklicht.

2. Objektive Strafbarkeitsbedingung

B müsste eine schwere Körperverletzung nach § 226 StGB erlitten haben. B ist auf beiden Augen erblindet und hat damit sein Sehvermögen eingebüßt, § 226 Abs. 1 Nr. 1 StGB. Diese Folge müsste durch die Schlägerei verursacht worden sein. Denkt man sich das Kampfgeschehen als Gesamtvorgang hinweg, wäre B nicht verwundet worden.

Über den hiernach zu bejahenden Ursachenzusammenhang hinaus ist für § 231 StGB noch ein besonderer Gefahrverwirklichungszusammenhang zu fordern: Die spezifische Gefährlichkeit der Schlägerei muss sich in der konkreten schweren Folge niedergeschlagen haben. Das ist hier zweifelhaft, weil der eigentliche Grund für die Erblindung des B darin zu sehen ist, dass er sich ärztlicher Behandlung entzogen hat. Dabei war er sich des Risikos, das Augenlicht zu verlieren, bewusst.

Auch sein Motiv, andernfalls strafrechtlich belangt zu werden, vermag seine Eigenverantwortlichkeit nicht zu beseitigen. Nimmt man hinzu, dass mit dem drohenden Verlust des Sehvermögens ein gravierender Körperschaden bevorstand, kann das Verhalten des B nur als völlig unvernünftig und als nicht mehr nachvollziehbar beurteilt werden. Das hat zur Folge, dass der schwere Körperverletzungserfolg nicht der Schlägerei zugeordnet werden kann. B hat, weil er eigenverantwortlich nicht für Selbstschutz gesorgt hat, für seine Erblindung selbst einzustehen. Die objektive Bedingung der Strafbarkeit ist somit nicht eingetreten.

3. Ergebnis

K ist in der 1. Fallabwandlung keiner Beteiligung an einer Schlägerei gem. § 231 StGB schuldig.

2. Fallvariante

Strafbarkeit des K aus § 231 StGB

1. Objektiver und subjektiver Tatbestand

Beide Tatbestandshälften sind wiederum gegeben.

2. Objektive Strafbarkeitsbedingung

B hat – bedingt durch die Schlägerei – sein Hörvermögen verloren. Damit ist nach § 226 Abs. 1 Nr. 1 StGB der Erfolg einer schweren Körperverletzung gegeben. Ob diese Folge noch der Schlägerei zugerechnet werden kann, ist allein deshalb fraglich, weil zwischen dem Tatgeschehen und der sich einstellenden Taubheit ein Zeitraum von vier Jahren lag. Anders als in der 1. Fallabwandlung ist aber davon auszugehen, dass dieser durchaus vorhersehbare Spätschaden für B nicht vermeidbar war. Würde man Spätfolgen gleichwohl für nicht zurechenbar halten, wäre zudem damit die Schwierigkeit verbunden, diese von „Nichtspätschäden“ abzugrenzen, also dem Zeitpunkt zu benennen, ab dem eine Zurechnung nicht mehr erfolgen kann.

Vom Ergebnis her wirkt es allerdings befremdlich, wenn eine Bedingung, die erst im zeitlichen Abstand von vier Jahren nach der Schlägerei eintritt, die Strafbarkeit der Beteiligten noch auslösen könnte. K wird sich längst darauf eingerichtet haben, dass ihm kein Strafbarkeitsrisiko mehr droht. Darüber hinaus besteht angesichts der langen Zeitdauer auch kein allgemeines Strafbedürfnis mehr, zumal der Eintritt der schweren Folge gar nicht zum Unrecht des Schlägereitatbestandes gehört. Angeführt werden kann überdies der Rechtsgedanke der Verjährung, dem zu entnehmen ist, dass mit Ablauf einer gewissen Zeit die materielle Strafberechtigung schwindet. Schließlich legt auch der Normtext des § 231 Abs. 1 StGB („durch die Schlägerei verursacht“) die Deutung nahe, dass der Erfolg entweder schon bei der Auseinandersetzung selbst oder unmittelbar danach eingetreten sein muss.

Daraus ergibt sich, dass der Zeitabstand von vier Jahren eine Zurechnungssperre begründet, die den K entlastet.

3. Ergebnis

So wie bei der 1. Fallabwandlung ist auch hier die objektive Strafbarkeitsbedingung nicht erfüllt. K kann demnach nicht aus § 231 StGB belangt werden.

Gesamtergebnis

K hat sich im Ausgangsfall lediglich wegen Beteiligung an einer Schlägerei nach § 231 StGB strafbar gemacht. Was die beiden Fallvarianten betrifft, geht er straffrei aus.

Fall 3 „Weißer Schnee aus Kirgistan"

Objektive Zurechnung und Fahrlässigkeit

Der zwanzigjährige H hängt gelangweilt in einem Internet-Café herum. Als die A, mit der H freundschaftlich verbunden ist, das Café betritt und sich zu einem Tisch in der Ecke begibt, setzt H sich sogleich zu ihr. Im Laufe des Gesprächs eröffnet A ihm, dass sie soeben 10 g Heroin aus Kirgistan zum Zwecke der Weiterveräußerung erhalten habe. H erwidert, dass er „mal wieder Lust darauf habe". A, die weiß, dass H derzeit „clean" ist, in der Vergangenheit aber häufiger Drogen – darunter auch harte – konsumiert hat, händigt dem H daraufhin 1 g Heroin zum Preis von 200 EUR aus. Dabei bemerkt sie, dass es sich um einen sehr starken „weißen" Stoff handele. Beim Konsumieren müsse H aufpassen und „nicht spritzen, sondern nur sniefen". Außerdem müsse er das Rauschgift unbedingt in kleinere Portionen aufteilen. H sichert der A zu, sich an diese Warnung zu halten.

H geht sodann nach Hause, schüttet den gesamten Stoff in einer Linie vor sich auf den Tisch und zieht ihn mit einem zusammengerollten 50 EUR-Schein in die Nase hoch. Eine halbe Stunde später wird er bewusstlos. Aus seiner Ohnmacht erwacht er nicht mehr; infolge des Heroingenusses stirbt er an einem Herz-Kreislaufversagen.

Beurteilen Sie die Strafbarkeit der A! Verstöße gegen das Betäubungsmittelgesetz sind als Strafgrundlagen nicht zu prüfen.

Lösung 3 „Weißer Schnee aus Kirgistan“

Die ersten Lösungsschritte

Der Bearbeitungsvermerk schließt die nebenstrafrechtlichen Vorschriften des BtMG aus. (Hinweis: Diesbezüglich einschlägig wären die §§ 29 Abs. 1 Nr. 1, 30 Abs. 1 Nr. 3 BtMG – Abgabe von Betäubungsmitteln mit Todesfolge; vgl. dazu BGHSt 37, 179 ff.; BGH, NStZ 2000, 205 f.). Hiermit muss und darf sich der Bearbeiter nicht befassen. Ohne Weiteres erkennbar ist, dass § 222 StGB (fahrlässige Tötung) in Betracht kommt. Schon gründliches Nachdenken ist erforderlich, um auf § 227 StGB (Körperverletzung mit Todesfolge) und die gefährliche Körperverletzung durch Beibringung von Gift (§ 224 Abs. 1 Nr. 1 StGB) zu stoßen. Beide Qualifikationen setzen die Erfüllung des Grundtatbestands der einfachen Körperverletzung (§ 223 StGB) voraus. Auf sie einzugehen erübrigt sich also, wenn A schon nicht aus § 223 StGB verantwortlich ist.

Da der Sachverhalt ein einheitliches Geschehen umschreibt und die strafrechtliche Beurteilung jeweils an das gleiche Handeln der A – Überlassen des Heroins – anknüpft, ist von einer Aufteilung in Tatkomplexe abzusehen.

Was die Reihenfolge der zu diskutierenden Delikte angeht, ist es tunlich, § 222 StGB ans Ende des Gutachtens zu stellen. Dies empfiehlt sich zum einen aus Konkurrenzgründen: § 222 StGB würde ggf. hinter § 227 StGB im Wege der Gesetzeskonkurrenz zurücktreten. Zum anderen sprechen dafür klausurtaktische Erwägungen. Denn mit der vorgezogenen Prüfung der Körperverletzung werden mit Blick auf § 222 StGB entscheidende Vorarbeiten geleistet. Die ohnehin schon schwierige Darstellung des Fahrlässigkeitsdelikts wird auf diese Weise entschlackt.

Der erste – noch grobe und vorläufige – Lösungsplan könnte demnach wie folgt aussehen:

Strafbarkeit der A aus:

1. § 223 StGB
2. § 224 Abs. 1 Nr. 1 StGB
3. § 227 StGB
4. § 222 StGB

Wendet man sich nunmehr der (Fein-) Justierung innerhalb der einzelnen Delikte zu, kann im Rahmen der Körperverletzung unschwer festgestellt werden, dass H vor seinem Tod eine Gesundheitsschädigung erlitten und A zu diesem Erfolg kausal beigetragen hat. Sie hat allerdings die Tat nicht selbst begangen (§ 25 Abs. 1 1. Alt. StGB), so dass unmittelbare Täterschaft entfällt. Umzusteigen ist sodann auf mittelbare Täterschaft („Wer die Tat durch einen anderen“ – hier: durch das Opfer selbst – „begeht“, § 25 Abs. 1 2. Alt. StGB). Diese ist davon abhängig, ob H als Werkzeug eingestuft werden kann, d. h. ein Verantwortungsdefizit aufwies (ausführliches Aufbaumuster bei Fall 12, S. 146 f.). Diesbezüglich sind die Angaben im Sachverhalt auszuwerten, die allesamt auf das Ergebnis ausgerichtet sind, dass H sich frei und eigenverantwortlich selbst geschädigt hat. Von daher scheidet eine täterschaftliche Haftung der A aus. Weil die durch H bewirkte Selbstverletzung tatbestandslos ist, fällt auch eine Teilnahme der A zu § 223 StGB in Gestalt von Beihilfe (§ 27 StGB) ins Leere. Die Qualifikationstatbestände der §§ 224, 227 StGB brauchen hiernach an sich nicht mehr – und wenn, dann nur kurz – angesprochen zu werden.

Der Aufbau der Fahrlässigkeitstat mit fallspezifischen Erläuterungen

Was Fahrlässigkeitsdelikte – hier § 222 StGB – betrifft, bereitet der Aufbau den Bearbeitern oftmals große Schwierigkeiten. Wichtige Merkmale bleiben vielfach unberücksichtigt; sachlich zu trennende Prüfungspunkte werden häufig miteinander vermengt. Das soll Anlass sein, im Folgenden das Tatbestandsschema eines fahrlässigen Erfolgsdelikts aufzuzeigen und im Anschluss daran durch fallbezogene Hinweise zu erläutern:

Tatbestand:

1. Voraussetzungen des gesetzlichen Tatbestands (Handlung, Erfolg, Kausalität)
2. Verletzung der objektiv gebotenen Sorgfalt
3. Objektive Erfolgszurechnung
   a) Objektive Vorhersehbarkeit des Kausalverlaufs und Erfolgs (nach Maßgabe eines Adäquanzurteils)
   b) Pflichtwidrigkeitszusammenhang
   c) Schutzzweckzusammenhang
   d) Haftungsausschluss aufgrund opfereigener fahrlässiger Selbstschädigung

Hinweis: Ggf. ist auf der Ebene der Schuld den subjektiven Fahrlässigkeitselementen Rechnung zu tragen.

Zu 1.: Die Frage der Kausalität ist bereits bei der Körperverletzung positiv beantwortet worden. Für § 222 StGB gilt nichts anderes. Im Rahmen der Körperverletzung ist aber auch erarbeitet worden, dass das Handeln des A nur Beihilfequalität hat. Das führt zu dem Problem, ob derjenige, der sich auf einen Gehilfenbeitrag beschränkt, Täter des § 222 StGB sein kann. Dies anzunehmen scheint auf den ersten Blick widersprüchlich und nicht akzeptabel. Die A, was § 223 StGB angeht, als straflose Teilnehmerin einzuordnen, sie dagegen bei § 222 StGB zur Täterin hochzustufen, liefe ja darauf hinaus, die in § 27 StGB enthaltenen Limitierungen zu umgehen: Beihilfe ist ebenso wie die Anstiftung (§ 26 StGB) nur strafbar, wenn sie sich auf eine vorsätzliche (tatbestandsmäßige) Haupttat bezieht und der Hilfe Leistende seinerseits vorsätzlich handelt.

Weitgehend anerkannt ist aber heute, dass bei § 222 StGB der Unterschied zwischen Täterschaft und Teilnahme eingeebnet ist. Auch der „Gehilfe“ haftet als Täter, sofern er nur ursächlich für den Todeserfolg geworden ist. Begründet werden kann dies mit dem weit gefassten Wortlaut des § 222 StGB.

Zu 2.: Der Sorgfaltspflichtenverstoß ist, wenn möglich, stets am Gesetz festzumachen. Es lässt sich hier unschwer mit § 29 Abs. 1 Nr. 1 BtMG belegen, wonach das Veräußern von Betäubungsmitteln bei Strafe verboten ist. Zu erwägen ist, ob nicht schon an dieser Stelle die freiverantwortliche Eigenschädigung des H zu veranschlagen ist, mit der Folge, dass der A mit Blick auf die Todesfolge kein Sorgfaltsmangel anzulasten ist. Aber dieser Ansatz ist wenig sinnvoll. Die Prüfung des Handlungsunwertes sollte sich auf die Bewertung des reinen Tätigkeitsaktes beschränken. Liegt – wie hier – sogar ein nach § 29 Abs. 1 Nr. 1 BtMG strafbares Tun vor, wirkt es gekünstelt, wenn nicht gar befremdlich, dem Täter mit Rücksicht auf handlungsunabhängige Umstände ein erlaubt riskantes Verhalten zu bescheinigen.

Zu 3. a) bis c): Diese Gliederungspunkte lassen sich relativ kurz behandeln. In Anbetracht der Wirkungsstärke des Heroins waren das Kausalgeschehen und der Eintritt des Todeserfolgs regelgerecht und damit objektiv voraussehbar. Dass H sich über die eindringliche Warnung der A hinweggesetzt hat, lag ebenfalls nicht außerhalb der Lebenserfahrung. Bei rechtmäßigem Alternativverhalten der A – keine Abgabe des Heroins an H – wäre der Erfolg ersichtlich ausgeblieben. Der Tod des H liegt des Weiteren im Schutzbereich der verletzten Sorgfaltsnorm. Das Betäubungsmittelgesetz will zwar die „Volksgesundheit“ schützen und die Allgemeinheit vor Gefahren bewahren, die von Suchtmitteln ausgehen. Damit verbindet sich aber inzidenter der Schutz von Leib und Leben des individuellen Konsumenten.

Zu 3. d): Hier ist der Schwerpunkt der Aufgabe verborgen. Zu prüfen ist, ob § 222 StGB auch auf den Plan tritt, wenn der Erfolg über ein eigenverantwortliches Opferverhalten vermittelt wird. Verfehlt wäre es, dass Sachproblem erst auf der Stufe der Rechtswidrigkeit unterzubringen und dort zu fragen, ob der A eine rechtfertigend wirkende Einwilligung zur Seite steht. Dieser Lösungsweg wäre zudem mit Stolpersteinen gepflastert. Entschieden werden müsste, ob angesichts der augenscheinlichen Risikounterschätzung bei H überhaupt von einer bewussten Rechtsgutspreisgabe gesprochen werden kann und, wenn ja, ob die Einwilligung in die Todesgefahr vor den §§ 216, 228 StGB standhält.

Gegen diese Einwilligungskonzeption spricht entscheidend, dass sie die Konstellation des Mitwirkens an einer fremden Selbstgefährdung mit der einer einverständlichen Fremdgefährdung ohne Ansehen der Unterschiede in einen Topf wirft: A würde im Ergebnis einfach so behandelt, als habe sie dem H eigenhändig eine Spritze mit Heroin gesetzt. Dass diese Gleichschaltung nicht zu halten ist, zeigt sich vor allem, wenn man beiden – A wie H – Tötungsvorsatz unterstellen würde. Im zweiten Fall wäre A dann aus § 216 StGB zu strafen, während sie im Fall der eigenverantwortlichen (vorsätzlichen) Selbsttötung als straflose Teilnehmerin zu bewerten wäre.

Von daher ist es angezeigt, der Thematik – wie hier geschehen – einen eigenständigen Prüfungspunkt zu widmen und sie im Tatbestand unter der Rubrik „objektive Erfolgszurechnung" zu behandeln (so auch seit BGHSt 31, 262 ff. die st. Rspr.).

In der Sache darf heute als gesichert anzusehen sein, dass bei gleicher Risikoerkenntnis die opferseitige Verletzung der „Sorgfalt in eigenen Angelegenheiten" den Hintermann von Strafe freistellt. Der Hintermann trägt nur dann das Risiko der Gefahrenrealisierung, wenn er über größeres Risikowissen verfügt. Hier ist gerade das Gegenteil der Fall.

Begründet werden kann das mit einem argumentum a maiore ad minus: Da die vorsätzliche Beteiligung an einem Selbstmord nach der eindeutigen Wertentscheidung unseres StGB straflos ist, muss es die nur fahrlässige Beteiligung erst recht sein. Diese Ableitung lässt zugleich die Grenzen des Bereichs der Straffreiheit erkennen. Sie werden gebildet von den Kriterien, die im Vorsatzfall eine mittelbare Täterschaft des Hintermannes begründen würden.

Der schriftliche Lösungsplan

Die endgültige Lösungsskizze könnte nach allem wie folgt beschaffen sein:

I. Strafbarkeit der A aus §§ 223, 25 Abs. 1 1. Alt.
  1. OTB
    a) Gesundheitsschaden bei H vor dem Tod (+)
    b) Kausaler Tatbeitrag (+)
    c) keine unmittelbare Täterschaft
  2. Ergebnis: (–)

II. Strafbarkeit der A aus §§ 223, 25 Abs. 1 2. Alt.
  1. OTB: Begehen der Tat durch H selbst
    a) Werkzeugqualität des H?
    b) Keine Verantwortungsdefizite
    c) Keine unterlegende Risikoerkenntnis
  2. Ergebnis: (–)

III. Strafbarkeit der A aus §§ 223, 27: (–), keine Haupttat

IV. Strafbarkeit der A aus §§ 224 Abs. 1 Nr. 1, 227: (–), kein Grunddelikt

V. Strafbarkeit der A aus § 222
  1. Tatbestand
    a) Handlung, Erfolg, Kausalität → Reichen bloße Förderungsakte für die Täterschaft?
    b) Sorgfaltspflichtenverstoß (+), § 29 Abs. 1 Nr. 1 BtMG!
    c) Objektive Erfolgszurechnung

aa) objektive Vorhersehbarkeit des Geschehensablaufs (+)
bb) Pflichtwidrigkeitszusammenhang (+)
Vermeidbarkeit bei hypothetischem rechtmäßigen Alternativverhalten
cc) Schutzzweckzusammenhang (+)
BtMG dient der Volksgesundheit, aber auch dem Individualschutz
dd) Zurechnungssperre infolge eigenverantwortlicher Selbsttötung (+)
→ Begründung: gedachter Vorsatzfall!

2. Ergebnis: (–)

Gesamtergebnis: A ist straflos

Klausurlösung

I. Strafbarkeit der A aus §§ 223, 25 Abs. 1 1. Alt. StGB

A könnte sich dadurch, dass sie dem H das Heroin überlassen hat, wegen Körperverletzung nach § 223 StGB, begangen in unmittelbarer Täterschaft, strafbar gemacht haben.

1. Objektiver Tatbestand

A könnte H an der Gesundheit geschädigt haben. Darunter ist jedes Hervorrufen oder Steigern eines krankhaften Zustands zu verstehen. Weil im Rauschzustand die körperlichen und geistigen Funktionen vom Normalzustand nachteilig abweichen, hat H, bevor er verstorben ist, sowohl vor Eintritt seiner Ohnmacht als auch während der Dauer seiner Bewusstlosigkeit Schaden an seiner Gesundheit genommen.

Für diesen Erfolg müsste das Handeln der A kausal geworden sein. Das ist nach Maßgabe der Äquivalenztheorie dann anzunehmen, wenn ihr Tun nicht hinweggedacht werden kann, ohne dass damit der Erfolg entfiele. Hätte A darauf verzichtet, dem H das Rauschgift zu überlassen, wäre es bei H nicht zu einer Gesundheitsschädigung gekommen. Ihr Handeln stellt deshalb eine conditio sine qua non dar. Dass H sich den Stoff selbst zugeführt hat und damit die letzte und entscheidende Ursache gesetzt hat, vermag den Kausalzusammenhang nicht zu unterbrechen, weil nach der Äquivalenztheorie alle Bedingungen gleichviel zählen. Da H sich aber den Stoff zu Hause selbst verabreicht hat, ist eine unmittelbare Täterschaft ausgeschlossen.

2. Ergebnis

A hat die Körperverletzung jedenfalls nicht selbst begangen.

II. Strafbarkeit der A aus §§ 223, 25 Abs. 1 2. Alt. StGB

A könnte die Tat als mittelbare Täterin verübt haben.

1. Objektiver Tatbestand

A müsste dann die Körperverletzung „durch einen anderen“ begangen haben. Wäre das der Fall, wäre der A der Selbstschädigungsakt des H wie eigenes Handeln zuzurechnen. Ein „Anderer“ i. S. des § 25 Abs. 1 2. Alt. StGB kann grundsätzlich auch das Opfer selbst sein. Gleichwohl ist fraglich, ob der A die Stellung einer mittelbaren Täterin zugeschrieben werden kann. Das setzt voraus, dass H die Rolle eines untergeordneten Werkzeugs inne gehabt hat, also gegenüber A Verantwortungsdefizite aufwies.

H war heranwachsend (§ 1 Abs. 2 JGG) und damit altersbedingt schuldfähig. Zur Tatzeit war er nicht drogenabhängig, so dass seine Verantwortung – entsprechend den §§ 20, 21 StGB – nicht infolge von Drogensucht oder Rauschhunger ausgeschossen oder geschmälert war. Auf der anderen Seite hatte H in zurückliegender Zeit häufiger auch harte Drogen konsumiert. Er hatte deshalb Erfahrung im Umgang mit Betäubungsmitteln und wusste um deren Wirkung.

Eine eigenverantwortliche Selbstverletzung des H könnte demnach nur abgelehnt werden, wenn H der A im Wissen um die besondere Qualität des Stoffes unterlegen gewesen wäre. A hat jedoch mit mahnenden Worten auf die Stärke des Heroins hingewiesen und damit ihr Sonderwissen an ihn vermittelt. H erlag damit keiner wie immer auch gearteten Fehlvorstellung.

H hat sich mithin den Gesundheitsschaden frei und eigenverantwortlich selbst zugefügt und kann deshalb nicht als „Anderer“ i. S. von § 25 Abs. 1 2. Alt. StGB ausgegeben werden.

2. Ergebnis

A hat sich auch nicht wegen mittelbarer Täterschaft aus § 223 StGB strafbar gemacht.

III. Strafbarkeit der A aus §§ 223, 27 StGB

A könnte allenfalls einer Teilnahme an der Körperverletzung nach §§ 223, 27 StGB schuldig sein. Dies setzt das Vorliegen einer rechtswidrigen Tat voraus, d.h. einer Tat, die den Tatbestand eines Strafgesetzes verwirklicht, § 11 Abs. 1 Nr. 5 StGB. Die durch H bewirkte Selbstverletzung ist jedoch nach § 223 StGB tatbestandslos. A hat sich damit auch nicht wegen Beihilfe strafbar gemacht.

IV. Strafbarkeit der A aus §§ 224 Abs. 1 Nr. 1, 227 StGB

Eine Strafbarkeit der A wegen gefährlicher Körperverletzung (§ 224 Abs. 1 Nr. 1 StGB) bzw. wegen Körperverletzung mit Todesfolge (§ 227 StGB) muss ebenfalls entfallen. Beide Vorschriften kommen nur zum Zuge, wenn der Grundtatbestand (§ 223 StGB) erfüllt ist.

V. Strafbarkeit der A aus § 222 StGB

A könnte jedoch letztlich einer fahrlässigen Tötung gem. § 222 StGB schuldig sein.

1. Tatbestand

a) Voraussetzungen des gesetzlichen Tatbestands

H ist infolge des Heroinkonsums verstorben. Diesen Erfolg hat A durch ihr Handeln ebenso wie die vorausgegangene Gesundheitsschädigung kausal herbeigeführt. Das ist bereits im Rahmen der Körperverletzung ausgeführt worden. Dort wurde auch aufgezeigt, dass das Verhalten des A nur Teilnahmeformat hat. Mit Rücksicht darauf ist fraglich, ob A überhaupt Täterin des § 222 StGB sein kann.

Auf den ersten Blick scheint das auf eine Umgehung der in §§ 26, 27 StGB enthaltenen Voraussetzungen hinauszulaufen. Auf der anderen Seite könnte der Gesetzgeber die Teilnahmevorschriften aber gerade deshalb auf ein vorsätzliches Mitwirken an einer fremden Vorsatztat begrenzt haben, weil die fahrlässige Beteiligung ohnehin schon – originär – von § 222 StGB miterfasst wird. Für diese Annahme spricht der weite begehungsneutral gefasste Wortlaut des § 222 StGB. Es heißt nicht wie bei § 212 StGB: „Wer einen Menschen tötet", sondern: „Wer … den Tod eines Menschen verursacht". Das kann nur besagen, dass dem § 222 StGB unterschiedslos alle Beteiligungsformen unterfallen, sofern sie sich als erfolgsverursachend ausgewirkt haben. Täter einer fahrlässigen Tötung kann mithin jeder sein, der in irgendeiner Weise – und sei es auch nur als bloßer Gehilfe – zu der in den Erfolg umschlagenden Gefahr beigetragen hat.

A hat somit die Merkmale des gesetzlichen Tatbestands erfüllt.

b) Verletzung der objektiv gebotenen Sorgfalt

A müsste den Tod des H fahrlässig verursacht haben. A hat dem H das Heroin überlassen und damit der Strafvorschrift des § 29 Abs. 1 Nr. 1 BtMG zuwidergehandelt. Das begründet die Sorgfaltspflichtverletzung.

c) Objektive Erfolgszurechnung

Kausalverlauf und Erfolgseintritt müssen zunächst objektiv vorhersehbar gewesen sein. Heroin gehört zu den sog. harten Drogen, aus deren Einnahme erhebliche Gefahren für Leib und Leben erwachsen. Das gilt umso mehr, wenn es sich – wie hier – um einen besonders brisanten Stoff handelt. Es lag auch nicht außerhalb der Lebenserfahrung, dass H, die Warnung der A in den Wind schlagend, das 1g Heroin auf einmal konsumieren würde. Der tödliche Ausgang des Geschehens war somit objektiv voraussehbar.

Gegeben ist darüber hinaus der sog. Pflichtwidrigkeitszusammenhang zwischen dem Sorgfaltsverstoß und dem Todeserfolg: Hätte A sich geweigert, dem H das Heroin auszuhändigen, wäre H nicht gestorben.

H's Tod müsste überdies in den Schutzbereich der verletzten Sorgfaltsnorm fallen. Das Betäubungsmittelgesetz dient zwar erklärtermaßen dem Schutz der Volksgesundheit; mit diesem Ziel ist aber gleichzeitig der Lebensschutz des einzelnen Konsumenten verknüpft. Der sog. Schutzzweckzusammenhang ist demnach zu bejahen.

Zu prüfen bleibt, wie es sich auswirkt, dass H sich den Stoff selbst zugeführt hat. Wie oben gesehen, geschah dies eigenverantwortlich und ohne dass A ihm in der Risikoeinschätzung überlegen gewesen wäre. Im Gegenteil: Weil H sich nicht an die Ermahnung der A, das Heroin nur portionsweise zu konsumieren, gehalten hat, handelte er mit Blick auf die Todesfolge sogar fahrlässiger als die A selbst. Dieser Befund beseitigt zwar weder die Kausalität noch den Handlungsunwert des Tatbeitrags von A; er könnte aber dazu führen, dass der A der Erfolg objektiv nicht zugerechnet werden kann, weil allein H das Risiko der Gefahrrealisierung trägt.

Vorgreiflich stellt sich jedoch die Frage, ob die Beteiligung des H nicht möglicherweise nach Einwilligungsregeln zu behandeln ist. Wäre das der Fall, könnte eine rechtfertigend wirkende Einwilligung an zwei Gründen scheitern. Es ist davon auszugehen, dass H sich der Gefahr für sein Leben nicht bewusst war, dass er zumindest seinen Tod nicht in Kauf genommen hat. Von daher ist zweifelhaft, ob überhaupt eine „wirkliche" Einwilligung gegeben ist. Darüber hinaus könnte eine etwaige Einwilligung nach Maßgabe der §§ 216, 228 StGB unbeachtlich sein.

Sich an Einwilligungskriterien zu orientieren, hieße aber so zu tun, als habe statt H die A die Todesursache unmittelbar gesetzt, etwa indem sie eigenhändig dem H mit dessen Einverständnis eine Heroinspritze gesetzt hätte. Dass dieser Fall einer einverständlichen Fremdgefährdung mit der hier vorliegenden Konstellation der Beteiligung an einer Selbstgefährdung nicht gleichgesetzt werden kann, wird deutlich, wenn man sich A und H mit Tötungsvorsatz handelnd denkt. Im Fall der Fremdtötung wären dann Einwilligungsgrundsätze einschließlich § 216 StGB heranzuziehen; bezüglich des Förderns der Selbsttötung würden dagegen die Regeln der Täterschaft und Teilnahme den Ausschlag geben. Wie bei der Körperverletzung wäre A nicht mittelbare Täterin, sondern lediglich straflose Teilnehmerin an einer tatbestandslosen Eigenschädigung.

Dieser Vergleich mit einem Vorsatzfall zeigt, dass es nicht um ein Einwilligungsproblem geht, sondern dass bereits der Tatbestand und das Erfordernis der Erfolgszurechnung betroffen sind.

In der Sache ist die Lösung wiederum aus dem Vergleich mit der entsprechenden Vorsatzsituation sowie aus der Erkenntnis abzuleiten, dass die Haftung für Fahrlässigkeit nicht weiterreichen kann als die für Vorsatz. Da im Vorsatzfall der A, weil nicht mittelbare Täterin, der Erfolg nicht angelastet werden könnte, muss das Gleiche für § 222 StGB gelten. A hat für den Tod des H nicht einzustehen.

2. Ergebnis

A hat sich mithin auch keiner fahrlässigen Tötung nach § 222 StGB schuldig gemacht.

Gesamtergebnis

Nach den Vorschriften des StGB hat A sich nicht strafbar gemacht.

Fall 4 „Der boshafte Jurastudent“

Abweichungen von Vorstellung und Tatgeschehen
(bearbeitet von Dr. Tanja Lehmann)

Jurastudent S ist durch die Zwischenprüfung gefallen. Maßgebliche Schuld daran trägt – nach Ansicht des S – Professor P. S beschließt, sich zu rächen und dem P einen nachhaltigen Denkzettel zu verpassen. Mit der Post schickt S ohne Absenderangabe ein an P adressiertes Päckchen mit der Aufschrift „persönlich/vertraulich“. Das Päckchen beinhaltet eine kleine Pralinenschachtel mit drei „Mon chéri“ und ein mit einer unleserlichen Unterschrift versehenes Kärtchen mit Dankesworten für die hervorragenden Vorlesungen in den vergangenen Semestern. Die Pralinen hat S zuvor mit einer Flüssigkeit präpariert, von der er weiß, dass sie Übelkeit, heftige Magenschmerzen, Brechreiz und Durchfall auslöst.

M, die Wissenschaftliche Mitarbeiterin des P, nimmt das Päckchen in Empfang. Da sie befugt ist, auch persönliche Post des P zu öffnen, packt sie das Päckchen aus. Sie weiß, dass ihr Chef überhaupt keine Süßigkeiten mag und die Pralinen mit Sicherheit an sie weiter verschenken würde. Deshalb isst sie spontan alle drei „Mon Chéri“. Schon nach kurzer Zeit verspürt sie heftige Magenkrämpfe.

Zwei Tage später liest S in der Zeitung von dem „Giftanschlag“ in der Universität, der statt eines Professors eine Mitarbeiterin getroffen hat. Mit dieser Möglichkeit hatte S zu keiner Zeit gerechnet.

Beurteilen Sie die Strafbarkeit des S! § 267 StGB ist nicht zu prüfen. Strafanträge sind, soweit erforderlich, gestellt.

Lösung 4 „Der boshafte Jurastudent“

Die ersten Lösungsschritte

1. Weil die Urkundenfälschung (§ 267 StGB) nicht zu erörtern und die Strafgrundlage des § 314 Abs. 1 Nr. 2 StGB (gemeingefährliche Vergiftung) offensichtlich nicht betroffen ist, hat sich die Prüfung auf § 223 StGB und seine beiden Handlungsalternativen („körperliches Misshandeln“ und „Gesundheitsschädigung“) zu konzentrieren. Zu erkennen ist des Weiteren, dass die Körperverletzung nach § 224 Abs. 1 StGB qualifiziert sein könnte. Ob es sich bei der Flüssigkeit, mit der S die Pralinen versetzt hat, um ein „Gift“ (Nr. 1) im herkömmlichen Sinne handelt, lässt der Sachverhalt offen. Unter Gift wird jedoch normspezifisch jeder Stoff verstanden, der nach seiner Art und Dosierung geeignet ist, ernstliche gesundheitliche Schäden hervorzurufen (vgl. BGHSt. 51, 18: Speisesalz). Die zweite Alternative („andere gesundheitsschädliche Stoffe“) ist demgegenüber solchen Tatmitteln vorbehalten, die auf mechanischem oder thermischem Wege wirken. Ob sich das Gift auch unter den Begriff des „gefährlichen Werkzeugs“ (Nr. 2) subsumieren lässt, kann auf sich beruhen. Stattdessen ist der Blick noch auf § 224 Abs. 1 Nr. 3 StGB zu lenken: Das Vorgehen des S könnte auf einen „hinterlistigen Überfall“ hinauslaufen. Anhaltspunkte, dass überdies eine „lebensgefährdende Behandlung“ (Nr. 5) gegeben sein könnte, enthält der Sachverhalt nicht.
2. Den objektiven Tatbestand des § 223 StGB darzustellen ist scheinbar mit keinen Schwierigkeiten verbunden. Handeln, Erfolg und Kausalität stehen außer Zweifel. Bereits hier sollte man aber im Rahmen der objektiven Erfolgszurechnung die Frage aufwerfen, ob nicht möglicherweise ein atypischer Kausalverlauf gegeben ist. Davon spricht man, wenn der Eintritt des Erfolgs völlig außerhalb dessen liegt, was nach dem gewöhnlichen Ablauf der Dinge und nach allgemeiner Lebenserfahrung noch in Rechnung zu stellen ist (BGHSt. 3, 62 ff.). Im Ergebnis muss das verneint werden. Dass ein anderer als P von den Pralinen isst, lässt sich schwerlich als völlig regelwidrig oder abenteuerlich bezeichnen. S hat zwar nicht mit dieser Möglichkeit gerechnet und mag das Geschehen als Unglück empfunden haben. Das aber kann die Zurechnungssperre nicht begründen.

   Wer scharf nachdenkt, wird darüber hinaus auf die Frage stoßen, ob S den Tatbestand (noch) als unmittelbarer Täter (§ 25 Abs. 1 1. Alt. StGB) oder (schon) als mittelbarer Täter (§ 25 Abs. 1 2. Alt. StGB) erfüllt hat. Schließlich hat M sich das Gift selbst zugeführt und könnte damit von S als ahnungsloses Werkzeug einer Selbstschädigung „missbraucht“ worden sein. Der Fall liegt auf der Grenze, und es dürfte letztlich eine Geschmacksfrage sein, für welche Täterschaftsform man eintritt (vgl. auch BGHSt. 43, 177 ff.: „Passauer Giftfalle“). Strenggenommen mag ja ein Begehen durch einen anderen (= das Opfer selbst) vorliegen. Auf der anderen Seite fragt sich, ob damit nicht die Figur der mittelbaren Täterschaft überstrapaziert und zu weit ausgedehnt wird: Auch der Jogger, der in die Kugel des Todesschützen läuft, könnte sonst „ein anderer" i.S. des § 25 Abs. 1 2. Alt. StGB sein. Und in unserem Fall käme wohl niemand auf den Gedanken zu sagen, dass mittelbare Täterschaft auch deshalb gegeben ist, weil S das Päckchen durch einen Paketboten hat zustellen lassen. Um Beanstandungen zu vermeiden, empfiehlt es sich in der Falllösung, den Punkt anzusprechen, die Entscheidung aber offenzulassen.

Error in persona und aberratio ictus in der Fallbehandlung

Das eigentliche Sachproblem ist erst auf der subjektiven Tatseite verborgen. Unschwer auszumachen ist, dass das reale Tatgeschehen und die Tätervorstellung nicht miteinander harmonieren: S zielte darauf, P zu schädigen; objektiv war M betroffen. Dieses Auseinanderfallen wäre sicher ohne Belang, wenn S die Möglichkeit der Erfolgsabweichung einkalkuliert hätte. Das anzunehmen lässt indes der Sachverhalt nicht zu. Der Vorsatz des S bezog sich ausschließlich auf eine Verletzung des P, was noch durch den auf dem Päckchen vermerkten Zusatz „persönlich/vertraulich" bekräftigt wird.

1. In allen Fällen, in denen eine Inkongruenz von Tatverlauf und Vorsatz zu verzeichnen ist, steht man gleichermaßen vor der Frage, ob sich beides dennoch zu einem kompletten Tatbestand, d.h. zur Vollendung zusammenfügt oder ob die Diskrepanz den Ausschlag gibt. Die letztere Alternative hätte dann zur Folge, dass sich die Lösung aufspaltet in eine Versuchstat und ein etwaiges Fahrlässigkeitsdelikt.

2. Der „Vierer-Kanon" der Abweichungskonstellationen – error in persona, aberratio ictus, Abweichung vom Kausalverlauf, dolus generalis – sollte dem Bearbeiter bekannt sein, und er sollte auch wissen, welche Sachverhalte im Einzelnen mit ihnen gemeint sind: Während unter dem Stichwort „dolus generalis" die Fälle gehandelt werden, in denen der Erfolg zu einem anderen Zeitpunkt eintritt, als der Täter dies erwartet hat (verfrüht oder verspätet), bezeichnet man mit der Kategorie „Abweichung vom Kausalverlauf" solche Sachlagen, bei denen nur der Geschehensverlauf auf dem Wege zum Erfolg hin von der Tätervorstellung nicht gedeckt ist. Der Erfolg selbst ist demgegenüber vom Vorsatz des Täters umfasst. Beide Fallgestaltungen sind in casu nicht betroffen.

   Stattdessen könnten gegeben sein ein error in persona oder eine aberratio ictus. Ein error in persona vel in obiecto ist dadurch gekennzeichnet, dass der Täter das anvisierte Angriffsobjekt auch trifft, diesem aber fälschlicherweise eine andere Identität bzw. andere bestimmte Eigenschaften zugedacht hat. Ein solcher Irrtum ist zumindest dann anzunehmen, wenn der Täter das Opfer im Zuge der Tat sinnlich wahrgenommen hat. Hier ist dann unstreitig, dass die Fehleinschätzung keine Rolle spielt, weil der Täter die für den Tatbestand allein maßgebliche Menschqualität seines Zielobjekts erkannt hat und sein Irrtum nur „außertatbestandliche" Umstände betrifft.

Mit der Figur der aberratio ictus (= Fehlgehen des Wurfes) werden hingegen die Fälle umschrieben, in denen der Verletzung nicht bei dem ins Auge gefassten Opfer, sondern bei einem anderen – dem Danebenstehenden – eintritt. Insoweit ist bekanntlich streitig, ob mit der h.A. auf „Versuch plus Fahrlässigkeit“ oder wegen der tatbestandlichen Gleichwertigkeit beider Objekte auf „Vollendung“ (so Teile des Schrifttums) zu erkennen ist.

2. Das Tückische der vorliegenden Klausuraufgabe ist, dass bei ihr zwei Problemkreise ineinander verschachtelt sind. Geht man „klassisch“ vor, ist zunächst die Abgrenzungsfrage „error in persona oder aberratio ictus“ zu klären. Eine eindeutige Zuordnung zu einer der beiden Kategorien ist dabei nicht möglich. Es geht um ein sog. Distanzdelikt, bei dem Handlung und Taterfolg raumzeitlich auseinanderfallen, ohne dass der Täter am Erfolgsort anwesend ist. Der Täter nimmt also sein Opfer nicht visuell wahr, sondern kann es ausschließlich geistig anvisieren.

Diejenigen, die hier auf einen error in persona plädieren, werben damit, dass es nicht sachgerecht sei, dem Täter die milderen Folgen einer aberratio ictus (Versuch und Fahrlässigkeit) zugute kommen zu lassen (*Roxin*, Strafrecht, Allgemeiner Teil I, 4. Aufl. 2006, § 12 Rn. 197). Denn dieser könne ja das auf den Weg gebrachte Tatmittel nicht mehr kontrollieren und setze deshalb eine größere Gefahr für eine Personenverwechslung. Gibt man hingegen der „aberratio-Lösung“ den Vorzug, heißt es, sich der oben bezeichneten Kontroverse über ihre rechtliche Bewertung zu stellen.

Souveräner erscheint vielleicht eine zweite Vorgehensweise: Man lässt die Zuordnungsfrage (zunächst) unbeantwortet unter Hinweis darauf, dass sich die Abschichtung erübrigt, wenn beide Irrtumsarten mit der gleichen Rechtsfolge (= Vollendung) zu verbinden sind. Gerade darauf stützt sich nämlich die Meinung, die die aberratio dem Fall des error in persona gleichstellt: Die Unterscheidung sei im Grunde nicht durchführbar; beide Irrtümer seien letztlich austauschbar (*Puppe*, GA 1981, 1, 4 ff.). Folgt man dem nicht, gilt es, zum Ausgangspunkt zurückzukehren und jetzt das Zuordnungsproblem zu entscheiden.

Eine dritte Möglichkeit wäre die, sich einfach vom Begrifflichen zu lösen, d.h. auf eine Katalogisierung des bei S vorhandenen Irrtums gänzlich zu verzichten und stattdessen sogleich wertend zu fragen, welches Ergebnis („vollendete Tat“ oder „Versuch und Fahrlässigkeit“) mehr einleuchtet. Der Vorzug dieser Darstellungsart liegt darin, dass die Gründe, die für die Annahme einer aberratio sprechen, weitgehend identisch sind mit den Gründen, aus denen sich herleiten lässt, dass bei einer aberratio eine vorsätzlich-vollendete Tat ausscheidet. Von daher erspart man es sich, gleiche Argumentationslinien zu wiederholen.

In der nachfolgenden Falllösung wird gleichwohl die erste Darstellungsweise zugrunde gelegt. Die zweite Variante, nach der zunächst zu klären ist, ob die aberratio in der rechtlichen Behandlung nicht vielleicht doch einem error in persona gleichsteht, verlangt große geistige Disziplin. Gerade in der Klausursituation besteht hier die Gefahr, dass man sich in der schwierigen Gedankenführung verzettelt. Die dritte Version schließlich erscheint jedenfalls für eine Klausur zu mutig. Insoweit ist der Erwartungshorizont des Korrektors zu bedenken: Dieser will, wie anzunehmen ist, erfahren, in welche „Schublade“ von Irrtumstypen der vorliegende Abweichungsfall gesteckt wird.

3. In der Sache wird in der Klausurlösung des Weiteren vom Vorliegen einer aberratio ictus ausgegangen. Für diese Sicht und gleichzeitig für die Aufteilung „Versuch und Fahrlässigkeit“ spricht im Einzelnen Folgendes:

   Die Annahme eines error in persona lässt sich zwar damit verteidigen, dass S die Person habe schädigen wollen, die von den Pralinen isst. Restlos überzeugend ist dieses Argument aber nicht. Denkt man sich anstelle von M ein anderes Opfer (etwa die Reinigungskraft, einen Einbrecher oder einen Studenten, der unerlaubt das Päckchen öffnet), wäre die Vollendungslösung mehr als befremdlich und dem S kaum plausibel zu machen. Mit Recht könnte er überdies geltend machen, mit der Aufschrift „persönlich/vertraulich“ Vorsorge dahingehend getroffen zu haben, dass kein „falsches Opfer“ mit den Pralinen in Berührung kommt.

   Das Geschehen könnte sich zudem auch so abgespielt haben, dass neben M eine zweite Person – eine weitere Mitarbeiterin – eine der Pralinen verzehrt hätte. Weil der Vorsatz des S quantitativ darauf beschränkt war, nur einen Menschen zu verletzen, müsste in einem so gelagerten Fall die „error in persona-Lösung“ zu dem Ergebnis kommen, dass neben die vollendete Vorsatztat eine Fahrlässigkeitstat nach § 229 StGB tritt. Allerdings ließe sich dann nicht bestimmen, wer das Opfer des vorsätzlichen Volldelikts und wer das Opfer der fahrlässigen Körperverletzung ist und dementsprechend den nach § 230 StGB erforderlichen Strafantrag zu stellen hätte. Diese Schwierigkeiten stellen sich nicht ein, wenn man in „Versuch und Fahrlässigkeit“ aufspaltet: Die einzelnen Taten können dann ohne Weiteres personal zugeordnet werden (Versuch bzgl. P; fahrlässige Körperverletzungen zum Nachteil der Mitarbeiterinnen).

4. Hat man darauf entschieden, dass der Vorsatz des S den objektiven Tatverlauf nicht deckt, scheidet eine volldeliktische Haftung aus §§ 223, 224 StGB aus. Im Anschluss daran gabeln sich die Wege. Zu erörtern sind zum einen die §§ 223, 224, 22, 23 StGB (bezogen auf P), zum anderen § 229 StGB (bzgl. M). Innerhalb der Versuchsprüfung (Aufbaumuster bei Fall 10, S. 117 f.) verdient das unmittelbare Ansetzen (§ 22 StGB) besondere Aufmerksamkeit. Bei Distanzdelikten ist hierfür hinreichend, dass der Täter die den unmittelbaren Angriff bildende Kausalkette in Gang gesetzt und den weiteren Geschehensablauf vollkommen aus der Hand gegeben hat (*Wessels/Beulke*, Strafrecht, Allgemeiner Teil, 39. Aufl. 2009, Rn. 603). Demnach hat S mit Versenden des Päckchens mit dem Versuch begonnen; der weitere Tatverlauf entzog sich seinem Einfluss. Im Rahmen von § 229 StGB (Aufbaumuster der Fahrlässigkeitstat bei Fall 3, S. 37) muss schließlich – über den Sorgfaltspflichtenverstoß hinaus – dargetan werden, dass der konkrete Erfolg (Schädigung der M) objektiv wie subjektiv vorhersehbar war.

Der schriftliche Lösungsplan

Die vor der Niederschrift konzipierte Lösungsskizze könnte nach allem wie folgt aussehen:

I. Strafbarkeit des S aus §§ 223, 224 I Nr. 1, 3 (bzgl. M)
   1. OTB des Grunddelikts
      a) Taterfolg
         aa) Verletzung des körperlichen Wohlbefindens (+)
         bb) Gesundheitsschädigung (+)
      b) Tathandlung: unmittelbare oder mittelbare Täterschaft? Grenzfall, kann aber dahinstehen
      c) Kausalität (+)
      d) Obj. Zurechenbarkeit (+), weil kein atypischer Kausalverlauf
   2. STB des Grunddelikts
      a) Vorsatz des S, P zu schädigen; deshalb Abweichung
      b) Error in persona oder aberratio ictus?
         Hier: Fehlgehen der Tat; arg.: Objektsverfehlung für S bloßer Zufall; Vorkehrung durch Aufschrift; keine Zuordnung der Taten bei mehreren Verletzten
      c) Rechtsfolge der aberratio: keine Vollendung, sondern Versuch und Fahrlässigkeit; arg.: wie oben
   3. Ergebnis: (–)

II. Strafbarkeit des S aus §§ 223, 224 Abs. 1 Nr. 1, 3, 22, 23 (bzgl. P)
   1. Vorabfeststellungen: Vollendete Tat (–) und Versuchsstrafbarkeit (§§ 223 II, 224 II)
   2. Tatentschluss = Vorsatz
      a) bzgl. Körperverletzungserfolg (+)
      b) bzgl. Gifteinsatz (§ 224 I Nr. 1) (+)
      c) bzgl. hinterlistigem Überfall (Nr. 3) (+)
   3. unmittelbares Ansetzen, § 22 (+) mit Absenden des Päckchens
   4. RW (+)
   5. Schuld (+)
   6. Ergebnis: (+)

III. Strafbarkeit des S aus § 229 (bzgl. M)
   1. Tatbestand
      a) Erfolg, Handlung, Kausalität (+)
      b) objektive Sorgfaltspflichtverletzung (+)
      c) objektive Vorhersehbarkeit (+)
   2. RW (+)
   3. Schuld (+) einschließlich der subjektiven Fahrlässigkeitselemente
   4. Strafantrag, § 230 (+)
   5. Ergebnis: (+)

Konkurrenzen und Gesamtergebnis: § 52

Klausurlösung

I. Strafbarkeit des S aus §§ 223, 224 Abs. 1 Nr. 1, 3 StGB

Er könnte sich dadurch, dass er das Päckchen mit den präparierten Pralinen an P versandt hat, einer gefährlichen Körperverletzung nach §§ 223, 224 StGB schuldig gemacht haben.

1. Objektiver Grundtatbestand

Durch den Verzehr der Pralinen könnte M sowohl eine körperliche Misshandlung als auch eine Gesundheitsschädigung erfahren haben. Das wäre der Fall, wenn ihre körperliche Unversehrtheit oder ihr körperliches Wohlbefinden in nicht nur unerheblicher Weise beeinträchtigt bzw. ein pathologischer Zustand bei ihr hervorgerufen worden wäre. Die Pralinen haben bei M sogleich eine heftige Magenkolik bewirkt, und es ist davon auszugehen, dass es später zu den mit der Flüssigkeit verbundenen weiteren Folgen gekommen ist. Dadurch ist ihr körperliches Wohlbefinden empfindlich gestört und gleichzeitig ein Zustand hervorgerufen worden, der einen Heilungsprozess erforderlich macht. Ein Körperverletzungserfolg ist mithin in doppelter Hinsicht zu bejahen.

S hat sich allerdings darauf beschränkt, das Päckchen zu verschicken. Weil M sich die Pralinen selbst zugeführt hätte, wäre zu überlegen, ob S die Tat als unmittelbarer Täter selbst oder ob er sie durch einen anderen – die M als Opfer/Werkzeug – begangen hat, § 25 Abs. 1 2. Alt. StGB. Das lässt sich nicht eindeutig entscheiden, kann aber letztlich auf sich beruhen. Ginge man von mittelbarer Täterschaft aus, wäre die sich selbst schädigende M aufgrund ihrer Ahnungslosigkeit als taugliche Tatmittlerin einzustufen.

Das Handeln des S müsste für den Körperverletzungserfolg zumindest mitursächlich geworden sein. Das ist nach Maßgabe der Äquivalenztheorie mittels der conditio sine qua non-Formel zu bestimmen. Ohne das Verhalten des S wäre das Päckchen nicht in die Hände der M gelangt, und sie hätte keine Möglichkeit gehabt, die Pralinen zu konsumieren.

Über die hiernach gegebene Kausalität hinaus müsste dem S der konkrete Erfolg objektiv zurechenbar sein. Weil S das Paket an P mit dem Zusatz „persönlich/vertraulich" adressiert hat, könnte ein inadäquater Kausalverlauf gegeben sein. Davon kann jedoch nur die Rede sein, wenn das Tatgeschehen eine Richtung nimmt, die sich völlig außerhalb der allgemeinen Lebenserfahrung bewegt. Dass eine Mitarbeiterin des P das Päckchen öffnen und die Pralinen verzehren könnte, mag zwar ungewöhnlich sein; schlechterdings unwahrscheinlich ist diese Möglichkeit aber nicht. Die Verletzung der M ist deshalb dem S objektiv zuzurechnen.

Der objektive Tatbestand ist hiernach erfüllt.

2. Subjektiver Grundtatbestand

S müsste vorsätzlich gehandelt haben. S war sich der Wirkung der Flüssigkeit, mit der er die Pralinen präpariert hatte, bewusst. Ihm stand also vor Augen, dass derjenige, der die Pralinen verzehrt, in seinem körperlichen Wohlbefinden nachhaltig beeinträchtig werden wird und Schaden an seiner Gesundheit nimmt. Opfer des Anschlags sollte nach der Vorstellung des S allerdings allein P werden. Die Möglichkeit, dass jemand anders verletzt werden könnte, hat S nicht bedacht, was sich nicht zuletzt daran zeigt, dass er der Adresse den Zusatz „persönlich/vertraulich“ beigefügt hat.

Fraglich ist, wie sich die Abweichung von Tatverlauf und Vorsatz auswirkt. Immerhin hat S die Person schädigen wollen, die von den Pralinen isst. Infolgedessen könnte ein error in persona gegeben sein, d.h. ein bloßer Identitätsirrtum, der grundsätzlich unbeachtlich ist und es bei der Vollendung belässt. Für dieses Ergebnis ließe sich auch anführen, dass S mit dem Abschicken des Päckchens das weitere Geschehen aus seinem Einflussbereich entlassen und damit die Gefahr geschaffen hat, dass der Erfolg bei einem „falschen Opfer“ eintritt.

Auf der anderen Seite könnte eine aberratio ictus anzunehmen sein, die – wie überwiegend vertreten – eine Vollendungshaftung ausschließt. Hierfür spricht, dass statt der M jede x-beliebige Person von den Pralinen hätte essen können. Hätte sich beispielsweise ein Außenstehender am Inhalt des Päckchens vergriffen, würde S sich zu Recht auf Zufall und darauf berufen, durch die Aufschrift „persönlich/vertraulich“ hinreichend Vorkehrungen getroffen zu haben. Zu bedenken ist des Weiteren der hypothetische Fall, dass nicht nur M, sondern noch eine weitere Person eine Praline verzehrt hatte. Hier wüsste man dann nicht, auf wen eigentlich die vorsätzliche Vollendungstat zu beziehen und wer von beiden nun das Opfer einer Fahrlässigkeitstat ist und deshalb Strafantrag nach § 230 StGB zu stellen hätte.

Die Abweichung bedeutet demgemäß ein Fehlgehen der Tat, also eine aberratio ictus. Von dieser Irrtumsart wird allerdings teilweise gesagt, dass sie in den Rechtsfolgen einem error in persona gleich steht und ebenso wie dieser in die volldeliktische Haftung führt. Die Begründung, S habe einen Menschen verletzen wollen und habe ja auch eine Menschen verletzt, kann jedoch aus den oben genannten Bedenken nicht überzeugen: Bei wertender Betrachtung hat S sein Zielobjekt „P“ verfehlt, und mit Opfer M hat sich für ihn eine andere Tat verwirklicht.

Aus alledem ergibt sich, dass der Vorsatz des S mit dem objektiven Tatgeschehen nicht zur Deckung gebracht werden kann.

3. Ergebnis

S hat sich nicht wegen vollendeter gefährlicher Körperverletzung nach §§ 223, 224 StGB strafbar gemacht.

II. Strafbarkeit des S aus §§ 223, 224 Abs. 1 Nr. 1, 3, 22, 23 StGB

S könnte jedoch einer versuchten gefährlichen Körperverletzung aus §§ 223, 224 Abs. 1 Nr. 1, 3, 22, 23 StGB schuldig sein.

1. Vorabfeststellungen

Mit Rücksicht auf das Vorliegen einer aberratio ictus ist die Körperverletzung – wie aufgezeigt – nicht vollendet. In Betracht kommt nur ein an P begangener Versuch, der in §§ 223 Abs. 2, 224 Abs. 2 StGB unter Strafe gestellt ist.

2. Tatentschluss

Der Tatentschluss setzt Vorsatz voraus. Dieser muss die Merkmale des Grundtatbestands umfassen. Darüber hinaus könnte S auch die Qualifikationsmomente des § 224 Abs. 1 Nr. 1 und 3 StGB in seinen Vorsatz mit aufgenommen haben.

a) S zielte darauf, dass P von den Pralinen nahm und dass sich danach bei P die Körperverletzungsfolgen einstellen würden. Körperverletzungsvorsatz ist mithin gegeben.

b) Der Vorsatz des S könnte überdies auf den Einsatz von Gift gerichtet sein, § 224 Abs. 1 Nr. 1 StGB. Darunter ist jeder anorganische oder organische Stoff zu verstehen, der in der konkreten Verwendungsart durch chemische Wirkung die Gesundheit erheblich zu beeinträchtigen vermag. S wusste um die Wirkung der Flüssigkeit, mit der er die Pralinen versetzt hatte. Infolgedessen kannte er alle Umstände, die einen Stoff als Gift auszeichnen.

c) S könnte sich des Weiteren vorgestellt haben, die Tat mittels eines hinterlistigen Überfalls gemäß § 224 Abs. 1 Nr. 3 StGB zu begehen. Überfall meint den tätlichen Angriff auf einen Ahnungslosen; hinterlistig ist der Überfall, wenn der Täter planmäßig unter Verdeckung seiner wahren Absichten zu Werke geht. S ging davon aus, P werde die Pralinen ohne jeden Argwohn aufessen. Um bei P keinerlei Bedenken aufkommen zu lassen, hat er dem „Präsent" eine Karte beigegeben, damit P glauben sollte, das Päckchen stamme von einem seiner dankbaren Hörer. S hat deshalb wissentlich und willentlich zusätzlich Maßnahmen ergriffen, die den unvorhergesehenen Angriff verschleiern sollten.

d) Der Tatentschluss des S war demnach darauf gerichtet, die Körperverletzung durch Beibringung von Gift sowie mittels eines hinterlistigen Überfalls zu verüben.

3. Unmittelbares Ansetzen, § 22 StGB

S müsste nach § 22 StGB nach seiner Vorstellung von der Tat unmittelbar zur Verwirklichung des Körperverletzungstatbestands angesetzt haben. Sofern wie hier der Erfolg ohne Beisein des Täters an einem anderen Ort eintreten soll, liegt der Beginn der Ausführungshandlung bereits dann vor, wenn der Täter das Geschehen auf den Weg gebracht und keine Kontrolle mehr über den weiteren Tatverlauf hat. Dementsprechend hat S mit dem Abschicken des Päckchens die Grenze zum strafbaren Versuch überschritten.

4. Rechtswidrigkeit

In Ermangelung von Rechtfertigungsgründen handelte S rechtswidrig.

5. Schuld

Schuldausschließungs- sowie Entschuldigungsgründe sind nicht ersichtlich. S hat die Tat auch schuldhaft begangen.

6. Ergebnis

S hat sich wegen Versuchs einer gefährlichen Körperverletzung nach §§ 223, 224 Abs. 1 Nr. 1, 3, 22, 23 StGB strafbar gemacht.

III. § 229 StGB

Weil M – wie von S nicht erwartet – die Pralinen verzehrt hat, könnte S zudem einer fahrlässigen Körperverletzung nach § 229 StGB schuldig sein.

1. Tatbestand

In Bezug auf M liegen sowohl der Erfolg einer körperlichen Misshandlung als auch der einer Gesundheitsschädigung vor. Das Versenden der Pralinen war hierfür kausal. Die Tatbestandsverwirklichung setzt darüber hinaus Fahrlässigkeitsunrecht voraus, d.h. eine objektive Sorgfaltspflichtverletzung sowie die objektive Vorhersehbarkeit des konkreten Erfolgs. Es steht außer Frage, dass das Inverkehrbringen von vergifteten Pralinen objektiv sorgfaltswidrig ist, zumal wenn das mit Schädigungsabsicht geschieht. Dass der Erfolg nicht bei P, sondern bei seiner Mitarbeiterin M eingetreten ist, war auch nicht so fernliegend, als dass es an der objektive Vorhersehbarkeit fehlen könnte. P hätte ebenso gut nach Öffnen des Päckchens der M die Pralinen schenken oder ihr eine der Pralinen anbieten können. Damit aber war der Erfolg im Endergebnis absehbar. Dass M das Päckchen „eigenmächtig“ geöffnet hat und sich ohne ausdrückliche Erlaubnis die Pralinen zugeführt hat, stellt nur eine unwesentliche Besonderheit des Kausalverlaufs dar, die die objektive Vorhersehbarkeit nicht berührt.

Der Tatbestand des § 229 StGB ist mithin gegeben.

2. Rechtswidrigkeit

S hat die Tat rechtswidrig begangen.

3. Schuld

Das Verhalten des S müsste schuldhaft gewesen sein. Im Rahmen einer Fahrlässigkeitstat bedeutet dies, dass der Täter nach seinen persönlichen Kenntnissen und Fähigkeiten in der Lage gewesen sein muss, den objektiven Sorgfaltspflichtenverstoß zu vermeiden und die Tatbestandsverwirklichung vorauszusehen. Trotz der Aufschrift „persönlich/vertraulich“ war für S die Gefahr erkennbar, dass es statt oder neben P auch einen anderen „treffen“ könnte. Seiner Tat liegt somit Fahrlässigkeitsschuld zugrunde.

4. Strafantrag, § 230 StGB

Der nach § 230 StGB erforderliche Strafantrag ist gestellt.

5. Ergebnis

S hat sich wegen fahrlässiger Körperverletzung nach § 229 StGB strafbar gemacht.

Konkurrenzen und Gesamtergebnis

S ist sowohl des Versuchs einer gefährlichen Körperverletzung (§§ 223, 224 Abs. 1 Nr. 1, 3, 22, 23 StGB) als auch einer fahrlässigen Körperverletzung (§ 229 StGB) schuldig. Beide Delikte gehen auf ein und dieselbe Handlung – das Versenden der Pralinen – zurück. Sie konkurrieren deshalb idealiter, § 52 StGB.

Fall 5 „Tödliche Sado-Maso-Spiele"

Abgrenzung dolus eventualis / bewusste Fahrlässigkeit
(bearbeitet von Miriam Ruppenthal)

L, die Lebensgefährtin von A, hat großes Interesse an außergewöhnlichen sexuellen Praktiken, vor allem an sog. Fesselspielen. Dazu gehört auch, dass A, der daran selbst kein Interesse hat, die gefesselte L mit Stricken und Seilen würgt, um so bei ihr vorübergehend einen Sauerstoffmangel herbeizuführen, der für sie sexuell stimulierende Wirkung hat. Nachdem A Sicherheitsbedenken geäußert hatte, fanden die Fesselspiele eine Zeitlang nicht mehr statt.

Am Tattag verlangt L von A erneut die Durchführung eines Fesselspiels. Nach anfänglichen Vorbehalten lässt A sich aufgrund des Drängens der L umstimmen und fesselt L so wie von ihr gewünscht. Als L ihn auffordert, sie mit einem von ihr bereits vorbereiteten Metallrohr zu würgen, weist A darauf hin, dass das Rohr sich nicht den Konturen des Halses anpasse und das Würgen deshalb tödlich enden könne. Schließlich lässt er sich aber doch von L überreden, das Metallrohr zu verwenden, wobei er auf deren Wunsch während des Würgens den Druck sogar noch verstärkt. Das intervallartige Zudrücken mit dem Rohr hat zunächst die von L erwünschte Wirkung. Als L sich nicht mehr vernehmlich artikuliert, glaubt A, sie sei – wie sonst üblich – eingeschlafen. Er löst die Fesseln und verlässt das Zimmer. Als er Stunden später nach ihr schaut, muss er feststellen, dass L nicht mehr lebt. Sie ist infolge der massiven Kompression der Halsgefäße und der dadurch unterbundenen Sauerstoffzufuhr zum Gehirn an einem Herzstillstand verstorben. A plant zunächst, sich selbst umzubringen und schreibt einen Abschiedsbrief. Von diesem Vorhaben nimmt er aber Abstand und stellt sich der Polizei.

Beurteilen Sie die Strafbarkeit des A!

Lösung 5 „Tödliche Sado-Maso-Spiele“

Die ersten Lösungsschritte

1. Das Aufsuchen der maßgeblichen Strafgrundlagen macht – jedenfalls zu Anfang – keine Schwierigkeiten. In den Blick zu nehmen ist zunächst das schwerste Delikt, der Totschlag gem. § 212 StGB. Mordmerkmale nach § 211 StGB sind nicht vorhanden. Umgekehrt kommt dem A auch die Privilegierungsnorm des § 216 StGB (Tötung auf Verlangen) nicht zugute, weil es an einem (ausdrücklichen und ernsthaften) Todesverlangen der L fehlt. Beides ist so evident, dass sich ein Eingehen auf die §§ 211, 216 StGB erübrigt.

   Ob überdies Körperverletzungsdelikte zu prüfen sind, ist von der zu § 212 StGB aufgezeigten Lösung abhängig. Sofern man dem A (bedingten) Tötungsvorsatz zugesprochen hat, kann die Klausur schnell zu Ende gebracht werden. Die Körperverletzungstatbestände sind dann allesamt – d.h. in allen Qualifizierungen – nachrangig und werden im Wege der Gesetzeskonkurrenz von § 212 StGB verdrängt. Lautet hingegen das Ergebnis auf „bewusste Fahrlässigkeit“ (so BGHSt 49, 166 f., wo es bereits bei der Sachverhaltsschilderung heißt, dass der Täter darauf vertraute, dass es zum Tode des Opfers nicht kommen werde. Dieser sog. „Irene-Entscheidung“ ist unser Fall nachgebildet.). Nunmehr hätte an sich gem. § 15 StGB ein Umstieg auf § 222 StGB zu erfolgen. Hierbei würde allerdings übersehen, dass es sich bei § 222 StGB ebenfalls um eine Sekundärnorm handeln könnte. Gewissermaßen zwischen der vorsätzlichen und fahrlässigen Tötung angesiedelt ist nämlich § 227 StGB, ein erfolgsqualifizierendes Delikt, das sich aus den Bausteinen der vorsätzlichen Körperverletzung und § 222 StGB zusammensetzt. Nur wenn sich erweisen sollte, dass die speziellen Voraussetzungen des § 227 StGB nicht gegeben sind, ist demnach noch eigens auf § 222 StGB einzugehen.

   § 227 StGB hat des Weiteren auch Vorrang vor dem Grundtatbestand des § 223 StGB und der gefährlichen Körperverletzung nach § 224 StGB. Dies gilt für § 224 Abs. 1 StGB jedenfalls dann, wenn – wie hier mit dem Einsatz eines gefährlichen Werkzeuges (Nr. 2) und der lebensgefährdenden Behandlung (Nr. 5) – die Todesgefahr gerade durch die Verwirklichung der Qualifikationsmerkmale geschaffen wurde (BGH, NStZ-RR 2007, 76). Gleichwohl ist es nicht ratsam, die §§ 223, 224, 227 StGB in nur einer Deliktserörterung – die des § 227 StGB – unterzubringen. Das wäre zu kompliziert und ginge auf Kosten der Übersichtlichkeit. Empfohlen wird stattdessen, die §§ 223, 224 StGB vorzuziehen und erst dann – in einer separaten Prüfung – den darauf aufbauenden § 227 StGB zu behandeln. So vorzugehen hat den Vorteil, dass die Darstellung des schwierig zu handhabenden § 227 StGB entschlackt wird. Im Rahmen der §§ 223, 224 StGB heißt es dann, sich dem Einwilligungsproblem (§ 228 StGB) zu stellen.

2. Die erste – nur vorläufige – Grobgliederung könnte demnach wie folgt aussehen:

I. § 212 StGB (Vorsatz?)
II. §§ 223, 224 Abs. 1 Nr. 2, 5 (zum Vorgehen bei Qualifikationen vgl. Fall 15, S. 183) → wirksame Einwilligung (§ 228 StGB)?
III. § 227 StGB (wenn (+), Vorrang vor §§ 223, 224, 222 StGB)

Die Sachprobleme im Einzelnen

1. Die Abgrenzung dolus eventualis/bewusste Fahrlässigkeit

Im Rahmen von § 212 StGB ist auf der subjektiven Tatseite der Frage nachzugehen, ob A mit Blick auf den Todeserfolg mit bedingtem Vorsatz handelte. Hierbei sollte man der Versuchung widerstehen, sofort „mit der Tür ins Haus zu fallen", d.h. sich sogleich den Abgrenzungstheorien zuzuwenden. Es ist vielmehr zunächst festzustellen, ob das Abgrenzungsproblem überhaupt berührt ist. Dies ist nur der Fall, wenn der Täter im Zeitpunkt der Tatbegehung (§ 16 Abs. 1 S. 1 StGB) die konkrete Rechtsgutsverletzung für möglich hält. Selbst wenn – wie hier – dieses kognitive Element gegeben ist, sollte man weiter bedenken, ob nicht vielleicht auf Seiten des Täters Absicht (dolus directus 1. Grades) vorliegt. Denn diese stärkste Vorsatzform, bei der es dem Täter auf den Erfolg ankommen muss, setzt nicht wie der direkte Vorsatz (dolus directus 2. Grades) – sicheres Erfolgswissen voraus. Es reicht, wenn der Täter die Verwirklichung des Tatbestandes nur als möglich einkalkuliert (BGHSt 35, 325, 328). Davon, dass in casu A den Tod der L als Ziel anstrebte, kann fraglos keine Rede sein. Es ist demnach sehr wohl geboten, den Eventualvorsatz und die bewusste Fahrlässigkeit voneinander abzuschichten.

Hierbei handelt es sich um eines der schwierigsten und auch unübersichtlichsten Probleme des deutschen Strafrechts. Das gilt für den Studierenden und die Praxis gleichermaßen. Man sieht sich einer so großen und verwirrenden Fülle von Kriterien und angebotenen Theorien gegenüber, dass es fast unmöglich erscheint, diese in der Klausur fallbezogen zu verarbeiten. Dem Aufgabensteller ist das natürlich bewusst. Die Sachverhalte enthalten deshalb oftmals Angaben („damit hatte sich der Täter abgefunden" oder umgekehrt: „der Täter vertraute dennoch ernstlich darauf"), die die Richtung vorgeben. Sollte hingegen – wie hier – der Sachverhalt offen gestaltet sein, lassen sich regelmäßig beide Lösungen vertreten, wobei allerdings davor zu warnen ist, dass man den bedingten Vorsatz allzu vorschnell bejaht (vgl. *Arzt*, Die Strafrechtsklausur, 7. Aufl. 2006, S. 64). Wichtig ist nur, dass man sämtliche im Sachverhalt enthaltenen Hinweise berücksichtigt und auswertet. Ist das geschehen, ist die Klausur vor jeder Kritik gefeilt.

Was die Art der Darstellung angeht, ist es üblich, dass man die einzelnen Ansichten, von denen die wichtigsten bekannt sein sollten, aneinanderreiht. Bei diesem Vorgehen ist darauf zu achten, dass die Meinungen strukturiert – d.h. geordnet nach den Vorstellungstheorien, die auf ein Willenselement verzichten, und den Willenstheorien – referiert werden und jeweils eine Subsumtion stattfindet.

Das Nachteilige und Störende an diesem Aufbau ist, dass das Gutachten mit zahlreichen abstrakt-theoretischen Ausführungen befrachtet wird und bei den konkreten Lösungen Wiederholungen nicht zu vermeiden sind.

Mit Rücksicht darauf wird hier ein – vielleicht eigenwillig anmutender – Prüfungsgang gewählt. In den Blick genommen wird zunächst die (herrschende) Auffassung, die die Abgrenzung im voluntativen Bereich vornimmt. Ungeachtet des (eher terminologischen) Streits darüber, wie das Wollenselement zu fassen ist, besteht insoweit Einigkeit, als das ernsthafte Vertrauen des Täters auf einen guten Ausgang den bedingten Vorsatz ausschließt. Dieser „gemeinsame Gegenpol“ (*Kühl*, Strafrecht, Allgemeiner Teil, 6. Aufl. 2008, § 5 Rn. 75) kann als Prüfungsansatz dienen: Welche Gründe sprechen indiziell für und welche gegen ein Vertrauen des A? Ist ihm ein berechtigtes Vertrauen auf ein „Es-wird-schon-Gutgehen“ zuzusprechen, steht fest, dass er sich nicht gegen das Rechtsgut entschieden hat. Er hat dann den tatbestandlichen Erfolg nicht (billigend) in Kauf genommen, ihn gleichgültig hingenommen, sich damit abgefunden, in ihn innerlich eingewilligt usw. Im Anschluss daran ist noch darzutun, ob dieses (negative) Ergebnis von den Vorstellungstheorien bestätigt wird oder nicht. Nur im zweiten Fall ist Stellung zu beziehen, wobei es jedenfalls für Klausurverhältnisse ratsam ist, der h.A. (= Willenstheorien) zu folgen.

2. Die Einwilligungssperre des § 228 StGB

Schon bei § 212 StGB sollte im objektiven Tatbestand klargestellt werden, dass kein Fall einer eigenverantwortlichen Selbstschädigung gegeben ist, sondern eine einverständliche Fremdgefährdung vorliegt, die nach Einwilligungsregeln zu behandeln ist. L hat zwar „mitgespielt“ und den A wiederholt veranlasst, sie zu würgen. Gleichwohl hatte aber A vom Zeitpunkt der Fesselung an die alleinige Tatherrschaft über das zum Tode führende Geschehen.

Die Einwilligung der L könnte seine (gefährliche) Körperverletzung nach §§ 223, 224 StGB rechtfertigen. Hierbei kann sogleich, ohne die weiteren Erfordernisse der Einwilligung zu behandeln (vgl. das Aufbauschema Fall 7, S. 82 f.), die Frage gestellt werden, ob die Einwilligung an der Sittenwidrigkeit der Tat gemäß § 228 StGB scheitert. Die Antwort darauf ist davon abhängig, wie der Begriff der Sittenwidrigkeit zu fassen ist. Ließe man nur Moralvorstellungen entscheidend sein, könnte man lange darüber diskutieren, ob sadomasochistische Verletzungen auch heute noch allgemein als sittlich anstößig empfunden werden (vgl. RGSt 74, 91 ff.; verneinend BGHSt 49, 165, 169). Sich diesem Maßstab zu verschreiben, würde allerdings nicht dem Rechtsgut der §§ 223 ff. StGB gerecht. Denn diese Tatbestände schützen die körperliche Unversehrtheit und nicht die Moral. Weitgehend Einigkeit herrscht deshalb heute darüber, dass die Sittenwidrigkeit nach rechtlichen Maßgaben zu bestimmen und § 228 StGB gewissermaßen als Verlängerung des § 216 StGB zu verstehen ist. Danach sind solche Taten sittenwidrig, mit denen entweder schwere (§ 226 StGB), irreversible Körperschäden oder aber bewusst gesetzte konkrete Lebensgefahren einhergehen. Dann und nur dann ist es geboten, dass Opfer vor seiner eigenen Unvernunft zu bewahren.

Übertragen auf unseren Fall bedeutet das, dass die Einwilligung der L mit Rücksicht auf das von A erkannte lebensgefährdende Risiko bedeutungslos ist. Die Körperverletzung ist und bleibt rechtswidrig.

3. Die Erfolgsqualifikation des § 227 StGB

A hat hiernach den Tatbestand der §§ 223, 224 StGB rechtswidrig – schuldhaft erfüllt. Damit ist die Grundbedingung für eine Strafbarkeit aus § 227 StGB gegeben. Die Prüfung der sonstigen Voraussetzungen des § 227 StGB lässt sich dann ohne Weiteres bewerkstelligen; besondere Sachprobleme tauchen nicht mehr auf. Insoweit ist nur unter Beweis zu stellen, dass man mit dem Delikt umzugehen weiß und den Aufbau beherrscht. Dieser ist, weil es sich bei § 227 StGB um eine Vorsatz-Fahrlässigkeitskombination (§ 18 StGB) handelt, nicht unkompliziert. Von daher scheint es angebracht, im Folgenden ein Aufbaumuster aufzuzeigen (zum Aufbau einer „reinen" Fahrlässigkeitstat vgl. Fall 3, S. 37) und dabei anzudeuten, welche Gliederungspunkte im Einzelfall Schwierigkeiten bereiten können.

Strafbarkeit aus § 227 StGB

I. Tatbestandsmäßigkeit
  1. Eintritt der Todesfolge
  2. durch Körperverletzung verursacht
    a) Verwirklichung des Grundtatbestands (Verweis auf die vorangestellte Prüfung)
    b) Kausalität des Täterverhaltens
    c) Tatspezifischer Zusammenhang zwischen Körperverletzung und Tod
      aa) BGH (BGHSt 48, 34 ff.: Gubener Hetzjagd):
        Versuchslösung, nach der es reicht, wenn der Tod voraussehbar schon durch die bloße Täterhandlung ausgelöst wird.
      bb) h.L.: Vollendungslösung, wonach ausnahmslos ein Verletzungserfolg notwendig ist.
        (1) z.T.: Letalitätstheorie bzw. Lehre von der Durchgangskausalität. Der Tod muss unmittelbar aus der vorsätzlich herbeigeführten Verletzung resultieren.
        (2) z.T.: Erfolgslösung, nach der es genügt, wenn der Tod „anlässlich" einer vollendeten Körperverletzung eintritt.
    d) Unmittelbarkeit oder besser: Gefahrverwirklichungszusammenhang
      In der schweren Folge muss sich gerade die dem Grundtatbestand anhaftende spezifische Gefahr niedergeschlagen haben (der Tod als typische Folge!). Dies ist insbesondere dann zu diskutieren, wenn der Tod unmittelbar auf das Opferverhalten oder das Eingreifen eines Dritten zurückgeht.
  3. Objektive Fahrlässigkeit bzgl. des Todeserfolgs (§ 18 StGB)
    a) Objektiver Sorgfaltspflichtenverstoß (ergibt sich – jedenfalls regelmäßig – aus der Erfüllung des Grunddelikts)

   b) Objektive Vorhersehbarkeit (des Kausalgeschehens und des Erfolgseintritts)

II. Rechtswidrigkeit

III. Schuld
  1. Fehlen von Schuldausschließungs- und Entschuldigungsgründen
  2. Subjektive Fahrlässigkeit bzgl. des Todeserfolgs
   a) Subjektive Sorgfaltspflichtenverletzung
   b) Subjektive Vorhersehbarkeit: bewusste / unbewusste Fahrlässigkeit

Der schriftliche Lösungsplan

Die Lösungsskizze, auf die das Gutachten aufbaut, könnte wie folgt aussehen:

I. Strafbarkeit des A aus § 212
  1. OTB
   a) Handlung, Erfolg, Kausalität (+)
   b) Objektive Zurechnung (+), weil kein Fall eigenverantwortlicher Selbstschädigung; Tatmacht bei A; also einverständliche Fremdverletzung
  2. STB = Vorsatz
   a) keine Absicht, kein direkter Vorsatz
   b) dolus eventualis?
    aa) Möglichkeitsvorstellung (+)
    bb) Vertrauen auf Ausbleiben des Erfolgs (= Willenstheorien)
     (1) arg. contra: größeres Risiko als bisher; keine einschlägige Erfahrung
     (2) arg. pro: Geschehen war bis zuletzt von A beeinflussbar; Initiative ging von L aus; Freundschaft / Liebe; Nachtatverhalten
    cc) Vorstellungstheorien (Möglichkeits-, Wahrscheinlichkeitstheorie): eher kein dolus eventualis
  3. Ergebnis: § 212 (–)

II. Strafbarkeit des A aus §§ 223, 224 I Nr. 2, 5
  1. objektiver Grundtatbestand
   a) körperliches Misshandeln (+)
   b) Gesundheitsschädigung (+) Einheitstheorie
  2. subjektiver Grundtatbestand bzgl. der Gesundheitsschädigung eher (–)
  3. Qualifikation des § 224 I
   a) Nr. 2 (gefährliches Werkzeug): (+)
   b) Nr. 5 (lebensgefährdende Behandlung): (+)
  4. RW – Einwilligung der L
   a) Sittenwidrigkeit der Tat (+), weil lebensgefährliches Vorgehen
   b) Rechtsfolge: Einwilligung unbeachtlich
  5. Schuld (+)
  6. Ergebnis: §§ 223, 224 I Nr. 2, 5 (+)

III. Strafbarkeit des A aus § 227
  1. Tatbestand
    a) Todeserfolg (+)
    b) durch Körperverletzung verursacht (+)
    c) objektive Fahrlässigkeit bzgl. der Todesfolge (§ 18): (+)
  2. RW (+), weil Einwilligung nicht zählt
  3. Schuld (+), bewusste Fahrlässigkeit
  4. Ergebnis: § 227 (+), §§ 223, 224, 222 treten zurück

Gesamtergebnis: § 227 (+)

Klausurlösung

I. Strafbarkeit des A aus § 212 StGB

A könnte sich dadurch, dass er sich auf die Wünsche der L eingelassen hat, wegen Totschlags nach § 212 StGB strafbar gemacht haben.

1. Objektiver Tatbestand

A hat L mit dem Metallrohr gedrosselt. Infolgedessen ist L verstorben. Handlung, Taterfolg und Kausalität sind gegeben. Fraglich ist allein, ob der Tod der L dem A objektiv zurechenbar ist. Daran könnte es mit Blick auf eine mögliche eigenverantwortliche Selbstgefährdung fehlen, weil L an dem Geschehen beteiligt war und zudem den A massiv bedrängt hat, die riskante Handlung vorzunehmen. Dies würde aber voraussetzen, dass L bis zuletzt Tatherrschaft, zumindest Mitherrschaft besaß. L hat jedoch ihre Tatmacht spätestens zu dem Zeitpunkt, als A sie gefesselt hatte, verloren. Ab da war sie dem A ausgeliefert und konnte allenfalls nur noch verbal auf ihn einwirken. Von daher lag die Tatherrschaft über den Geschehensablauf im entscheidenden Zeitraum bei A, mit der Folge, dass eine einverständliche Fremdgefährdung gegeben war. Diese lässt die Erfolgszurechnung unberührt.

Der objektive Tatbestand ist hiernach erfüllt.

2. Subjektiver Tatbestand

A müsste L vorsätzlich getötet haben. Weil es A nicht auf den Erfolg ankam und er überdies nicht mit sicherem Wissen handelte, scheiden Absicht und direkter Vorsatz aus. In Betracht kommt allein bedingter Vorsatz, der als unstreitige Mindestanforderung voraussetzt, dass der Täter den Erfolgseintritt für möglich hielt. A hat die L darauf hingewiesen, dass das „Fesselspiel" tödlich verlaufen könnte. Er hat also mit dem Tod der L gerechnet, ohne dass erkennbar ist, dass er diese Möglichkeitsvorstellung im Zuge seins Tuns verdrängt hat.

Gleichwohl könnte Eventualvorsatz zu verneinen sein. Nach den sog. Willenstheorien, die mit unterschiedlichen Nuancierungen von Rechtsprechung und h.L. vertreten werden, wäre das der Fall, wenn A ernstlich auf den Nichteintritt des Todes vertraut hätte. Einem solchen Vertrauen steht auf den ersten Blick entgegen, dass A die hohen Risiken erkannt hat. A hatte bereits das in der Vergangenheit liegende Würgen mit Stricken und Seilen als lebensgefährlich eingestuft. Ihm war bewusst, dass das Würgen mit einem starren Metallrohr noch mehr Risiken in sich barg. Auf der anderen Seite hat A den Ausgang des Geschehens nicht allein dem Zufall überlassen. Vielmehr stand ihm vor Augen, dass er den Ablauf durch Verringern oder Verstärken des Drucks maßgeblich zu steuern vermochte. A hat zudem die Drosselung zu Beginn behutsam durchgeführt. Erst auf Drängen der L hat er den Druck erhöht. Mit Rücksicht darauf dürfte er davon ausgegangen sein, dass L sich bei einer zu starken Drosselung abermals bemerkbar machen würde.

Zu berücksichtigen ist ferner, dass A sich nur sehr widerwillig den Wünschen der L gebeugt hat. Er war zunächst nicht bereit, das Metallrohr einzusetzen, weil er fürchtete, der L Schaden zuzufügen. Erst die hartnäckigen Bitten der L, mit der er in Freundschaft bzw. Liebe verbunden war, haben ihn dazu gebracht, seine Bedenken zurückzustellen und ihr die sexuelle Lust zu verschaffen. Als A Stunden später die L tot auffand, dachte er – offenbar aus Erschütterung und Verzweiflung – an Selbstmord.

All diese Umstände belegen, dass A keine Entscheidung gegen das Rechtsgut getroffen hat. Er hat vielmehr ernstlich und nicht nur vage darauf vertraut, dass es – so wie schon in der Vergangenheit – zu Schlimmeren schon nicht kommen werde. Nach den sog. Willenstheorien ist damit bedingter Tötungsvorsatz abzulehnen.

Zu einem anderen Ergebnis könnten jedoch die Vorstellungstheorien führen. Danach ist dolus eventualis anzunehmen, wenn der Täter den Erfolg für wahrscheinlich bzw. sogar nur für möglich hält. Eine Wahrscheinlichkeitsvorstellung lässt sich indes dem A nicht zusprechen. Hätte er die Gefahrrealisierung als wahrscheinlich eingeschätzt, hätte er sich kaum auf das Vorhaben eingelassen. Begnügte man sich allerdings mit einer bloßen Möglichkeitsvorstellung, wäre A Vorsatztäter, weil er sich im entscheidenden Handlungsaugenblick – also spätestens als er den Druck verstärkte – der konkreten Möglichkeit der Rechtsgutverletzung sehr wohl bewusst war. Die sog. Möglichkeitstheorie stößt jedoch allgemein auf Ablehnung. Sie überdehnt die Vorsatzhaftung und lässt für die bewusste Fahrlässigkeit keinen Raum. Mit Rücksicht darauf ist ihr nicht zu folgen.

Aus alledem ergibt sich, dass dem A kein bedingter Vorsatz zuzuschreiben ist.

3. Ergebnis

A hat sich nicht aus § 212 StGB wegen Totschlags strafbar gemacht.

II. Strafbarkeit des A aus §§ 223, 224 Abs. 1 Nr. 2, 5 StGB

A könnte sich jedoch einer gefährlichen Körperverletzung gem. §§ 223, 224 Abs. 1 Nr. 2, 5 StGB schuldig gemacht haben.

1. Objektiver Grundtatbestand

A könnte L körperlich misshandelt haben. Durch das Würgen mit dem Metallrohr hat A bei L einen Sauerstoffmangel und Bewusstseinstrübungen bewirkt. Gleichwohl ist fraglich, ob dadurch das körperliche Wohlbefinden der L beeinträchtigt worden ist. Die „Behandlung“ hat L sexuell stimuliert, so dass man meinen könnte, es sei im Gegenteil ihr körperliches Wohlergehen gefördert worden. Dabei bliebe aber unberücksichtigt, dass L ihre Lustempfindungen gerade aus dem Misshandeln – dem Zudrücken des Halses – bezog.

Über eine körperliche Misshandlung hinaus könnte auch eine Gesundheitsschädigung gegeben sein. Mit dem Würgen waren eine Unterbrechung der Blutzufuhr und eine Unterversorgung des Gehirns mit Sauerstoff verbunden. Darin ist ein pathologischer Zustand zu sehen. Dass dieser alsbald in den Tod einmündete, steht der Annahme eines Gesundheitsschadens nicht entgegen.

A hat den objektiven Tatbestand des § 223 StGB in beiden Handlungsalternativen verwirklicht.

2. Subjektiver Grundtatbestand

A handelte in Kenntnis aller Tatumstände und willentlich. Vorsatz ist mithin zu bejahen.

3. Qualifikation, § 224 Abs. 1 StGB

a) Nr. 2

A könnte mit dem Metallrohr ein gefährliches Werkzeug zum Einsatz gebracht haben. Darunter fallen alle Gegenstände, die nach ihrer konkreten Beschaffenheit und Anwendungsart geeignet sind, erhebliche Verletzungen herbeizuführen. Wenn – wie hier – mit einem Metallrohr gewürgt wird, das sich den Konturen des Halses nicht anpasst, dann lässt sich nicht ausschließen, dass es zu einer Kehlkopfverletzung oder auch Hirnschäden kommen kann.

Dieser Möglichkeiten war A sich auch bewusst. Sein Vertrauen darauf, dass L keinen Schaden nehmen werde, kommt ihm hier nicht zugute. Weil § 224 StGB insgesamt an gefährliche Begehungsweisen anknüpft, ist für den Vorsatz hinreichend, wenn dem Täter die Umstände bewusst sind, aus denen erhebliche Verletzungen resultieren könnten. A hat demnach die Körperverletzung vorsätzlich mittels eines gefährlichen Werkzeugs begangen.

b) Nr. 5

A könnte die Tat zudem mittels einer das Leben gefährdenden Behandlung verübt haben. Weil L das Drosseln nicht überlebt hat, ist dieses Qualifikationsmerkmal objektiv gegeben. Fraglich ist nur, ob A diesbezüglich Vorsatz hatte. Lebensgefährdend ist ein Vorgehen, das generell geeignet erscheint, das Opfer in Lebensgefahr zu verbringen. Für den Vorsatz ist abermals ausreichend, wenn der Täter die Umstände kennt, die sein Verhalten als abstrakt lebensgefährdend kennzeichnen. Hier war dem A sogar bewusst, dass seine Tat auf eine Lebensgefährdung angelegt war. Demnach ist die Tat auch nach § 224 Abs. 1 Nr. 5 StGB qualifiziert.

4. Rechtswidrigkeit

A müsste rechtswidrig gehandelt haben. L hat den A zur Tat veranlasst. Zu prüfen ist mithin, ob A sich auf eine rechtfertigend wirkende Einwilligung berufen kann. Dies wäre ihm zu versagen, wenn gem. § 228 StGB der Tat ein Verstoß gegen die guten Sitten zugrunde lag. Hierüber entscheidet nicht der mit der Tat verfolgte Zweck; ausschlaggebend ist vielmehr, ob die Körperverletzung entweder wegen ihrer Art und Schwere oder aber wegen der mit ihr einhergehenden Lebensgefahr als nicht mehr von der Rechtsordnung hinnehmbar erscheint. Werden – wie hier – erhebliche Todesrisiken gesetzt, lässt sich wertend aus § 216 StGB ableiten, dass der Einwilligung keine rechtfertigende Kraft beizumessen ist. Die einverständlich vorgenommene Tat des A ist somit sittenwidrig; eine Rechtfertigung scheidet aus.

5. Schuld

Schuldausschließungs- und Entschuldigungsgründe sind nicht ersichtlich. A handelte schuldhaft.

6. Ergebnis

A hat sich einer gefährlichen Körperverletzung nach §§ 223, 224 Abs. 1 Nr. 2, 5 StGB schuldig gemacht.

III. Strafbarkeit des A aus § 227 StGB

A könnte sich überdies aus § 227 StGB wegen Körperverletzung mit Todesfolge strafbar gemacht haben.

1. Tatbestand

L ist verstorben. Die Todesfolge ist also eingetreten. A müsste den Tod der L durch die Körperverletzung verursacht haben. Wie soeben aufgezeigt, hat A den Tatbestand der Körperverletzung (§§ 223, 224 StGB) rechtswidrig – schuldhaft verwirklicht. Sein Verhalten war auch kausal für den Erfolg. Der Tod der L geht zudem unmittelbar auf das körperliche Misshandeln zurück, so dass selbst nach der strengen Lehre von der Durchgangskausalität der tatspezifische Zusammenhang zwischen Körperverletzung und Todesfolge gegeben ist. Weil der Herzstillstand bei L durch die Kompression der Halsgefäße und die Unterversorgung des Gehirns mit Sauerstoff herbeigeführt worden ist, hat sich mit dem Tod darüber hinaus eine typische Gefahr des Würgens realisiert.

Nach § 18 StGB müsste A hinsichtlich der Todesfolge fahrlässig gehandelt haben. Der objektive Sorgfaltspflichtenverstoß ergibt sich schon aus der Erfüllung des Grunddelikts. Da schließlich der tödliche Ausgang objektiv vorhersehbar war, ist der Tatbestand des § 227 StGB gegeben.

2. Rechtswidrigkeit

Wie bereits festgestellt, ist die Einwilligung der L wegen der Sittenwidrigkeit der Tat bedeutungslos. A hat rechtswidrig gehandelt.

3. Schuld

Die Schuld setzt das Vorhandensein der subjektiven Fahrlässigkeitselemente voraus. A könnte den Sorgfaltspflichtenverstoß vermeiden. Weil der den Tod der L als möglich einkalkuliert hat, ist ihm bewusste Fahrlässigkeit vorzuwerfen.

4. Ergebnis

A hat sich wegen Körperverletzung mit Todesfolge aus § 227 StGB strafbar gemacht. Aus Gründen der Spezialität treten die §§ 222, 223 StGB dahinter zurück. Des Weiteren hat § 227 StGB auch Vorrang vor § 224 StGB, weil der Tod der L sich über die Erfüllung der Qualifikationsmerkmale realisiert hat.

Gesamtergebnis

A ist strafbar wegen Körperverletzung mit Todesfolge, § 227 StGB.

Fall 6 „Der übereifrige Staatsanwalt“

Rechtfertigungsgründe

Die Witwe W führt ein kleines an der Schweizer Grenze gelegenes Hotel. Eines Abends erscheint ein Gast (G), der um ein Zimmer für eine Nacht bittet. W weist ihm ein Zimmer im zweiten Stock zu. Als W später in der Zeitung vom Vortage blättert, fällt ihr Blick zufällig auf das Bild des G und sie liest, dass er ein aus der Untersuchungshaft entflohener, zur Festnahme ausgeschriebener Bankräuber ist. Eilends ruft sie bei Staatsanwalt S an, mit dem sie flüchtig bekannt ist. S will um jeden Preis G stellen. Wider besseres Wissen erklärt er der W, dass es ihre Pflicht sei, G solange festzusetzen, bis die Polizei käme. W solle die Zimmertür zuschließen und das Eintreffen des Mobilen Einsatzkommandos (MEK) abwarten. Nach dem Anruf geht W in den zweiten Stock und sperrt mit einem Passe-partout die Zimmertür des G ab.

Als G sich ein Bier aus dem Getränkeautomaten holen will, bemerkt er, dass er eingeschlossen ist. Sofort versucht er, mit seinem Taschenmesser die Tür gewaltsam zu öffnen. Dabei wird das Türschloss erheblich beschädigt. Als G erkennt, dass er es nicht schafft, die Tür offen zu sperren, wirft er in ohnmächtiger Wut das Taschenmesser gegen einen Wandspiegel, der daraufhin zerbirst.

Etwa fünfzehn Minuten später trifft das MEK ein. G wird in seinem Zimmer festgenommen.

Beurteilen Sie die Strafbarkeit von G, S und W! Strafanträge sind, soweit erforderlich, gestellt. § 240 StGB ist nicht zu prüfen.

Lösung 6 „Der übereifrige Staatsanwalt"

Die ersten Lösungsschritte

1. Die wenigsten Schwierigkeiten bereitet bei dieser Aufgabe, die einen „Streifzug" durch die Rechtfertigungsgründe verlangt, das Aufspüren der zu untersuchenden Strafgrundlagen. Das Verhalten von W und S jeweils ist an § 239 Abs. 1 StGB (Freiheitsberaubung) zu messen, wobei W unmittelbare Täterin (§ 25 Abs. 1 1. Alt. StGB) ist, während für S eine mittelbare Täterschaft (§ 25 Abs. 1 2. Alt. StGB) kraft Irrtumsherrschaft in Betracht kommt. Was G betrifft, ist Sachbeschädigung (§ 303 Abs. 1 StGB) sowohl an der Tür als auch am Spiegel zu diskutieren. Andere Delikte scheiden für ihn augenscheinlich aus. Insbesondere entfallen die § 120 StGB (Gefangenenbefreiung) sowie § 258 StGB (Strafvereitelung): Die Flucht als solche und der Befreiungsversuch werden von beiden Tatbeständen, weil G selbst Gefangener bzw. Vortäter ist, nicht erfasst.

   Den Sachverhalt in Tatkomplexe zu zerlegen, erscheint unnötig. Man kann schlicht nach Personen gliedern. Begonnen werden muss mit der Strafbarkeit der W, weil davon die Entscheidung abhängt, ob S als mittelbarer Täter eingestuft werden kann. Das ist grundsätzlich nur möglich, wenn W ein Verantwortungsdefizit aufweisen würde. Die Strafbarkeit des G ist dann ans Ende zu stellen. Dies entspricht zum einen dem historischen Geschehensablauf und ist zum anderen – was wichtiger ist! – geboten, weil G wegen des Vorverhaltens von W und S möglicherweise über Notwehr (§ 32 StGB) gerechtfertigt ist. Das aber wäre nur anzunehmen, wenn G gegenwärtig und rechtswidrig angegriffen worden wäre. Die Beschädigung von Tür und Spiegel sollte man im Übrigen nicht „in einen Topf werfen", sondern getrennt prüfen. Abgesehen davon, dass es sich konkurrenztechnisch ohnehin um zwei eigenständige Taten handelt (neuer Tatentschluss!), nimmt ihre rechtliche Beurteilung auf Rechtfertigungsebene jeweils eine andere Richtung.

   Die Grobgliederung wäre demnach folgende:

   A. Strafbarkeit der W aus § 239 StGB
   B. Strafbarkeit des S aus §§ 239, 25 Abs. 1 2. Alt. StGB
   C. Strafbarkeit des G
      I. § 303 StGB (Tür)
      II. § 303 StGB (Spiegel)

2. Sodann ist das Augenmerk auf die Delikte im Einzelnen und die zu bewältigenden Sachprobleme zu richten.

   Der Befund, dass W den Tatbestand der Freiheitsberaubung vorsätzlich erfüllt hat, bedarf nicht vieler Worte. Fraglich wird aber sodann, ob W widerrechtlich handelte oder sie befugt war, G festzusetzen. In den Blick zu nehmen ist zunächst § 127 StPO. Abs. 1 scheitert aber daran, dass G von W nicht „auf frischer Tat“ betroffen oder verfolgt worden ist; Abs. 2 ist den Strafverfolgungsbehörden vorbehalten. Ebenso wenig kommt der W zugute, dass G aus der Untersuchungshaft entwichen ist und damit gegen ihn ein Haftbefehl bestand (§ 114 Abs. 1 StPO). Die Vollstreckung von Haftbefehlen obliegt allein der Staatsanwaltschaft (§ 36 Abs. 2 StPO), die sich dabei ihrer Ermittlungspersonen (§ 152 GVG) oder der Polizei (§ 161 Abs. 1 StPO) bedienen kann. Darüber hinaus verschafft auch der Umstand, dass G zur Festnahme öffentlich ausgeschrieben war (§§ 131 ff. StPO), der W keine besonderen Rechte. Der früher so genannte Steckbrief hat nur die Bedeutung, Privatpersonen aufzufordern, den Strafverfolgungsbehörden durch „sachdienliche Hinweise“ bei der Fahndung zu helfen. Eingriffsrechte, die über § 127 Abs. 1 StPO hinausgehen, lassen sich daraus nicht ableiten.

Unter dem Gesichtspunkt einer Notstandshilfe zugunsten der Strafrechtspflege könnte W sich allenfalls auf § 34 StGB berufen. Dem steht jedoch § 127 Abs. 1 StPO entgegen, der als abschließende Sonderregelung den Rückgriff auf den rechtfertigenden Notstand sperrt. Würde man nämlich auf § 34 StGB erkennen, würden die besonderen Voraussetzungen des § 127 Abs. 1 StPO, insbesondere das Erfordernis der „frischen Tat“ überspielt; die Vorschrift würde weitgehend ins Leere laufen. Anders ausgedrückt: Die im Rahmen des § 34 StGB vom Rechtsanwender vorzunehmende Abwägung der widerstreitenden Interessen hat der Gesetzgeber in § 127 Abs. 1 StPO selbst vollzogen: Die Norm belegt – bezogen auf Privatpersonen –, dass die Durchsetzung des staatlichen Strafanspruchs die Freiheit des Festgenommenen nur dann wesentlich überwiegt, wenn dieser auf frischer Tat betroffen wird.

Der gegen G angeordnete Haftbefehl könnte aber dennoch die Lösung entscheidend beeinflussen: Hätte S selbst – statt der W – den G festgesetzt, hätte er rechtmäßig gehandelt. Damit könnten zwei Konsequenzen verbunden sein: Zum einen könnte S seine weiterreichende hoheitliche Festnahmebefugnis wirksam auf W übertragen haben. Wenn nein, könnte S zum anderen möglicherweise für sich in Anspruch nehmen, dass er bei einem eigenhändigen Einsperren an Ort und Stelle den G rechtmäßig hätte festsetzen dürfen.

Dass hoheitliche Eingriffsbefugnisse auf Privatpersonen delegiert werden können, sieht indes die StPO nicht vor. Sie legt vielmehr – von § 127 Abs. 1 StPO abgesehen – die Strafverfolgung und die Durchführung von Zwangsmaßnahmen in die Hände staatlicher Organe. Dies ist bewusst geschehen, weil das Vorliegen prozessualer Eingriffsrechte verlässlich nur von zur Strafverfolgung berufenen Amtsträgern beurteilt werden kann. Diese verfügen über eine entsprechende rechtliche Vor- und Ausbildung, die ein Bürger im Regelfall nicht hat. Um Übergriffe von Privatpersonen zu vermeiden und nicht zuletzt auch um sie selbst vor Gegenwehr zu bewahren, ist es nicht zulässig, Bürger zum „Hilfspolizisten“ zu ernennen.

Damit ist das Verhalten der W insgesamt als rechtswidrig zu werten. Nichts Gegenteiliges ist dann aber auch für die Aufforderung des S anzunehmen.

Dass er bei gedachter unmittelbarer Täterschaft aufgrund des Haftbefehls gerechtfertigt gehandelt hätte, kann ihn nicht entlasten. Die von S gesteuerte W hat dem G die Freiheit unerlaubt entzogen. Dieses Unrecht ist dem S als mittelbarem Täter zuzurechnen, weil es ihm nicht gestattet war, das hoheitliche Festnahmerecht auf W zu übertragen.

Der Irrtum der W, sie sei verpflichtet, G einzuschließen, berührt selbstverständlich ihren Vorsatz nicht. Ihre Fehlvorstellung begründet auch keinen Erlaubnistatbestandsirrtum. Ein solcher ist nur gegeben, wenn der Täter irrig von Umständen ausgeht, bei deren Vorliegen sein Handeln gerechtfertigt wäre. Das Ausscheiden beider Irrtumsarten ist hier so offensichtlich, dass Ausführungen darüber entbehrlich sind.

W ist statt dessen einem Verbotsirrtum nach § 17 StGB in Gestalt eines Erlaubnisirrtums (auch indirekter Verbotsirrtum genannt) erlegen. W hat in gutem Glauben, d.h. ohne Unrechtsbewusstsein G eingesperrt. Ob sie dabei die Grenzen eines rechtlich anerkannten Rechtfertigungsgrundes (§ 127 Abs. 1 StPO) verkannte oder irrig von der Existenz eines nicht anerkannten Erlaubnissatzes ausging, kann auf sich beruhen. Wie fast immer überschneiden sich beide Irrtumsarten, so dass eine eindeutige Zuordnung, die im Übrigen auch müßig wäre, nicht möglich ist.

Ob die fehlende Unrechtseinsicht die Schuld der W beseitigt, ist nach § 17 StGB davon abhängig, ob ihr Irrtum unvermeidbar oder vermeidbar war. Darüber entscheiden letztlich Fahrlässigkeitskriterien (= vorwerfbare Sorgfaltspflichtverletzung?). Unter Berücksichtigung aller Umstände steht hier außer Frage, dass W auf die „Belehrung“ des S vertrauen konnte und durfte.

Das Ergebnis, dass für W der Irrtum unvermeidbar war (§ 17 S. 1 StGB), macht S zum mittelbaren Täter (§ 25 Abs. 1 2. Alt. StGB) einer Freiheitsberaubung. Konstruktiv wäre zwar auch Anstiftung möglich, weil § 26 StGB eine schuldhaft begangene Haupttat nicht verlangt (= sog. limitierte Akzessorietät). Die mittelbare Täterschaft hat jedoch keine bloße Auffangfunktion dergestalt, dass sie nur zum Einsatz kommt, wenn eine Anstiftung ausfällt. Die mittelbare Täterschaft stellt vielmehr einen eigenständigen Beteiligungstypus dar, über den allein Täterschaftskriterien – und nicht vorhandene Strafbarkeitslücken – entscheiden (vgl. das Aufbaumuster Fall 12, S. 146 f.).

Die Voraussetzungen der Notwehr (§ 32 StGB) mit Erläuterungen

Was die Strafbarkeit des G wegen Sachbeschädigung angeht, liegt der Schwerpunkt der Prüfung ebenfalls im Rechtfertigungsbereich. Insoweit ist die Versuchung groß, § 32 StGB (Notwehr) außer Acht zu lassen und auf Notstandsregeln (§§ 228, 904 BGB, 34 StGB) zurückzugreifen. Gerade Anfänger meinen häufig, die Notwehr sei den Fällen vorbehalten, in denen der Verteidiger sich körperlich gegen den Angreifer zur Wehr setzt. Das ist nicht richtig. Eine Verteidigungshandlung kann sich vielmehr auch gegen Sachen richten, wenn zwei Voraussetzungen erfüllt sind: Durch die Sachbeschädigung müssen zum einen Rechtsgüter des Angreifers (= hier Eigentum) betroffen sein, und zum anderen muss die Sachbeschädigung die Beendigung der Gefahr erwarten lassen.

Nachfolgend sei das Prüfungsschema bei der Notwehr aufgezeichnet und durch fallspezifische Hinweise erläutert:

1. Notwehrsituation
   a) Angriff (= jede durch menschliches Verhalten drohende Verletzung rechtlich geschützter Güter oder Interessen)
   b) Gefahr für eigene Rechtsgüter oder Rechtsgüter eines anderen (= Nothilfe)
   c) Gegenwärtigkeit (= von Versuchsbeginn bis Tatbeendigung)
   d) Rechtswidrigkeit (= der Angriff darf nicht seinerseits gerechtfertigt sein)
2. Notwehrhandlung
   a) Verteidigung gegen den Angreifer bzw. seine Rechtsgüter
   b) Erforderlichkeit
   c) Geeignetes Mittel (tauglich zur Angriffsabwehr)
   d) Mildestes Mittel (= schonendere Maßnahmen mit gleicher Effektivität sind nicht vorhanden)
   e) ggf. Gebotenheit in den anerkannten Fällen einer Notwehrlimitierung)
3. Verteidigungswillen als subjektives Rechtfertigungselement (= hierfür reicht die Kenntnis der Notwehrlage; str.!)

Zu 1.: Die Notwehrsituation kann hier ohne Weiteres festgestellt werden: Die Freiheit des G stand situativ auf dem Spiel, und das Einschließen durch W war auch von keinem Erlaubnissatz gedeckt.

Zu 2.: W war Eigentümer des Hotels. Die Verteidigungshandlung „Sachbeschädigung", begangen an Tür und Spiegel, richtete sich also gegen Rechtsgüter der Angreiferin. Die Schwierigkeiten beginnen erst bei dem Unteraspekt der Erforderlichkeit: der Geeignetheit des eingesetzten Tatmittels. Die Beschädigung von Schloss und Tür hat sich ex post als untauglich erwiesen, die Freiheit wiederzugewinnen. Vielleicht lag es auch so, dass das Unterfangen, die Tür mit einem Taschenmesser zu öffnen, aus objektiver Sicht von vornherein aussichtslos war. Hierauf kommt es jedoch nicht an. Zugrunde zu legen ist eine ex ante-Betrachtung, die auf die Sicht des Verteidigers abstellt. G ist davon ausgegangen, dass es ihm – wenn auch nur vielleicht – gelingen werde, die Tür zu öffnen und damit den Angriff auf seine Freiheit zu beenden. Insoweit hat er ein geeignetes und zugleich das schonendste Mittel eingesetzt.

Das gilt allerdings nicht für das Zerstören des Spiegels. Mit diesem „Vandalismus" war – auch aus der Perspektive des G – nicht die geringste Chance verbunden, die Fortbewegungsfreiheit wieder zu erlangen. Diesbezüglich ist also dem G das Notwehrrecht zu versagen.

Der schriftliche Lösungsplan

Die schriftliche Lösungsskizze könnte nach alledem wie folgt beschaffen sein:

I. Strafbarkeit der W aus § 239 I
   1. OTB: Einsperren des G (+)
   2. STB: Vorsatz (+)
   3. RW
      a) § 127 I StPO (–), weil keine „frische Tat“
      b) § 127 II StPO (–), weil W Privatperson
      c) § 114 I StPO (Haftbefehl) und §§ 131 ff. StPO (öffentliche Ausschreibung zur Festnahme) (–), weil beides keine Festnahmebefugnis von Bürgern begründet
      d) § 34 (–), § 127 I StPO entfaltet als abschließende Sonderregelung Sperrwirkung
      e) Übertragung hoheitlicher Eingriffsrechte auf W (–), weil von der StPO aus guten Gründen nicht vorgesehen
   4. Schuld: Verbotsirrtum nach § 17
      a) Befund: fehlende Unrechtseinsicht (+)
      b) Unvermeidbarkeit (+), Hinweis durch Staatsanwalt
   5. Ergebnis: § 239 (–)

II. Strafbarkeit des S aus §§ 239 I, 25 I 2. Alt.
   1. OTB = Einsperren durch einen anderen
      a) Werkzeugqualität der W (+) wegen § 17 S. 1
      b) Tatveranlassung (+)
      c) Überlegene Stellung des S (+), Irrtumsherrschaft
   2. STB: Vorsatz (+)
   3. RW: kein Unrecht, weil S selbst G hätte festsetzen dürfen (§ 114, 36 II, 127 II StPO)? (–), weil W als „verlängerter Handlungsarm“ des S rw. handelte; S muss sich das zurechnen lassen
   4. Schuld (+), insbes. kein Verbotsirrtum (§ 17)
   5. Ergebnis: (+)

III. Strafbarkeit des G aus § 303 I (Türschloss)
   1. OTB
      a) fremde Sache (+)
      b) Beschädigen (+)
   2. STB: Vorsatz (+)
   3. RW: § 32
      a) Notwehrlage: ggw. rw. Angriff (+)
      b) Notwehrhandlung: erforderliche Verteidigung
         aa) Rechtsgüter des Angreifers betroffen (+), Eigentum der W
         bb) Geeignetheit des Mittels (+), weil G sich von seinem Tun Erfolg versprach
         cc) Mildestes Mittel (+)

c) Verteidigungswille (+)
4. Ergebnis: § 303 I (–)

IV. Strafbarkeit des G aus § 303 I (Spiegel)
1. OTB
a) fremde Sache (+)
b) Zerstören (+)
2. STB: Vorsatz (+)
3. RW: § 32
a) Notwehrlage (+) wie oben
b) Notwehrhandlung: Geeignetes Mittel (–), weil sinnlose, unnütze Schadenszufügung
4. Schuld (+)
5. Strafantrag, § 303c (+)
6. Ergebnis: (+)

Gesamtergebnis

Klausurlösung

I. Strafbarkeit der W aus § 239 Abs. 1 StGB

W könnte sich dadurch, dass sie die Zimmertür zugesperrt hat, wegen Freiheitsberaubung nach § 239 Abs. 1 StGB strafbar gemacht haben.

1. Objektiver Tatbestand

W hat auf Geheiß des S die Tür zum Zimmer des G zugeschlossen und diesem damit die Möglichkeit genommen, den Raum zu verlassen. Sie hat mithin G eingesperrt. Der objektive Tatbestand ist erfüllt.

2. Subjektiver Tatbestand

W handelte mit Wissen und der Absicht, G nicht entkommen zu lassen. Sie hatte demnach Vorsatz.

3. Rechtswidrigkeit

W's tatbestandliches Verhalten könnte gerechtfertigt sein. Möglicherweise kann sie sich auf Regeln der StPO oder auf § 34 StGB berufen.

a) § 127 StPO

Nach § 127 Abs. 1 StPO hat jedermann das Recht, einen anderen vorläufig festzunehmen, wenn dieser auf frischer Tat betroffen oder verfolgt wird. Auf frischer Tat betroffen ist, wer bei Begehung einer rechtswidrigen Tat oder unmittelbar danach am Tatort oder in dessen unmittelbarer Nähe gestellt wird. Die Banküberfälle, die G möglicherweise begangen hat, gehören der Vergangenheit an. Mangels Tatfrische scheidet eine Rechtfertigung aus § 127 Abs. 1 StPO aus.

§ 127 Abs. 2 StPO entfällt ebenfalls, weil W als Privatperson nicht zu den festnahmeberechtigten Amtsträgern gehört.

b) §§ 114, 131 ff. StPO

G war aus der Untersuchungshaft entwichen. Das bedeutet, dass Haftbefehl gegen ihn bestand, § 114 Abs. 1 StPO. Der Vollzug von richterlichen Haftanordnungen ist jedoch allein staatlichen Organen (§ 36 II StPO) vorbehalten, so dass auch aus diesem Grunde das Handeln des W nicht erlaubt ist.

Dass G überdies nach §§ 131 ff. StPO zur Festnahme öffentlich ausgeschrieben war, ändert daran nichts. Mit dieser Maßnahme verbindet sich nur die an die Bevölkerung gerichtete Aufforderung, der Polizei durch sachdienliche Hinweise bei der Fahndung zu helfen. Besondere Rechte kann ein Bürger daraus nicht herleiten.

c) W als Beauftragte

S war als Staatsanwalt befugt, G festzunehmen. Hätte er an Stelle von W gehandelt, wäre seine eigenhändig begangene Freiheitsberaubung von Hoheitsrechten (§§ 114, 36 Abs. 2, 127 Abs. 2 StPO) gedeckt. Mit Rücksicht darauf fragt sich, ob S nicht vielleicht seine weitergehenden Befugnisse wirksam auf W übertragen hat. Die Möglichkeit, einen Bürger mit der Strafverfolgung oder der Durchführung einzelner Zwangsmaßnahmen zu betrauen, sieht indes die StPO – mit Ausnahme von § 127 Abs. 1 StPO – nicht vor. Um den „Beschuldigten" vor Übergriffen zu schützen und den Bürger selbst vor sonst drohenden Gefährdungen zu bewahren, sieht die StPO in der Strafverfolgung eine originär hoheitliche Aufgabe, die von Privatpersonen nicht übernommen werden darf. Von daher konnte S „seine" Rechte nicht auf W delegieren.

d) § 34 StGB

Zu prüfen bleibt, ob der W § 34 StGB, der rechtfertigende Notstand zuzusprechen ist. Die Tat der W könnte auf eine Notstandshilfe zugunsten der Strafrechtspflege hinauslaufen. G wollte sich, wie zu vermuten, in die Schweiz absetzen und sich damit dem staatlichen Strafanspruch auf Dauer entziehen. Demnach ist eine gegenwärtige Gefahr gegeben. Im Rahmen der Güter- und Interessenabwägung ist aber zu bedenken, dass der Gesetzgeber diesen Interessenkonflikt eigens geregelt hat. Geschehen ist das in § 127 Abs. 1 StPO, der die beiden Schutzgüter „Freiheit" des Betroffenen und „Effektivität der Strafrechtspflege" einander gegenüberstellt. Diese Vorschrift lässt erkennen, dass das Freiheitsrecht nur dann zurücktritt, wenn der Festgenommene auf frischer Tat gestellt wird. Ist das – wie hier – nicht der Fall, gebührt dem Freiheitsrecht der Vorzug, mit der Folge, dass der W die Berufung auf § 34 StGB zu versagen ist.

W hat nach allem rechtswidrig gehandelt.

4. Schuld

W könnte nach § 17 S. 1 StGB entschuldigt sein. Sie müsste zunächst ohne Unrechtseinsicht zu Werke gegangen sein. S hat der W suggeriert, sie sei verpflichtet, G einzusperren. Mit der Fehlvorstellung der W, einer Rechtspflicht nachzukommen, verbindet sich gleichzeitig das Bewusstsein, ihr Handeln sei von der Rechtsordnung gedeckt und deshalb erlaubt.

Der hiernach gegebene Verbotsirrtum müsste des Weiteren unvermeidbar gewesen sein. Das wäre zu bejahen, wenn der W kein Sorgfaltspflichtenverstoß zur Last gelegt werden könnte. W hat die Rechtsauskunft von S, einem Staatsanwalt, erhalten. Anlass, an der Richtigkeit seiner Angaben zu zweifeln, bestand für sie nicht. Sie konnte sich infolgedessen vorbehaltlos auf den Hinweis des S verlassen. Ihr Verbotsirrtum war somit nicht zu vermeiden; W handelte ohne Schuld, § 17 S. 1 StGB.

5. Ergebnis

Mangels Schuld hat W sich nicht wegen Freiheitsberaubung aus § 239 Abs. 1 StGB strafbar gemacht.

II. Strafbarkeit des S aus §§ 239 Abs. 1, 25 Abs. 1 2. Alt. StGB

S könnte sich durch seine an W gerichtete Aufforderung, G einzuschließen, wegen Freiheitsberaubung nach § 239 Abs. 1 StGB strafbar gemacht haben. Weil S den G nicht eigenhändig eingesperrt hat, scheidet ein Selbst-Begehen nach § 25 Abs. 1 1. Alt. StGB aus. S könnte aber die Tat mittelbar täterschaftlich verübt haben, § 25 Abs. 1 2. Alt. StGB.

1. Objektiver Tatbestand

S könnte das Einsperren durch einen anderen – die W – bewirkt haben. Der W müsste Werkzeugqualität zufallen, d.h. sie müsste ein Verantwortungsdefizit aufweisen. W ist – wie gesehen – einem unvermeidbaren Verbotsirrtum erlegen. Aufgrund ihrer Fehleinschätzung war sie außerstande, sich normgerecht zu verhalten. Sie war damit eine andere i.S. des § 25 Abs. 1 2. Alt. StGB.

S hat den Irrtum in W erweckt und sie dadurch zur Tat veranlasst. Kraft Irrtumsherrschaft war er Herr über das Geschehen. Damit muss er sich das Tätigwerden der W wie eigenes Tun zurechnen lassen.

S hat den objektiven Tatbestand des § 239 Abs. 1 StGB in mittelbarer Täterschaft verwirklicht.

2. Subjektiver Tatbestand

Der innere Tatbestand setzt Vorsatz voraus. Dem S müssen insbesondere die Umstände bekannt gewesen sein, die seine mittelbare Täterschaft begründen. S war sich der Rechtslage bewusst und hat die fehlorientierte W wissentlich und willentlich zur Tat bestimmt. Der subjektive Tatbestand ist gleichfalls gegeben.

3. Rechtswidrigkeit

Das Unrecht der Tat wäre aufgehoben, wenn dem S strafprozessuale Eingriffsrechte zur Seite gestanden hätten. Hätte S – anstelle von W – den G höchstpersönlich eingeschlossen, um dann das MEK herbeizurufen, wäre sein Tun aufgrund des Haftbefehls gemäß der §§ 114, 36 Abs. 2, 127 Abs. 2 StPO gerechtfertigt gewesen. Wenn er also im Fall unmittelbarer Täterschaft nicht widerrechtlich gehandelt hätte, muss Gleiches, so könnte man meinen, auch für die mittelbare Täterschaft gelten. Hierbei würde freilich übersehen, dass die von S gesteuerte W dem G die Freiheit unerlaubt entzogen hat, insbesondere weil S sie nicht mit hoheitlichen Eingriffsrechten ausstatten konnte. Für dieses rechtswidrige Tun der Tatmittlerin W hat S einzustehen; er kann G nicht rechtmäßig festnehmen durch ein Werkzeug, das seinerseits rechtswidrig handelte.

Die Rechtswidrigkeit ist somit gegeben.

4. Schuld

Im Gegensatz zu W ist bei S die Schuld zu bejahen. Er überblickte die Sach- und Rechtslage und hatte demnach Unrechtsbewusstsein.

5. Ergebnis

S hat sich aus §§ 239 Abs. 1, 25 Abs. 1 2. Alt. StGB wegen Freiheitsberaubung, begangen in mittelbarer Täterschaft, strafbar gemacht.

III. Strafbarkeit des G aus § 303 Abs. 1 StGB

G könnte sich durch den Versuch, mit einem Taschenmesser gewaltsam die Tür zu öffnen, wegen Sachbeschädigung nach § 303 Abs. 1 StGB strafbar gemacht haben.

1. Objektiver Tatbestand

Die Zimmertür stellt eine Sache dar, die, weil im Eigentum der W stehend, für G auch fremd war. G hat das Schloss und damit gleichzeitig die Tür erheblich beschädigt. Der objektive Tatbestand liegt vor.

2. Subjektiver Tatbestand

G handelte wissentlich und hinsichtlich des Beschädigungserfolgs mit Absicht. Vorsatz ist mithin ebenfalls gegeben.

3. Rechtswidrigkeit

Weil dem G die Freiheit zu Unrecht entzogen worden ist, könnte seine Tat gerechtfertigt sein. Als Rechtfertigungsgrund kommt Notwehr nach § 32 StGB in Betracht.

a) Notwehrlage

G müsste mit einem gegenwärtigen rechtswidrigen Angriff konfrontiert gewesen sein. G sah sich einem widerrechtlichen Angriff auf seine Fortbewegungsfreiheit ausgesetzt. Dass dieser Angriff von Seiten der W ohne Schuld erfolgte, ist ohne Belang. Da G nach wie vor in dem Zimmer eingesperrt war, dauerte der Angriff noch fort und war damit gegenwärtig. Eine Notwehrsituation war somit gegeben.

b) Notwehrhandlung

G müsste sich auf eine erforderliche Verteidigungshandlung besonnen haben, wobei sich die Verteidigung zwingend gegen Rechtsgüter des Angreifers richten muss. Mit der Tür hat G das Eigentum der W verletzt, die neben S zu den Angreifern gehörte. Die sog. Relativität des Notwehrrechts ist demnach gewahrt.

Erforderlich wäre das Verhalten des G gewesen, wenn es einerseits geeignet war, den Angriff auf seine Freiheit zu beenden, und wenn G andererseits das relativ mildeste Mittel eingesetzt hätte. Dass G Maßnahmen hätte ergreifen können, die W weniger belastet hätten, ist nicht ersichtlich. Fraglich ist aber, ob die Sachbeschädigung ein taugliches Mittel war, den Zustand der Freiheitsberaubung aufzuheben. G hat es nicht geschafft, die Tür zu öffnen. Zudem kann nicht ausgeschlossen werden, dass sein Unternehmen von vornherein keinen Erfolg versprach. Ebenso wie bei der Voraussetzung „schonendstes Mittel" ist aber auch hier auf die ex ante-Sicht des Angegriffenen abzuheben. Hätte G sein Handeln von Anfang an als sinnlos erachtet, hätte er sich kaum darauf verlegt. Von daher hat er seinem Verhalten Erfolgsaussichten – wenn auch möglicherweise nur geringfügige – beigemessen. Die Verteidigung des G war erforderlich.

c) Verteidigungswillen

G war sich der Notwehrlage bewusst und handelte zudem mit dem Willen, den Angriff auf seine Freiheit zu beenden. Auch das subjektive Rechtfertigungselement ist gegeben. Die Sachbeschädigung an der Tür ist demnach über Notwehr (§ 32 StGB) gerechtfertigt.

4. Ergebnis

In Bezug auf die Beschädigung der Tür ist G keiner Sachbeschädigung nach § 303 Abs. 1 StGB schuldig.

IV. Strafbarkeit des G aus § 303 Abs. 1 StGB

G könnte jedoch dadurch, dass er sein Taschenmesser gegen den Spiegel geworfen hat, einer Sachbeschädigung nach § 303 Abs. 1 StGB schuldig sein.

1. Objektiver Tatbestand

Der Spiegel stellt einen körperlichen Gegenstand (§ 90 BGB) dar, der gleichfalls der W zugehörig ist. Diese fremde Sache könnte G zerstört haben. Zerstört ist eine

Sache, wenn ihre bestimmungsmäßige Brauchbarkeit völlig aufgehoben ist. Infolge des Wurfes ist der Spiegel irreparabel geborsten. G hat den Spiegel zerstört und somit den objektiven Tatbestand verwirklicht.

2. Subjektiver Tatbestand

G müsste mit Wissen und Wollen gehandelt haben. Es ist davon auszugehen, dass G den Zerstörungserfolg zumindest als möglich einkalkuliert und billigend in Kauf genommen hat. Damit hatte er Vorsatz jedenfalls in der Schwachform des dolus eventualis. Die subjektive Tatseite liegt ebenfalls vor.

3. Rechtswidrigkeit

Die Rechtswidrigkeit könnte abermals nach § 32 StGB ausgeschlossen sein. Zur Zeit der Tat war G nach wie vor eingesperrt, also einem gegenwärtigen rechtswidrigen Angriff ausgesetzt. Im Gegensatz zu der verschlossenen Tür war jedoch der Spiegel nicht das Tatmittel der Angriffshandlung. Mit Rücksicht darauf könnte die Sachzerstörung nicht geeignet gewesen sein, den Angriff abzuwenden. G hat in der Erkenntnis, dass seine Befreiungsaktion missglückt war, von der Tür abgelassen. Aus Verärgerung und Enttäuschung hat er daraufhin das Messer gegen den Spiegel geworfen, ohne dass er dabei erhofft hat, diese Tat könne ihm weiterhelfen. Aus seiner Sicht war also sein Tun sinnlos und unnütz, mit der Folge, dass insoweit keine erforderliche Verteidigung vorlag.

Notwehr scheidet demnach aus. G handelte rechtswidrig.

4. Schuld

Schuldausschließungsgründe sind nicht ersichtlich. Weil G, wie ihm bewusst war, ein untaugliches Mittel zum Einsatz gebracht hat, entfällt auch eine Entschuldigung nach § 35 StGB. G hat sich schuldhaft verhalten.

5. Strafantrag

Der nach § 303c StGB notwendige Strafantrag ist gestellt.

6. Ergebnis

G hat sich einer Sachbeschädigung am Spiegel gem. § 303 Abs. 1 StGB schuldig gemacht.

Gesamtergebnis

Während W straffrei ausgeht, hat sich S wegen Freiheitsberaubung, verübt in mittelbarer Täterschaft, nach §§ 239 Abs. 1, 25 Abs. 1 2. Alt. StGB strafbar gemacht. G schließlich ist strafbar aus § 303 Abs. 1 StGB.

Fall 7 „Die Birke in Nachbars Garten"

Fehlen subjektiver Rechtfertigungselemente

E ist Eigentümer eines Wohnhauses mit Garten in einer Reihenhaussiedlung. Seit langem stört ihn eine immer größer werdende Birke, die im Garten des Nachbarn N steht. Dieser Baum wirft viel Schatten in den Garten des E und verursacht bei ihm zudem in jedem Frühjahr eine Pollenallergie. E hat den N schon des Öfteren gebeten, die Birke zu fällen. N hat das jedoch jedes Mal abgelehnt.

Eines Tages beobachtet E, wie N mit seinen Kindern in Urlaub fährt. Er beschließt, die Abwesenheit des N zu nutzen. In der Dämmerung steigt er bewaffnet mit einer Kettensäge über den Jägerzaun in den Garten des N und fällt dort die leidige Birke.

Hierbei ahnt E nichts davon, dass N kurz vor der Abfahrt mit der Ehefrau F des E gesprochen hatte. Dieser hatte er gesagt, dass er – des lieben Friedens und der guten Nachbarschaft wegen – damit einverstanden sei, wenn E die Birke in seinem Garten umlege. F hatte dann schlicht vergessen, dies dem E mitzuteilen.

Beurteilen Sie die Strafbarkeit des E!

Lösung 7 „Die Birke in Nachbars Garten“

Die ersten Lösungsschritte

Die maßgeblichen Strafgrundlagen sind schnell gefunden. Es sind der Hausfriedensbruch (§ 123 StGB) und die Sachbeschädigung (§ 303 Abs. 1 StGB). Die Prüfungsreihenfolge ist an sich einerlei. Wenn hier chronologisch vorgegangen, also mit § 123 StGB begonnen wird, dann deshalb, weil die zu § 123 StGB aufgezeigte Lösung Argumente für das bei § 303 StGB angesiedelte Sachproblem liefert.

Mit der Prüfung der objektiven Tatbestandsseite des § 123 StGB verbinden sich im Wesentlichen drei Fragen. Zum einen geht es darum, den Garten des N einer der in § 123 StGB genannten Räumlichkeit – Wohnung oder befriedetes Besitztum? – zuzuordnen. Das wird im Schrifttum (vgl. *Lackner/Kühl*, StGB, 26. Aufl. 2007, § 123 Rn. 3) unterschiedlich beurteilt, kann aber letztlich auf sich beruhen, weil der umzäunte Garten jedenfalls eine befriedete Fläche darstellt.

Zum anderen muss die Tathandlung des „Eindringens“ richtig definiert werden (= Betreten gegen bzw. ohne den Willen des Hausrechtsinhabers). Das ist wichtig, weil man sonst leicht auf ein falsches Gleis gerät: Die Zutrittserlaubnis des N hat nicht – wie bei der Sachbeschädigung – die Bedeutung einer rechtfertigend wirkenden Einwilligung, sondern lässt als tatbestandsausschließendes Einverständnis bereits das Handlungsmerkmal entfallen.

Weil E nichts von der Gestattung wusste und infolgedessen irrig annahm, er breche den Hausfrieden, ist an eine mögliche Versuchsstrafbarkeit zu denken. Sie scheitert indes daran, dass der Versuch bei dem Vergehen des § 123 StGB nicht unter Strafe steht, §§ 23 Abs. 1, 12 Abs. 2 StGB.

Die Dinge liegen anders bei der Sachbeschädigung durch Fällen des Baumes. Insoweit ist der Tatbestand erfüllt (der Baum als wesentlicher Bestandteil des Grundstücks, § 94 Abs. 1 BGB) und im „Stockwerk“ der Rechtswidrigkeit zu fragen, ob E sich auf eine ihn rechtfertigende Einwilligung berufen kann. Hier liegt das Kernproblem der Aufgabe: Die Frage ist, wie es sich auswirkt, dass E in Unkenntnis der Zustimmung des N handelte.

Die Voraussetzungen der Einwilligung und des Einverständnisses mit fallspezifischen Erläuterungen

Die Einwilligung findet im Gesetz nur an einer Stelle Erwähnung: in § 228 StGB (Einwilligungssperre bei sittenwidrigen Körperverletzungen). Im Übrigen sind die Wirksamkeitsvoraussetzungen der Einwilligung ungeschriebener Natur. Zum Zwecke der Wiederholung bzw. Auffrischung seien sie hier kurz benannt und durch fallspezifische Hinweise kommentiert.

1. Disponibles Rechtsgut
   a) nicht bei Allgemeinrechtsgütern

   b) nicht bei Leben (§ 216 StGB)
   c) nicht bei gravierenden, irreparablen Körperschäden (§ 228 StGB)
2. Dispositionsmacht des Einwilligenden
3. Einwilligungsfähigkeit
4. keine Willensmängel
5. Kundgabe nach außen hin vor der Tat
6. Handeln in Kenntnis der Einwilligung (= subjektives Rechtfertigungselement)?

Die Punkte 1. bis 5. lassen sich schnell abtun. Das Schutzgut des § 303 StGB – Eigentum – ist selbstverständlich disponibel (§ 903 BGB). Weil in Ermangelung gegenteiliger Anhaltspunkte davon auszugehen ist, dass N Alleineigentümer des Grundstücks ist, steht seine Verfügungsberechtigung außer Zweifel. Umstände, die gegen seine Einsichtsfähigkeit sprechen könnten, sind ebenso wenig ersichtlich wie etwaige Willensmängel (Täuschung, Drohung, Zwang). N hat des Weiteren seine Erlaubnis nach außen hin – der F gegenüber – zum Ausdruck gebracht. Dies geschah vor der Tat des E. Dass die Erklärung nicht unmittelbar gegenüber E abgegeben wurde, ist unschädlich (vgl. BGH, NJW 1956, 1106).

Im Gegensatz dazu unterliegt das tatbestandsausschließende Einverständnis – nach h.A. – eigenen Regeln, weil hier nur die natürlichen Willensgegebenheiten entscheidend sind bzw. sein sollen. So ist beispielsweise – anders als bei der Einwilligung – eine Kundgabe nicht erforderlich; die innere Zustimmung ist also hinreichend. Außerdem führen Willensmängel grundsätzlich nicht bzw. nur in sehr begrenztem Maße zur Unwirksamkeit des Einverständnisses.

Das Sachproblem: die Abwesenheit subjektiver Rechtfertigungselemente

Nach der Feststellung des Befunds, dass E die Aktion in Unkenntnis der Einwilligung des N durchführte, sind zwei – hintereinander zu schaltende – Fragen aufzuwerfen: Zum einen ist zu klären, ob subjektive Rechtfertigungselemente überhaupt zu verlangen sind. Möglicherweise reicht das Vorliegen der objektiven Rechtfertigungsvoraussetzungen, um E rechtmäßiges Handeln zu bescheinigen. Wenn nein, ist im Anschluss daran zu untersuchen, welche Rechtsfolgen aus dem Fehlen des subjektiven Rechtfertigungselements resultieren.

1. Die Antwort auf beide Fragen wird durch das Gesetz selbst vorgezeichnet, wenn man einen anderen Ansatz als den hier gewählten zugrunde legt. Das ist der Fall, wenn man der Lehre von den negativen Tatbestandsmerkmalen folgt. Danach setzt sich der objektive (Gesamt-)Unrechtstatbestand zusammen aus den Tatbestandsmerkmalen im eigentlichen Sinne und dem Fehlen objektiver „Rechtfertigungs"-Elemente (= negative Tatumstände). Der Vorsatz hat sich entsprechend auf beide Teile zu beziehen. So gesehen, würde es hier mit Blick auf die Einwilligung an der äußeren Tatseite fehlen. Weil E jedoch nichts von der Einwilligung wusste, hätte er den Tatentschluss bezüglich aller Momente

des objektiven Gesamtunrechtstatbestands, zu dessen Verwirklichung er nach seiner Vorstellung von der Tat unmittelbar angesetzt hätte, § 22 StGB.

Gleiches gilt, wenn man, wie es eine moderne Auffassung tut (vgl. die Nachw. bei *Wessels/Beulke*, StrafR AT, 39. Aufl. 2009, Rn. 363), der Einwilligung generell tatbestandsausschließende Wirkung beimisst, weil bei ihrem Vorliegen keine wirkliche Rechtsgutsverletzung stattfindet. Auch nach diesem Konzept hätte der ahnungslose E in der Vorstellung gehandelt, die Disposition des Eigentümers N zu missachten; damit wäre er ebenfalls Versuchstäter.

2. Dieses Ergebnis zu entwickeln ist weitaus schwieriger, wenn man beide Ansichten verwirft, also unter Berufung auf die Gesetzessystematik (§ 11 Abs. 1 Nr. 5 StGB) entgegen der Lehre von den negativen Tatbestandsmerkmalen am dreistufigen Deliktsaufbau (Tatbestand – Rechtswidrigkeit – Schuld) festhält und zudem die Einwilligung mit der herkömmlichen Auffassung als Rechtfertigungsgrund (§ 228 StGB: „rechtswidrig“) einstuft. Dann nämlich bedarf es schlüssiger – zwischengesetzlicher – Begründungen, um einerseits die Notwendigkeit eines „Einwilligungsbewusstseins“ und andererseits die Überlegenheit der Versuchslösung darzutun. Im Einzelnen:

   a) Für das Erfordernis subjektiver Rechtfertigungselemente streitet zum einen der Wortlaut der Erlaubnisnormen, die im StGB verortet sind. In §§ 32, 34 StGB heißt es jeweils: „um“, was darauf hindeutet, dass der Notwehr- bzw. Notstandstäter zumindest in Kenntnis der objektiven Rechtfertigungssituation gehandelt haben muss. Ins Feld führen lässt sich zum anderen eine Kompensationsüberlegung: Weil sich das durch den Tatbestand begründete Unrecht aus objektiven und subjektiven Faktoren zusammensetzt, kann dieses Unrecht auf der Ebene der Rechtswidrigkeit nur dann (komplett) wegfallen, wenn sich auch dort objektive wie subjektive Elemente wiederfinden. Mit anderen Worten: Der tatbestandliche (objektive) Erfolgsunwert und der (subjektive) Handlungsunwert werden nur ausgeräumt, wenn über das Vorhandensein der objektiven Rechtfertigungsgründe hinaus eine diesbezügliche Kenntnis beim Täter gegeben ist.

   Herangezogen werden können darüber hinaus auch fallbezogene Argumente. Wie gesehen, führt das Nichtwissen des E im Rahmen des Hausfriedensbruchs dazu, dass an sich Versuchsunrecht vorliegt, das nur deshalb nicht zu veranschlagen ist, weil das Gesetz auf Strafe verzichtet. Dem widerspräche es, der gleichen Fehlvorstellung im Zusammenhang mit § 303 StGB keine Bedeutung beizumessen und dem E stattdessen eine vollständige Rechtfertigung und damit Straffreiheit zuteil werden zu lassen. Und weiter: Angenommen, N hätte ohne Wissen des E das Eigentum am Grundstück nach Maßgabe des § 928 BGB aufgegeben. E hätte dann infolge seines Fremdheitsvorsatzes unstreitig einen – wenn auch untauglichen – Sachbeschädigungsversuch begangen. Dazu würde es aber nicht passen, ihn im vorgegebenen Fall straflos ausgehen zu lassen. Denn hier wie dort handelt ja E mit der gleichen bösen Absicht, ohne dass zwischen beiden Taten ein Unwertgefälle erkennbar wäre.

b) Was die Folgen der fehlenden Kenntnis angeht, geben die bisherigen Darlegungen die Richtung vor: E ist nur Versuchstäter. Die klassische Auffassung (BGHSt 2, 111, 114; 3, 194) nimmt dagegen den Standpunkt ein, dass eine Rechtfertigung komplett entfällt. Da der Täter den tatbestandlichen Erfolg mit rechtswidrigem Verletzungsvorsatz herbeigeführt habe, müsse er mit Vollendungsstrafe belegt werden.

Außer Acht bleibt dabei, dass E einen Erfolg gesetzt hat, der wegen der objektiv vorliegenden Einwilligung von der Rechtsordnung gedeckt ist. Äußerlich betrachtet war es ihm ja erlaubt, den Baum zu fällen, so dass seine Tat keinen Erfolgsunwert in sich birgt. Angelastet werden kann ihm nur ein (subjektiver) Handlungsunwert, der allein ein Vollendungsunrecht nicht zu begründen vermag. Die Tat des E ist vielmehr einem untauglichen Versuch vergleichbar. Von daher ist es geboten, E wie einen Versuchstäter zu behandeln. Seine Haftung verkürzt hiernach sich auf eine nach § 303 Abs. 3 StGB strafbare versuchte Sachbeschädigung.

3. Aufbautechnisch sollte der ganze Problemkomplex innerhalb der Rechtswidrigkeit erörtert werden. Entscheidet man sich für die Versuchslösung, wäre zu überlegen, ob man die Vollendungsprüfung nicht abzubrechen hat und auf eine eigenständige Versuchserörterung umsteigen muss. Das wäre jedoch des Guten zu viel. Hat man das Problem umfassend diskutiert, gäbe es im Rahmen einer Versuchsprüfung nichts Neues mehr zu sagen. Wichtig ist nur, dass, wenn man die Weichen für den Versuch auf der Rechtfertigungsebene stellt, kurz auf die Strafbarkeit des Versuchs (§ 303 Abs. 3 StGB) hingewiesen wird. Im Anschluss daran dürfen die Schuld sowie das Strafantragserfordernis (§ 303c StGB) nicht unberücksichtigt bleiben.

Der schriftliche Lösungsplan

Die angestellten Vorüberlegungen könnten einmünden in folgende Lösungsskizze:

I. Strafbarkeit des E aus § 123
  1. OTB
    a) Garten noch Teil der Wohnung? zweifelhaft, jedenfalls befriedetes Besitztum
    b) Eindringen = Betreten gegen den Willen (–), tatbestandsausschließendes Einverständnis des N
  2. Ergebnis: (–)

II. Strafbarkeit des E aus §§ 123, 22, 23
keine Versuchsstrafbarkeit (§§ 23 I, 12 II)

III. Strafbarkeit des E aus § 303 I
  1. OTB
    a) Birke = Sache (+), § 90 BGB
    b) Fremdheit (+), § 94 I BGB
    c) Zerstören (+)

2. STB = Vorsatz (+)
3. Rechtswidrigkeit: Einwilligung des N
   a) Eigentum disponibel
   b) N als Verfügungsberechtigter (+)
   c) Kundgabe vor der Tat (+)
   d) Einsichtsfähigkeit und keine Willensmängel (+)
   e) Handeln in Kenntnis und aufgrund der Einwilligung (–)
      aa) gleichwohl volle Rechtfertigung, weil subj. Rechtfertigungselemente nicht zu fordern?
      (–), Arg.: Wortlaut der §§ 32, 34; keine vollständige Kompensation des tatbestandlichen Unrechts; Vergleich mit der Lösung zu § 123 und dem Fall eines „echten" untauglichen Versuchs
      bb) Vollendung oder Versuch?
      Arg. für Versuchslösung: fehlender Erfolgsunwert, nur Handlungsunwert = quasi untauglicher Versuch, der strafbar ist (§ 303 III)
      cc) Gleiches Resultat auf der Grundlage der Lehre von den negativen Tatbestandsmerkmalen und der Meinung, die die Einwilligung auf die Tatbestandsebene verlagert
4. Schuld (+)
5. Strafantrag, § 303c (+)
6. Ergebnis: §§ 303 I, 22, 23

Klausurlösung

I. Strafbarkeit des E aus § 123 StGB

E könnte sich dadurch, dass er über den Zaun in den Garten des N kletterte, wegen Hausfriedensbruchs nach § 123 StGB strafbar gemacht haben.

1. Objektiver Tatbestand

Der Garten müsste unter eine der von § 123 StGB benannten Räumlichkeiten fallen. Gärten gehören zwar nicht zum eigentlichen Wohnbereich; sie könnten aber, wie für Nebenräume anerkannt, der Wohnung funktional zugeordnet sein. Ob das auch für offene Flächen gilt, ist zweifelhaft, kann jedoch in casu dahinstehen. Weil der Garten des N umzäunt ist, handelt es sich jedenfalls um ein eingehegtes und damit befriedetes Besitztum.

E müsste in den Garten eingedrungen sein. Darunter ist ein Betreten gegen oder ohne den Willen des Hausrechtsinhabers zu verstehen. N hatte vor seiner Abfahrt der F gegenüber geäußert, dass er es erlaube, wenn E in den Garten komme, um die Birke zu fällen. Dieses Einverständnis lässt das Handlungsmerkmal und damit den Tatbestand entfallen. Dass N seine Zutrittserlaubnis nicht gegenüber E selbst erklärt hat, ist ohne Belang, weil für ein Einverständnis schon die innere Zustimmung hinreicht.

2. Ergebnis

E ist demnach nicht eingedrungen und hat sich somit keines vollendeten Hausfriedensbruchs schuldig gemacht.

II. Strafbarkeit des E aus §§ 123, 22, 23 StGB

Weil E in Unkenntnis des Einverständnisses den Garten des N betrat, kommt Versuch in Betracht. Dieser müsste strafbar sein. Der Hausfriedensbruch stellt gem. § 12 Abs. 2 StGB ein Vergehen dar, bei dem nach § 23 Abs. 1 StGB die Versuchsstrafbarkeit explizit angeordnet sein muss. Das ist bei § 123 StGB nicht geschehen, mit der Folge, dass E sich auch nicht wegen versuchten Hausfriedensbruchs strafbar gemacht hat.

III. Strafbarkeit des E aus § 303 Abs. 1 StGB

Durch das Fällen der Birke könnte E sich jedoch wegen Sachbeschädigung nach § 303 Abs. 1 StGB strafbar gemacht haben.

1. Objektiver Tatbestand

Bei einem Baum handelt es sich um einen körperlichen Gegenstand i. S. von § 90 StGB, mithin um eine Sache. Diese müsste für E fremd gewesen sein. Das wäre anzunehmen, wenn die Birke im Eigentum des N stand. Nach § 94 Abs. 1 BGB gehören Pflanzen zu den wesentlichen Bestandteilen eines Grundstücks, d. h. sie sind dem Eigentum des Grundstückseigners zugehörig. Die Fremdheit ist somit zu bejahen.

E könnte den Baum zerstört haben. Zerstört ist eine Sache, wenn sie infolge körperlicher Einwirkung vernichtet wird. E hat die Birke gefällt. Sie ist damit als Baum nicht mehr vorhanden.

E hat demnach eine fremde Sache zerstört und den objektiven Tatbestand erfüllt.

2. Subjektiver Tatbestand

E handelte in Kenntnis aller objektiven Tatumstände und hinsichtlich des Zerstörungserfolgs mit Absicht. Der Vorsatz und die innere Tatseite sind ebenfalls gegeben.

3. Rechtswidrigkeit

Das tatbestandliche Verhalten des E könnte aufgrund einer Einwilligung des N gerechtfertigt sein.

a) Die Zustimmung des N müsste zunächst den objektiven Wirksamkeitsvoraussetzungen einer Einwilligung genügen. Es ist davon auszugehen, dass N Alleineigentümer des Nachbargrundstücks ist. Folglich war er berechtigt, über sein Eigentum an der Birke zu verfügen. Er hat die Erlaubnis vor der Tat erteilt, ohne dass Umstände, die gegen seine Einsichtsfähigkeit und Willensfreiheit sprächen, erkennbar sind. Die Erklärung ist zwar nicht unmittelbar dem E gegenüber abgegeben worden. Es reicht aber, wenn die Einwilligung in irgendeiner Weise nach außen hin zum Ausdruck kommt, also auch, wenn sie einem anderen – hier der F – zur Kenntnis gebracht wird. Das äußere Geschehen war somit von der Einwilligung des N gedeckt.

b) E handelte jedoch, ohne von der Einwilligung zu wissen. Gleichwohl könnte er auf ganzer Linie gerechtfertigt sein, wenn es allein auf die objektive Rechtfertigungslage ankäme.

c) Dass für alle Erlaubnissätze auch subjektive Rechtfertigungselemente zu verlangen sind, legen indes bereits die Rechtfertigungsnormen der §§ 32, 34 StGB mit ihrer subjektiven Umschreibung des rechtfertigenden Verhaltens („um“) nahe. Darüber hinaus wird tatbestandliches Unrecht nur begründet, wenn die objektiven Unrechtselemente von subjektiven – nämlich dem Vorsatz – begleitet werden. Mit Rücksicht darauf wäre es nicht konsequent, bei dem Unrechtsausschluss auf der Rechtfertigungsseite allein auf die objektive Sachlage abzustellen. Hiermit wäre außerdem das zu § 123 StGB aufgezeigte Ergebnis nicht in Einklang zu bringen. Wäre dort der Versuch unter Strafe gestellt, hätte E mit Blick auf sein Nichtwissen um das Einverständnis einen strafbaren Versuch begangen. Dann aber geht es nicht an, ihm im Rahmen von § 303 StGB keine rechtswidrige Tat vorzuhalten.

All diese Gründe sprechen dafür, dass die rechtfertigende Wirkung der Einwilligung auch von subjektiven Elementen abhängig ist. Der Täter muss im Bewusstsein und aufgrund der Einwilligung handeln.

d) Zu klären bleibt, welche Rechtsfolgen die Unkenntnis des E nach sich zieht. Weil E den tatbestandlichen Erfolg mit rechtswidrigem Verletzungsvorsatz herbeigeführt hat, könnte er wegen vollendeter Sachbeschädigung zu belangen sein. Dabei bliebe jedoch unberücksichtigt, dass E mit dem Fällen des Baumes einen Erfolg gesetzt hat, der den Eigentümerinteressen des N nicht zuwiderlief. Äußerlich betrachtet durfte E ja wegen der Rechtsgutspreisgabe die Birke zerstören, mit der Folge, dass seiner Tat kein objektiver Erfolgsunwert zugeschrieben werden kann. Weil E von der Erlaubnis des N nichts ahnte, ist lediglich der subjektive Handlungsunwert nicht ausgeräumt. Dieser allein kann jedoch keine Vollendungshaftung auslösen, sondern lediglich eine Versuchsstrafbarkeit begründen.

Deutlich wird das, wenn man einen Vergleichsfall heranzieht und annimmt, dass N sein Eigentum am Grundstück und damit auch an der Birke nach § 928 BGB aufgegeben hat. Der hiervon nichtsahnende E hätte sich dann an einer herrenlosen Sache vergriffen, also keinen objektiven Erfolgsunwert gesetzt. Sein Irrtum darüber, dass der Baum nach wie vor fremd ist, hätte ihn nur in die Versuchsstrafbarkeit geführt.

Entsprechendes hat im vorliegenden Fall zu gelten. E, der von der Freigabe des N nichts wusste, ist so zu behandeln, als habe er sich das Vorhandensein eines tatbestandsmäßigen Angriffsobjekts, also einer fremden Sache, irrig eingebildet. Von daher hat E lediglich Versuchsunrecht nach § 22 StGB verwirklicht; seine Haftung verkürzt sich auf eine – nach § 303 Abs. 3 StGB strafbare – versuchte Sachbeschädigung.

e) Die Versuchslösung ist sogar zwingend, wenn man entweder generell alle Rechtfertigungsgründe oder aber speziell die Einwilligung bzw. deren Abwesenheit dem Tatbestand zuschlägt. Für die erste Sicht tritt die Lehre von den negativen Tatbestandsmerkmalen bzw. vom Gesamtunrechtstatbestand ein, für die zweite all diejenigen, nach denen das eigentliche Schutzgut der Eigentumsdelikte die aus dem Herrschaftsrecht fließenden Befugnisse des Eigentümers sind (§ 903 BGB). Ausgehend von dieser Prämisse hätte die Erlaubnis des N bereits tatbestandsausschließende Bedeutung. Da E jedoch glaubte, ohne Einwilligung zu handeln, wäre ihm Tatentschluss zuzusprechen, und er hätte durch sein Tätigwerden nach seiner Vorstellung von der Tat unmittelbar zur Tatbestandsverwirklichung angesetzt, § 22 StGB.

4. Schuld

Schuldausschließungs- und Entschuldigungsgründe sind nicht ersichtlich. E hat den Versuch auch schuldhaft begangen.

5. Strafantrag

Nach § 303c StGB ist die Strafverfolgung von einem Strafantrag abhängig, es sei denn, dass die Strafverfolgungsbehörde ein besonderes öffentliches Interesse an der Strafverfolgung bejaht.

6. Ergebnis

E hat sich wegen versuchter Sachbeschädigung nach §§ 303 Abs. 1, Abs. 3, 22, 23 StGB strafbar gemacht.

Fall 8 „Der vertauschte Vandale“

Erlaubnistatbestandsirrtum

A wird des Nachts durch Geräusche auf der Straße aus dem Schlaf gerissen. Er eilt ans Fenster und sieht, wie der heranwachsende H, der einen schwarzen Kapuzenpulli mit weißen Totenköpfen trägt, sich an dem neuen, am Straßenrand geparkten Audi A6 des A zu schaffen macht. H hat bereits beide Seitenspiegel abgetreten und ist jetzt dabei, die Motorhaube mit einem Schraubenzieher zu „bearbeiten“. Wutentbrannt stürmt A nach draußen. H, der die Haustür zufallen hört, dreht sich nach A um, so dass dieser im Schein der Straßenbeleuchtung das Gesicht des H sehen kann. H wendet sich zur Flucht und spurtet davon. A erkennt, dass er keine Chance hat, H einzuholen, und nimmt resignierend die erheblichen Schäden an seinem Wagen in Augenschein.

Zwei Wochen später geht A mit seiner Frau F durch die Fußgängerzone. Im Menschengewühl sieht er plötzlich den zwanzigjährigen Z, der wie H mit einem schwarzen Totenkopf-Kapuzenpulli bekleidet ist. A schaut sich Z näher an und ist überzeugt davon, in ihm H zu erkennen. Er raunt der F zu: „ Den schnappen wir uns! Der soll gefälligst meinen Schaden ersetzen!“ Von hinten schlingt A sodann seine Arme um den überraschten Z und hält diesen fest, während F den Z auf Ausweispapiere hin durchsucht, aber keine findet. Als A den Z auffordert, Namen und Adresse anzugeben, antwortet Z nicht. A gibt daraufhin der F ein Zeichen, über Handy die Polizei herbeizurufen, um auf diese Weise die Personalien des Z in Erfahrung zu bringen. Die Polizei erscheint nach etwa zehn Minuten und nimmt Z, der bis dahin verzweifelt versucht hat, sich aus dem Haltegriff des A zu befreien, mit auf die Wache. Dort klärt sich auf, dass Z mit dem nächtlichen Vorfall nichts zu tun hatte.

Z, der durch den festen Zugriff des A Blutergüsse an beiden Oberarmen davongetragen hat, stellt Strafantrag gegen A wegen aller in Betracht kommender Delikte.

Beurteilen Sie die Strafbarkeit des A!

Lösung 8 „Der vertauschte Vandale“

Die ersten Lösungsschritte

Die Strafgrundlagen, die es zu erörtern gibt, sind schnell aufgefunden. Es sind dies die Freiheitsberaubung (§ 239 Abs. 1 StGB) sowie mit Blick auf die Hämatome bei Z die Körperverletzung (§ 223 StGB) und zwar in beiden Handlungsalternativen („körperliches Misshandeln“ und „Gesundheitsschädigung“). Die Nötigung (§ 240 StGB) kann demgegenüber vernachlässigt werden. Denn abgesehen davon, dass die Nötigung das rechtliche „Schicksal“ der Freiheitsberaubung teilt (in beiden Fällen keine Strafbarkeit), ist § 240 StGB, wenn sich – wie hier – der Nötigungserfolg auf die Erduldung einer Freiheitsberaubung beschränkt, neben § 239 StGB nicht in Ansatz zu bringen (BGHSt 30, 235). In welcher Reihenfolge § 239 StGB und § 223 StGB geprüft werden, ist, weil sie im Unwert gleichviel wiegen, einerlei.

Was den objektiven und subjektiven Tatbestand angeht, sind bei beiden Strafnormen keine nennenswerten Schwierigkeiten zu überwinden. Spitzfindigen Bearbeitern wird allerdings auffallen, dass A einem Eigenschaftsirrtum aufgesessen ist, der einem error in persona vergleichbar ist: Mit Z hat A objektiv einen Menschen angegriffen, dessen Unschuld sich später erwiesen hat. Subjektiv ging A davon aus, er habe den nächtlichen Missetäter vor sich. Dass dieser Irrtum nicht zählt, ist hier sogar noch deutlicher als bei einem „klassischen“ error in persona. A ist einem den Tatbestandsvorsatz unangetastet lassenden Motivirrtum erlegen, weil Fehlvorstellungen über das „Vorleben“ des Opfers außertatbestandliche Momente betreffen.

Die eigentlichen Sachprobleme stellen sich erst jenseits des Tatbestands ein. Relativ schnell lässt sich noch dartun, dass das Verhalten des A objektiv nicht gerechtfertigt ist. Notwehr (§ 32 StGB) scheitert bereits daran, dass das Eigentum des A von Z nicht angegriffen worden ist. Die vorläufige Festnahme (§ 127 Abs. 1 StPO) entfällt ebenfalls, weil Z die Straftat der Sachbeschädigung nicht begangen hat. Übrig bleibt die zivilrechtliche Selbsthilfe nach § 229 BGB, die der Durchsetzung oder Sicherung eines eigenen Anspruchs dient. Für sie ist aber naturgemäß nur Raum, wenn sich die Selbsthilfehandlung des Anspruchsberechtigten gegen den wirklichen Schuldner richtet.

Der Erlaubnistatbestandsirrtum (hier in Gestalt einer Putativselbsthilfe) und seine methodische Behandlung

Die sich anschließende Frage ist, ob dem A ein Erlaubnistatbestandsirrtum bzw. eine Putativrechtfertigung zugesprochen werden kann. Ein solcher Irrtum ist gegeben, wenn der Täter von einer Sachlage ausgeht, die, wenn tatsächlich gegeben, sein Verhalten rechtfertigen würde.

1. Dabei ist zu betonen, dass zunächst untersucht werden muss, ob überhaupt der Befund eines Erlaubnistatbestandsirrtums gegeben ist. Erst danach heißt es, sich den Rechtsfolgen dieses Irrtums zuzuwenden. Gerade bei Studienanfängern ist die Versuchung groß, die Konstellation eines Erlaubnistatbestandsirrtums vorschnell zu bejahen und sogleich auf die „Theorien" einzugehen. So wäre es in casu verfehlt, kurzerhand von einer Putativnotwehr auszugehen oder den Erlaubnistatbestandsirrtum auf § 127 Abs. 1 StPO zu beziehen. Übersehen würde dabei, dass auch nach der Vorstellung des A die Voraussetzungen beider Rechtfertigungsgründe nicht erfüllt sind: A ging ja nicht von einem „gegenwärtigen" Angriff des Z aus (§ 32 StGB) und glaubte auch nicht, er habe Z „auf frischer Tat betroffen" (§ 127 Abs. 1 StPO). Es ist also geboten, vorab akribisch und sorgfältig zu prüfen, ob unter Zugrundelegung der Annahmen des Täters sämtliche Merkmale der jeweiligen Erlaubnisnorm erfüllt sind. Diese Prüfung kann dann ergeben, dass in Wahrheit nur ein bloßer Verbotsirrtum (§ 17 StGB) vorliegt, etwa weil der Handelnde die Tragweite oder den Umfang eines Rechtfertigungsgrundes falsch eingeschätzt bzw. überdehnt hat.

Ein Erlaubnistatbestandsirrtum kommt hier allein mit Blick auf die §§ 229, 230 BGB in Betracht. Explizit geregelt ist diese Putativselbsthilfe im Übrigen in § 231 BGB, der daran eine verschuldensunabhängige Schadensersatzpflicht knüpft. Der Text dieser Vorschrift kann ohne Weiteres als Ausgangspunkt für die Prüfung herangezogen werden: A müsste „eine der in § 229 BGB bezeichneten Handlungen in der irrigen Annahme vorgenommen haben, dass die für den Ausschluss der Widerrechtlichkeit erforderlichen Voraussetzungen vorhanden seien".

Zu diesen Voraussetzungen gehören im Einzelnen (vgl. auch *Kindhäuser*, Lehr- und Praxiskommentar, StGB, 3. Aufl. 2006, Vor §§ 32-35 Rn. 66):

1. Die Selbsthilfesituation
   a) Der Täter hat einen eigenen fälligen Anspruch gegen den Betroffenen.
   b) Ohne sofortiges Eingreifen besteht die Gefahr, dass die Verwirklichung des Anspruchs vereitelt oder wesentlich erschwert wird.
   c) Obrigkeitliche Hilfe ist nicht rechtzeitig zu erlangen.
   d) Im Fall der Festnahme: Fluchtverdacht
2. Die Selbsthilfehandlung
   a) Von § 229 BGB zugelassenes Selbsthilfemittel
   b) Die Erforderlichkeit zur Gefahrenabwendung (§ 230 Abs. 1 BGB)
3. Handeln zum Zwecke der Selbsthilfe (= subjektives Rechtfertigungselement)

Bei all diesen (objektiven) Erfordernissen ist als Prämisse die Vorstellung des Täters – hier des A – zugrunde zu legen. Hiernach hat A sich einen Schadensanspruch gegen Z (aus §§ 823 Abs. 1, 823 Abs. 2 BGB i.V. mit § 303 Abs. 1 StGB) zugeschrieben. Aus seiner Sicht war zudem zu befürchten, dass er diesen Anspruch faktisch nicht hätte durchsetzen können, wenn er Z nicht gestellt hätte. Bis zum Eintreffen der Polizei war des Weiteren hoheitliche Hilfe nicht zu erreichen. Als A den Z erspähte, hätte er zwar theoretisch sogleich die Polizei verständigen können. Diese wäre aber voraussichtlich zu spät gekommen und hätte Z in der Menschenmenge nicht mehr aufgefunden. Weil A in Z einen Straftäter sah und Z sich überdies – in Erwartung der Polizei – verzweifelt wehrte, ist A die ganze Zeit über auch davon ausgegangen, Z könnte sich seiner Verantwortung durch Flucht entziehen.

Was die Selbsthilfehandlung angeht, hat A sich auf nach § 229 BGB erlaubte Maßnahmen verlegt: die Festnahme und – was für § 223 StGB relevant ist – die Widerstandsbeseitigung. Die Erforderlichkeit i.S. des § 230 Abs. 1 BGB ist gleichbedeutend mit der Erforderlichkeit bei der Notwehr (§ 32 Abs. 2 StGB): Das Mittel muss zum einen geeignet sein, den Anspruch zu sichern, und zum anderen darf dem Anspruchsinhaber kein milderes Mittel zur Verfügung stehen. Das Festhalten des Z zu dem Zwecke, Ausweispapiere bei ihm zu suchen und danach seine Personalien zu erfragen, war allemal ein taugliches Vorgehen. Dies trifft aber auch auf die Zeit zwischen Anruf und Ankunft der Polizei zu. Von der Polizei hat A – im Übrigen zu Recht – erwartet, sie werde die Identität des Z feststellen und damit zur Sicherung seines Anspruchs beitragen.

Schließlich war das Verhalten des A, seine Vorstellung als wahr unterstellt, dass schonendste Mittel. Den Z bloß zur Rede stellen, hätte aus der Sicht des A nicht weiter geholfen. Das kraftvolle über ein einfaches Festhalten hinausgehende Zugreifen, das mit der Verursachung von Blutergüssen verbunden war, erschien notwendig, um die Gegenwehr des Z zu unterbinden. A war nach alledem in einem Erlaubnistatbestandsirrtum verfangen.

2. Erst jetzt ist in einem zweiten Schritt zu klären, welche Rechtswirkung dieser Befund nach sich zieht. Dieses Problem wird erfahrungsgemäß von Studenten in besonderem Maße gefürchtet, gilt es doch, eine Reihe von Theorien „abzuarbeiten", bei deren Darstellung man Gefahr läuft, dass sich Fehler einschleichen. Für weitere Irritationen sorgt der Umstand, dass man nicht recht weiß, an welcher Stelle im Deliktsaufbau die Thematik zu verorten ist. Je nach Theorie ist nämlich entweder der subjektive Tatbestand (so die modifizierte Vorsatztheorie und die Lehre von den negativen Tatbestandsmerkmalen) oder die Rechtswidrigkeit (Lehre vom Wegfall des Vorsatzunrechts) oder aber die Schuld (strenge Schuldtheorie sowie die rechtsfolgenverweisende eingeschränkte Schuldtheorie) betroffen (vgl. dazu im Einzelnen *Valerius*, Einführung in den Gutachtenstil, 2. Aufl. 2007, S. 131 ff.).

   a) Diesseits wird empfohlen, einen Prüfungsansatz zu wählen, der vielleicht auf der ersten Blick recht eigenwillig erscheint: Man steigt ein mit der Bemerkung, dass der – zuvor festgestellte – Erlaubnistatbestandsirrtum im Gesetz nicht ausdrücklich geregelt ist. Das StGB kennt nur den Tatbestandsirrtum (§ 16 Abs. 1 StGB) und den Verbotsirrtum (§ 17 StGB). Von daher ist zu entscheiden, zu welcher dieser beiden Irrtumsarten die größere

Sachnähe besteht. Ist also der Erlaubnistatbestandsirrtum eher dem Tatbestandsirrtum oder dem Verbotsirrtum wesensverwandt (vgl. dazu auch *Stratenwerth / Kuhlen*, Strafrecht, Allgemeiner Teil I, 5. Aufl. 2004, § 9 Rn. 158, 162)?

Die Vorteile bei dieser Vorgehensweise liegen darin, dass man sich und dem Leser das schematisch wirkende „Abklappern" der einzelnen Theorien erspart. Stattdessen ist man sogleich bei den Sachargumenten, die ja ohnehin im Vordergrund zu stehen haben. Außerdem wird so dem Umstand Rechnung getragen, dass die unterschiedlichen „§ 16-Lösungen" (kein Vorsatz; kein Vorsatzunrecht; keine Vorsatzschuld) immer auf das gleiche Ergebnis hinauslaufen und nur konstruktiv voneinander abweichen. Relevant werden sie nur, wenn Teilnehmer auf den Plan treten, weil dann deren Strafbarkeit vom Vorliegen einer vorsätzlichen Haupttat abhängt.

Erweist sich der Irrtum als nichtfahrlässig bzw. unvermeidbar, wäre zu bedenken, ob man nicht den Streit insgesamt auf sich beruhen lassen kann, weil der Weg über die „§ 17-Lösung" (strenge Schuldtheorie) ebenfalls in die Straflosigkeit führt (so der Vorschlag von *Graul*, JuS 1992, L 49, 52). Das ist sicher bequem, erscheint aber zumindest dann wenig glücklich, wenn ein Fahrlässigkeitstatbestand existiert, weil in einem solchen Fall die Prüfung jeweils unterschiedlich verläuft.

Auf den Fall zugeschnitten: Folgt man der strengen Schuldtheorie, wäre dem A im Rahmen von § 223 StGB auf der Ebene der Schuld ein unvermeidbarer Verbotsirrtum zuzusprechen. Nach § 17 S. 1 StGB handelte er dann „ohne Schuld", mit der Folge, dass die Untersuchung insgesamt abzuschließen wäre. Das liegt anders bei den „§ 16-Lösungen". Danach müsste – entsprechend § 16 Abs. 1 S. 2 StGB – von § 223 StGB auf § 229 StGB umgestiegen und dort gefragt werden, ob der Irrtum des A über die rechtfertigende Sachlage bei pflichtgemäßer Sorgfalt hätte vermieden werden können.

Die strenge Schuldtheorie zu favorisieren, ist angesichts der erdrückenden Übermacht der Gegenposition und der Stichhaltigkeit ihrer Argumente nicht ratsam. Die Begründungen, mit denen die strenge Schuldtheorie aus dem Feld geschlagen werden kann, sollten geläufig sein. Angeführt werden kann im Einzelnen, dass sowohl die Unkenntnis der zum gesetzlichen Tatbestand gehörenden Umstände (§ 16 Abs. 1 S. 1 StGB) als auch die irrtümliche Annahme einer rechtfertigenden Sachlage Irrtümer über Tatsachen darstellen und nicht – wie bei § 17 StGB – Bewertungsirrtümer. Den Verbrechensstufen „Tatbestand" und „Rechtswidrigkeit" fällt zudem die gleiche Funktion zu, nämlich das endgültige Unrechtsurteil gegen den Täter festzulegen. Von daher ist es nur konsequent, hier wie dort mit gleichen Regeln zu arbeiten und die irrige Annahme eines rechtfertigenden Sachverhalts einem auf den Verbotstatbestand bezogenen Irrtum gleichzustellen. In beiden Fällen fehlt das (subjektive) Handlungsunrecht, nur mit dem Unterschied, dass beim Tatbestandsirrtum von vornherein kein Handlungsunwert gegeben ist, während beim Erlaubnistatbestandsirrtum der durch den Vorsatz begründete Handlungsunwert wieder aufgehoben wird. Das ändert aber nichts daran, dass – so oder so – der Täter von Vorstellungen geleitet wird, die bei objektiver Beurteilung auf ein rechtlich erlaubtes Tun hinauslaufen (*Roxin*, Strafrecht, Allgemeiner Teil I, 4. Aufl. 2006, § 14 Rn. 64).

Darüber hinaus ist zu berücksichtigen, dass es, wie etwa das Beispiel der Einwilligung zeigt, oftmals zweifelhaft ist, ob bestimmte Umstände schon den Tatbestand begrenzen oder erst die Rechtswidrigkeit ausschließen. Für die strenge Schuldtheorie wäre aber diese dogmatische Zuordnung ausschlaggebend. Bei entsprechenden Irrtümern müsste sie im ersten Fall auf einen Tatbestandsirrtum erkennen und im zweiten einen Verbotsirrtum annehmen. Das wäre ungereimt und stünde im Widerspruch zu der Erkenntnis, dass es im Grunde keine trennscharfe Grenze zwischen Tatbestandsbeschränkung und Rechtfertigung gibt.

b) Für den Klausurbearbeiter bleibt die Frage nach dem passenden „Standort" des Erlaubnistatbestandsirrtums. Im Folgenden wird er dem Verbrechensmerkmal der Rechtswidrigkeit zugeschlagen. In der Sache ist damit natürlich entschieden, welcher der „§ 16-Lösungen" man zuneigt (nämlich der Lehre vom fehlenden Vorsatzunrecht). Gleichwohl ist es unnötig, diese Einordnung gegen die konkurrierenden Modelle (Lehre von den negativen Tatbestandsmerkmalen; rechtsfolgenverweisende eingeschränkte Schuldtheorie) zu verteidigen. Wie stets gilt auch hier der Grundsatz, dass Aufbautechnisches in der Falllösung nicht zu begründen ist.

Es wurde bereits darauf hingewiesen, dass nach dem Ausfall der Vorsatztat nach § 223 StGB auf § 229 StGB einzugehen ist (vgl. das Aufbaumuster einer Fahrlässigkeitstat bei Fall 3, S. 37). Aufhänger für die Frage, ob A ein objektiver Sorgfaltspflichtenverstoß zur Last gelegt werden kann, ist seine Fehlvorstellung: Hätte er bei Anwendung der im Verkehr erforderlichen Sorgfalt erkennen können, dass es sich bei Z um einen Unbeteiligten handelt? Insoweit sind die – wenn auch spärlichen – Angaben im Sachverhalt auszuwerten (ungewöhnlicher Kapuzenpulli; A hat das Gesicht des H gesehen; Z trug keine Ausweispapiere bei sich und gab seine Personalien nicht preis; evtl. auch die Gegenwehr). Ihrer eingedenk ist nach Lage der Dinge davon auszugehen, dass A den Sorgfaltsanforderungen gerecht geworden ist.

Der schriftliche Lösungsplan

Unsere Vorüberlegungen könnten sich in folgender schriftlicher Lösungsskizze niederschlagen:

I. Strafbarkeit des A aus § 239 I
   1. OTB
      Freiheitsberaubung auf andere Weise (+)

2. STB = Vorsatz (+), Irrtum über die Tätereigenschaft des Z irrelevant
3. RW
   a) Objektive Rechtfertigung
      aa) § 32 (–), kein Angriff von Seiten des Z
      bb) § 127 I StPO (–), Z nicht Täter
      cc) §§ 229, 230 BGB (–), Z nicht Schuldner
   b) Putativrechtfertigung
      aa) Irrige Annahme der Voraussetzungen der §§ 229, 230 BGB (+)
      bb) Rechtsfolge des Erlaubnistatbestandsirrtums
         Tatbestandsirrtum (eingeschränkte Schuldtheorien) oder Verbotsirrtum (strenge Schuldtheorie); Argumente für die „§ 16-Lösung"
4. Ergebnis: § 239 I (–), Fahrlässigkeit steht nicht unter Strafe

II. Strafbarkeit des A § 223
1. OTB
   a) Körperliches Misshandeln (+)
   b) Gesundheitsschädigung (+)
2. STB = Vorsatz (+)
3. RW
   a) keine objektive Rechtfertigung
   b) Putativselbsthilfe (§§ 229, 230 BGB): (+), § 229 BGB erlaubt auch Widerstandsbeseitigung
   c) Rechtsfolge: wie oben keine Vorsatzhaftung
4. Ergebnis: § 223 (–)

III. Strafbarkeit des A § 229
1. TB
   a) Verletzungserfolg (+)
   b) Fehleinschätzung objektiv sorgfaltswidrig (–)
2. Ergebnis: § 229 (–)

Gesamtergebnis: A geht straflos aus.

Klausurlösung

I. Strafbarkeit des A aus § 239 Abs. 1 StGB

A könnte sich dadurch, dass er Z festgehalten hat, wegen Freiheitsberaubung nach § 239 Abs. 1 StGB strafbar gemacht haben.

1. Objektiver Tatbestand

A hat Z für geraume Zeit festgehalten und damit dessen Freiheit, sich fortzubewegen, aufgehoben. A hat demnach auf andere Weise einen Menschen der Freiheit beraubt. Der objektive Tatbestand ist erfüllt.

2. Subjektiver Tatbestand

A handelte wissentlich und willentlich, mithin vorsätzlich. A nahm allerdings irrig an, der von ihm Festgenommene sei die Person, die seinen Wagen demoliert habe. Diese Fehlvorstellung betrifft aber nur eine bestimmte Eigenschaft des Opfers und hat deshalb auf den Vorsatz keinen Einfluss. Der subjektive Tatbestand ist gleichfalls gegeben.

3. Rechtswidrigkeit

a) Objektive Rechtfertigung

Das Unrecht der Tat wäre ausgeschlossen, wenn dem A eine Erlaubnisnorm zur Seite stünde. Zu denken ist zunächst an Notwehr, § 32 StGB. Weil es sich bei Z nicht um den Schädiger handelte, fehlt es jedoch schon an einem Angriff i.S. des § 32 Abs. 2 StGB. Aus dem gleichen Grund entfällt eine aus § 127 Abs. 1 StPO abgeleitete Festnahmebefugnis, die eine Straftat des Festgenommenen voraussetzt. Möglicherweise kann A sich aber auf die zivilrechtliche Selbsthilfe nach §§ 229, 230 BGB berufen. Das Selbsthilferecht dient dazu, die faktische Durchsetzung eigener Ansprüche zu sichern. Von daher kann Selbsthilfe nur gegen den Schuldner geübt werden. Damit scheidet auch eine Rechtfertigung über §§ 229, 230 BGB aus. Das Festhalten des Z war objektiv rechtswidrig.

b) Putativrechtfertigung

aa) A könnte einem Erlaubnistatbestandsirrtum erlegen sein. Ein solcher Irrtum ist gegeben, wenn der Täter von einer Sachlage ausgeht, die, wenn sie vorläge, sein Verhalten rechtfertigen würde. Mit Blick auf § 32 StGB sowie § 127 Abs. 1 StPO kann das nicht angenommen werden, weil A sich weder einen „gegenwärtigen" Angriff noch ein Betreffen auf „frischer" Tat vorgestellt hat. A könnte aber in der irrigen Annahme gehandelt haben, die Voraussetzungen der Selbsthilfe seien vorhanden.

A glaubte, er habe mit Z den Schädiger vor sich, den er aus Deliktsrecht (§ 823 BGB) auf Schadensersatz in Anspruch nehmen könnte. Nach seiner Vorstellung bestand auch die Gefahr, dass er, wenn er Z unbehelligt ließe, seine Forderung nie hätte geltend machen können. Zum Zeitpunkt seines Zugriffs war überdies obrigkeitliche Hilfe nicht rechtzeitig erreichbar. Wenn A sich darauf verlegt hätte, sogleich die Polizei anzurufen, wäre Z bei ihrem Eintreffen höchstwahrscheinlich nicht mehr zu greifen gewesen.

Nach § 229 BGB muss schließlich im Fall der Festnahme Fluchtverdacht bestehen. Bestimmte äußere Umstände müssen darauf hindeuten, dass der Anspruchsgegner ohne seine Sistierung fliehen wird. Weil A den Z als Straftäter erachtete, dieser seine Personalien verschwieg und vor allem weil Z – augenscheinlich aus Furcht vor der Polizei – Widerstand leistete, ist A von Fluchtverdacht ausgegangen. Er hat sich somit irrig eine Selbsthilfesituation vorgestellt.

Des Weiteren müsste A sich, seine Annahme als wahr unterstellt, auf eine erlaubte Selbsthilfehandlung besonnen haben. § 229 BGB lässt ausdrücklich eine Festnahme und damit eine tatbestandliche Freiheitsberaubung zu. Erforderlich gem. § 230 Abs. 1 BGB wäre diese Maßnahme gewesen, wenn sie ein taugliches Mittel zur Anspruchssicherung und zugleich das mildeste Mittel darstellen würde. Das Festhalten des Z, um seine Identität festzustellen bzw. um später seine Identität durch die Polizei feststellen zu lassen, war geeignet, die Durchsetzung des Anspruchs abzusichern. Die Festnahme war zudem auch das schonendste Mittel. Ohne sie hätte Z – aus der Sicht des A – sicher das Weite gesucht.

Nach allem ist die Fehleinschätzung des A als Erlaubnistatbestandsirrtum zu klassifizieren.

bb) Zu klären bleibt, welche Rechtsfolgen aus diesem Irrtum erwachsen. Der Erlaubnistatbestandsirrtum ist im StGB – anders als der Tatbestandsirrtum (§ 16 Abs. 1 StGB) und der Verbotsirrtum (§ 17 StGB) – nicht ausdrücklich geregelt. Demnach ist darüber zu befinden, zu welcher dieser beiden positivrechtlichen Irrtumsformen die größere Sachverwandtschaft besteht.

Dass der Erlaubnistatbestandsirrtum eher einem Tatbestandsirrtum gleichzustellen ist, ergibt sich schon daraus, dass es sich bei beiden Kategorien grundsätzlich nicht um Bewertungsirrtümer, sondern um Sachverhaltsirrtümer handelt. Ein Unterschied besteht nur insoweit, als beim Tatbestandsirrtum der Täter Merkmale nicht kennt, die dem Verbotstatbestand zugehörig sind, während er bei der Putativrechtfertigung von Umständen ausgeht, die einen Erlaubnistatbestand begründen. In beiden Fällen muss man aber dem Täter attestieren, dass seine Vorstellungen – objektiv bewertet – auf kein unerlaubtes Handeln gerichtet sind; hier wie dort fehlt also das subjektive Handlungsunrecht.

Der Erlaubnistatbestandsirrtum steht damit dem Tatbestandsirrtum näher. Infolgedessen ist die Regel des § 16 Abs. 1 StGB heranzuziehen. A ist so zu behandeln, als habe er vorsatzlos gehandelt.

4. Ergebnis

A hat sich keiner Freiheitsberaubung nach § 239 Abs. 1 StGB schuldig gemacht.

II. Strafbarkeit des A aus § 223 StGB

A hat so kräftig zugegriffen, dass Z an beiden Oberarmen Blutergüsse erlitten hat. Mit Rücksicht darauf könnte sich A aus § 223 StGB wegen Körperverletzung strafbar gemacht haben.

1. Objektiver Tatbestand

A könnte Z körperlich misshandelt haben. Damit gemeint ist ein übles, unangemessenes Behandeln, durch das entweder die körperliche Unversehrtheit oder das körperliche Wohlbefinden nicht nur unerheblich beeinträchtigt wird. Das feste

Zupacken hat bei Z Hämatome verursacht. Damit hat Z – neben den Schmerzen – eine Substanzschädigung erfahren. Ein Bluterguss macht zudem einen Heilungsprozess erforderlich, so dass A den Z darüber hinaus auch an der Gesundheit geschädigt hat.

Der objektive Tatbestand ist in beiden Handlungsalternativen gegeben.

2. Subjektiver Tatbestand

Die innere Tatseite setzt Vorsatz voraus. Es ist davon auszugehen, dass A zumindest mit der Möglichkeit rechnete, Z könne aufgrund des kraftvollen Haltegriffs Schaden an Körper und Gesundheit nehmen. Dies hat er auch in Kauf genommen. Somit liegt jedenfalls bedingter Vorsatz vor.

3. Rechtswidrigkeit

Wie bereits oben festgestellt, war das Vergehen des A bei objektiver Beurteilung widerrechtlich. Auch hier könnte jedoch mit Blick auf die §§ 229, 230 BGB ein Erlaubnistatbestandsirrtum zu bejahen sein. A, der mit Z seinen Schuldner vor sich glaubte, ist – wie ebenfalls schon aufgezeigt – vom Vorliegen einer Selbsthilfesituation ausgegangen. Fraglich ist indes, ob das zivilrechtliche Selbsthilferecht auch Körperverletzungen deckt.

Für das Festnahmerecht nach § 127 Abs. 1 StPO ist anerkannt, dass die Vorschrift auch leichte Körperverletzungen rechtfertigt, sofern sie mit der Festnahme einhergehen und für diese unerlässlich sind. Im Zusammenhang mit § 229 BGB kann nichts anderes gelten. Das wird dadurch bekräftigt, dass § 229 BGB über die Festnahme hinaus auch die Beseitigung von Widerstand zulässt, die der Verpflichtete gegen eine Handlung leistet, die zu dulden er verpflichtet ist. Unter Zugrundelegung der Vorstellung des A musste Z die Festnahme hinnehmen. Seinen in der Gegenwehr bestehenden Widerstand durfte A deshalb grundsätzlich brechen. A hat sich dabei darauf beschränkt, seinen Haltegriff zu verstärken. Das hat bei Z nur zu einer minder schweren Körperverletzung geführt. Aus der Sicht des A war dieses Verhalten zudem erforderlich (§ 230 Abs. 1 BGB), weil Z sich sonst hätte befreien und fliehen können. A ist demnach auch in Bezug auf die Körperverletzung einem Erlaubnistatbestandsirrtum erlegen. Wie gesehen, ist dieser einem Tatbestandsirrtum nach § 16 Abs. 1 StGB gleichzusetzen, mit der Folge, dass dem A der Vorsatz abzusprechen ist.

4. Ergebnis

A hat sich keiner vorsätzlichen Körperverletzung nach § 223 StGB schuldig gemacht.

III. Strafbarkeit des A aus § 229 StGB

A könnte sich jedoch wegen fahrlässiger Körperverletzung nach § 229 StGB strafbar gemacht haben.

1. Tatbestand

A hat durch sein Handeln einen Körperverletzungserfolg verursacht. Dabei musste er die im Verkehr erforderliche Sorgfalt außer Acht gelassen haben. Das wäre der Fall, wenn A die Personenverwechslung hätte erkennen können. A war zu Anfang der außergewöhnliche Kapuzenpulli aufgefallen. Auf dieses Indiz hat er sich jedoch nicht verlassen, sondern hat Z näher gemustert. Weil er in der Tatnacht das Gesicht des H gesehen hatte und H und Z in etwa gleichen Alters sind, ist davon auszugehen, dass Z dem Schädiger H täuschend ähnlich sieht. Hinzu kommt, dass es A nicht gelungen ist, die Personalien des Z in Erfahrung zu bringen, und Z sich, statt seine Identität zu offenbaren, verzweifelt wehrte. Aus alledem konnte und durfte A schließen, den wahren Schuldner gefasst zu haben. Seine Fehlvorstellung war deshalb unüberwindlich. Mangels Sorgfaltspflichtenverstoß scheidet der Tatbestand aus.

2. Ergebnis

A hat sich auch nicht wegen fahrlässiger Körperverletzung aus § 229 StGB strafbar gemacht.

Gesamtergebnis

A geht straffrei aus.

Fall 9 „Alkohol am Steuer“

Actio libera in causa
(bearbeitet von Dr. Diana Hembach)

Der alkoholunerfahrene Immobilienmakler M ist abends zu einem Geschäftsessen eingeladen. Er rechnet damit, dass in der Runde viel getrunken wird, und er, wenn auch nur ungern, „mithalten“ muss. Gleichwohl ist er entschlossen, um jeden Preis mit seinem Pkw wieder nach Hause zu fahren. In der Tat wird während des Abendessens und danach ausgiebig gezecht. Man verabschiedet sich, M steigt mit dem Gefühl, nicht mehr fahrsicher zu sein, in seinen Wagen und tritt die Heimfahrt an. Unterwegs gerät er in eine Polizeikontrolle. Die ihm entnommene Blutprobe ergibt zur Tatzeit einen Wert von 3,1 ‰ Blutalkoholkonzentration (BAK).

Beurteilen Sie die Strafbarkeit des M!

Lösung 9 „Alkohol am Steuer“

Die ersten Lösungsschritte

1. Als Strafgrundlage kommt primär § 316 Abs. 1 StGB, die vorsätzliche Trunkenheit im Verkehr in Betracht. Ob darüber hinaus auf § 323a StGB (Vollrausch) einzugehen ist, hängt von dem zu § 316 StGB aufgefundenen Ergebnis ab. Sollte sich insoweit herausstellen, dass M infolge seines Rausches schuldunfähig war und auch über die Grundsätze der actio libera in causa (im Folgenden alic; lat.: für eine in der Ursache freie Handlung) nicht aus § 316 Abs. 1 StGB bestraft werden kann, ist § 323a StGB selbstverständlich schulmäßig zu prüfen. Könnte M dagegen aus § 316 Abs. 1 StGB belangt werden, bliebe für den Auffangtatbestand des Vollrausches kein Raum; das Delikt braucht dann entweder gar nicht oder nur kurz angesprochen zu werden.
2. Auf den ersten Blick erkennbar ist, dass sich im Rahmen von § 316 Abs. 1 StGB auf der Ebene der Schuld das Problem der alic stellt. Darauf ist die Klausuraufgabe ersichtlich zugeschnitten. Dies darf aber nicht dazu verleiten, sich nur auf diesen Schwerpunkt zu konzentrieren und die übrigen Merkmale des § 316 Abs. 1 StGB zu vernachlässigen. Im Einzelnen:
   a) So ist innerhalb des objektiven Tatbestands darzutun, dass M im Straßenverkehr ein Fahrzeug geführt hat, obwohl er infolge des zuvor getrunkenen Alkohols außerstande war, das Fahrzeug sicher zu führen. Die BAK betrug bei M zur Tat- bzw. Fahrtzeit 3,1 ‰. Mit diesem Wert lag M weit über dem Grenzwert, der die sog. absolute Fahrunsicherheit auslöst, nämlich 1,1 ‰ (BGHSt 37, 89). Ab diesem Mindestwert wird für Kraftfahrzeugführer die Verkehrsuntüchtigkeit unwiderlegbar vermutet; Gegenbeweise sind ausgeschlossen.
   b) Der Vorsatz des M müsste auch die Fahrunsicherheit umfassen. Hier droht der Fehler, den Vorsatz damit zu belegen, dass M im Vorfeld einkalkuliert hat, die Heimfahrt möglicherweise betrunken anzutreten. Diese Vorstellung kann aber als sog. dolus antecedens M nicht belasten, weil es nach § 16 Abs. 1 S. 1 StGB auf die Kenntnis „bei Begehung der Tat“ ankommt. Spekulationen darüber, ob bei einem so hohen Promille-Wert Vorsatz – hier bezüglich der Fahrunsicherheit – überhaupt möglich und denkbar ist, lägen neben der Sache. Insoweit hat der Sachverhalt Vorsorge getroffen: M besteigt seinen Pkw mit dem Gefühl, nicht mehr verkehrstüchtig zu sein.
   c) Im Stockwerk der Schuld sind die biologischen und psychologischen Voraussetzungen des § 20 StGB zu erörtern. Früher war anerkannt, dass BAK-Werte von 3 ‰ an aufwärts stets den Anwendungsbereich des § 20 StGB eröffnen (BGH, NJW 1991, 852). Von dieser schematischen Festlegung ist man aber heute abgerückt. Je nach Einzelfall könne Schuldunfähigkeit

auch schon bei Werten unter 3,0 ‰ oder – umgekehrt – erst bei Werten weit darüber gegeben sein (BGH, NStZ 2005, 90, 329). Gleichwohl entfaltet der konkrete Promille-Wert, auch wenn er nicht mehr das alleinige Bewertungskriterium darstellt, nach wie vor noch eine gewichtige Indizwirkung: Nach der Rechtsprechung besteht jedenfalls dann, wenn eine BAK von 3,0 ‰ erreicht ist, Veranlassung, auf § 20 StGB einzugehen (BGH, NStZ 1995, 539).

So gesehen, lassen sich die 3 ‰ BAK (bei § 21 StGB: 2,0 ‰) als Richtwert veranschlagen. Unter normalen Umständen sind Täter mit diesem Alkoholisierungsgrad schuldunfähig. Anhaltspunkte, dass es bei M anders liegen könnte, sind nicht ersichtlich. Im Gegenteil: Weil M keine Erfahrung mit Alkohol hat, ist davon auszugehen, dass er erst recht in den Bereich des § 20 StGB fällt.

Uneinigkeit besteht allerdings darüber, unter welche Alternative der Alkoholrausch zu subsumieren ist. Medizinisch betrachtet, bedeutet der Rauschzustand eine Intoxikation (Vergiftung), mit der Folge, dass eine krankhafte seelische Störung anzunehmen wäre. Auf der anderen Seite könnte aber auch, legt man den allgemeinen Sprachgebrauch zugrunde, eine – nicht krankhafte – tiefgreifende Bewusstseinsstörung gegeben sein. In der Sache ist dieser Streit völlig belanglos; praktische Konsequenzen erwachsen daraus nicht. Man sollte es deshalb in der Klausur so halten, wie es gelegentlich auch der BGH (BGHSt 37, 231, 239) tut: Der Trunkenheitszustand bedeutet entweder eine krankhafte seelische Störung oder eine tiefgreifende Bewusstseinsstörung.

Die weitere Frage ist, wie man mit den psychologischen Erfordernissen des § 20 StGB – das fehlende Einsichts- oder Steuerungsvermögen – umzugehen hat. Bei Licht besehen sind diese Merkmale ohne Eigenwert. Denn die Bewertung, ob und ggf. in welchem Umfang die Einsicht oder die Steuerungsfähigkeit beeinträchtig sind, fließt bereits in die Feststellung der „Eingangsmerkmale“ (krankhafte seelische Störung bzw. tiefgreifende Bewusstseinsstörung) mit ein (näher dazu *Fischer*, StGB, 56. Aufl. 2009, § 20 Rn. 45). Für das Vorliegen dieser Defekte ist u.a. auch der Zusammenhang zwischen Störung und konkreter Tat maßgeblich. Mit Rücksicht darauf können die psychologischen Voraussetzungen schlicht aus dem Befund der psychischen Störung abgeleitet werden.

3. Sollte es, weil § 316 Abs. 1 StGB ausfällt, notwendig werden, § 323a StGB von Grund auf zu erörtern, gilt es, folgende Besonderheiten zu bedenken: Der Unrechtstatbestand des Vollrausches erschöpft sich darin, dass sich der Täter durch Alkohol oder andere berauschende Mittel in einen Rausch mit nicht auszuschließender Schuldunfähigkeit versetzt. Nur darauf brauchen sich Vorsatz oder Fahrlässigkeit zu beziehen. Die rechtswidrige Tat, die der Täter im Rauschzustand verübt, stellt eine objektive Bedingung der Strafbarkeit dar (vgl. die Aufbauempfehlungen bei Fall 2, S. 26). Das Begehen der Rauschtat

muss also – nach h.M. – für den Täter nicht einmal vorhersehbar gewesen sein (BGHSt 16, 124 ff.). Nur vereinzelt wird das anders gesehen und verlangt, dass zumindest ein Erkennenkönnen der Rauschgefährlichkeit erforderlich sei (OLG Hamm, NStZ 2009, 40). Um sicher zu gehen und auch dieser Meinung Rechnung zu tragen, sollte in der Falllösung darauf hingewiesen werden, dass M dem Alkohol in Fahrbereitschaft zugesprochen hat. Die spätere Rauschtat (§ 316 Abs. 1 StGB) war damit für ihn absehbar.

Die actio libera in causa (alic) und ihre methodische Behandlung

Für § 316 Abs. 1 StGB ist festzustellen, dass die Schuld des M an sich gem. § 20 StGB ausgeschlossen ist. Möglicherweise findet jedoch eine Korrektur dieses Ergebnisses statt. Nach der Rechtsfigur der alic, die sich gewohnheitsrechtlich entwickelt hat, könnte M dennoch aus § 316 Abs. 1 StGB verantwortlich sein. Der alic geht es bekanntlich darum, Schulddefizite bei der eigentlichen Tat durch eine zeitlich vorverlegte Verantwortlichkeit zu überbrücken. Weil die Tat selbst dem Täter nicht zum Vorwurf gemacht werden kann, weicht man aus auf ein Verhalten vor Verlust der Schuldfähigkeit: auf das Sichberauschen im Vorfeld des Delikts.

1. Wichtig ist, dass vorab festgestellt wird, ob überhaupt der Befund einer alic gegeben ist. Mit § 316 Abs. 1 StGB steht eine Vorsatztat in Rede. Von daher ist für den Zeitraum noch vorhandener Schuldfähigkeit ein sog. Doppelvorsatz zu fordern. Der Täter muss zum einen den Vorsatz haben, sich zu berauschen, sich also in den Zustand der Schuldfähigkeit zu versetzen. Zum anderen muss ihm vor Augen stehen, dass er später im Rauschzustand die konkrete Tat begehen wird. Hinzukommen muss also ein vorauseilender deliktischer Vorsatz. Als typisches Beispiel zu nennen ist der Fall, dass der Täter, der ein Verbrechen plant, sich Mut antrinkt, um seine Hemmungen zu beseitigen.

   In casu wies M diesen zweifachen Vorsatz auf: Vor und während des Trinkens war ihm bewusst, dass er viel Alkohol konsumieren würde. Gleichwohl war er fest entschlossen, in jedem Fall zu fahren, selbst dann, wenn er volltrunken sein sollte. Damit hatte M bezüglich des Eintritts der Schuldunfähigkeit Vorsatz zumindest in der Schwachform des dolus eventualis.

2. Erst jetzt ist der Frage nachzugehen, welche Rechtsfolgen aus dem Befund einer vorsätzlichen alic erwachsen. Darum rankt ein heftiger Streit, der sich am Wortlaut des § 20 StGB („ohne Schuld handelt, wer bei Begehung der Tat …") entzündet. Damit schreibt § 20 StGB eindeutig vor, dass der maßgebliche Zeitpunkt für die Schuldbewertung der der Tatbegehung (§ 8 S. 1 StGB) ist. Dies ist der Dreh- und Angelpunkt der Kontroverse, die sich durch die grundlegende Entscheidung des BGH (BGHSt 42, 235 ff.) noch weiter verschärft hat (ausführlich dazu *Hillenkamp*, 32 Probleme aus dem Strafrecht, Allgemeiner Teil, 12. Aufl. 2006, 13. Problem, S. 73 ff.).

a) Einzelheiten beiseite lassend, können im Wesentlichen vier Meinungsgruppen unterschieden werden, die nicht nur in den Ergebnissen, sondern auch konstruktiv auseinanderfallen:

- Erstens die diversen Schuldlösungen, denen das Bemühen gemein ist, § 20 StGB zu „reparieren“, d.h. die Vorschrift so zurecht zu schneiden, dass der Täter dennoch als schuldhaft handelnd anzusehen ist.
- Zweitens die Tatbestandslösungen, die dem Wortlaut des § 20 StGB treu bleiben und den Strafbarkeitsvorwurf auf das frühere Handeln – die Herbeiführung des Defektzustands – verlegen.
- Drittens die differenzierenden Ansichten, die je nach Deliktstyp eine Haftung über den Weg der alic zulassen oder nicht. Dieser Rubrik zugehörig ist die BGH-Rechtsprechung, die die alic bislang nur für den Bereich der Straßenverkehrsdelikte (§§ 316, 315c StGB, 21 StVG) verworfen hat (BGHSt 42, 235, 239 f.), im Übrigen aber an ihr festhält (vgl. BGH, JR 1997, 391; NStZ 1999, 448; 2000, 584). Hierunter zu zählen ist auch die Theorie, die die alic als einen Sonderfall der mittelbaren Täterschaft erachtet: Der Täter macht sich sehenden Auges selbst zum (schuldlos handelnden) Werkzeug. Diese Konstruktion ist nur möglich bei Delikten, die der mittelbaren Täterschaft zugänglich sind. Bei eigenhändigen Delikten – und dazu gehört § 316 StGB – ist demgegenüber eine Zurechnung über die Regeln der mittelbaren Täterschaft ausgeschlossen.
- Viertens die Ansichten, die das Institut der alic, weil contra legem, ausnahmslos ablehnen.

b) Den Meinungsstreit in der Klausur sachgerecht darzustellen, ist schwierig. Das gilt umso mehr, als die unterschiedlichen Modelle jeweils eigene Lösungs- und Prüfungswege einfordern. So ist nach den Schuldlösungen § 316 Abs. 1 StGB nur einmal zu behandeln, wobei bei der Tatbestandserörterung auf das Fahren im verkehrsunsicheren Zustand abzustellen ist. Dies ist zunächst auch Anknüpfungspunkt für die Tatbestandslösungen, die dann aber im Rahmen der Schuld dem M den Schuldausschließungsgrund des § 20 StGB bescheinigen. Konsequenterweise ist nunmehr eine zweite Prüfung des § 316 Abs. 1 StGB nachzuschalten, bei der das Sichberauschen in den Blick zu nehmen ist. Zu klären ist hier, ob das Trinken bereits als „Führen eines Fahrzeugs“ oder zumindest als Beginn der Tatbestandsverwirklichung ausgegeben werden kann. Wenn ja, ist offensichtlich, dass dem M bei dieser „Defektsbegründungshandlung“ § 20 StGB nicht zugute kommt.

Noch anders fiele der Ablauf der Darstellung aus, wenn man sich bei der alic an den Grundsätzen der mittelbaren Täterschaft orientieren würde. Strenggenommen müsste danach, nachdem man festgestellt hat, dass M als unmittelbarer Täter nicht zur Rechenschaft gezogen werden kann, eine weitere Deliktsprüfung vorgenommen werden: „Strafbarkeit des M aus §§ 316 Abs. 1, 25 Abs. 1 2. Alt. StGB". So vorzugehen wäre freilich ein zu großes Wagnis, zumal in der Literatur die mittelbare Täterschaft nur als Rechtsgedanke herangezogen wird, um damit die Tatbestandslösung abzusichern bzw. um darzutun, dass bei Verkehrsstraftaten eine alic nicht in Betracht kommt (vgl. *Roxin*, Strafrecht, Allgemeiner Teil I, 4. Aufl. 2006, § 20 Rn. 61 ff.).

c) Für welchen Aufbau soll man sich also entscheiden? Natürlich ist es dem Bearbeiter unbenommen, die Gesamtproblematik in nur einer Deliktserörterung aufzufächern. Das wäre jedoch mit dem Nachteil verbunden, dass man die einzelnen Konzepte schematisch hintereinander „abzuarbeiten" hätte und zudem ihren aufbautechnischen Eigenarten nicht gerecht würde. Vorgeschlagen wird deshalb eine zweistufige Prüfungsweise; nämlich:

1. § 316 Abs. 1 StGB durch die Verkehrsteilnahme
2. § 316 Abs. 1 StGB durch den Alkoholverzehr

d) Innerhalb der ersten Prüfung hat man sich mit den Schuldlösungen auseinanderzusetzen. Nach dem sog. Ausdehnungsmodell soll dabei die in § 20 StGB enthaltene Formulierung „bei Begehung der Tat" erweitert werden auf ein vortatbestandliches, auf die Tatbestandserfüllung bezogenes Verhalten. Die Vertreter des sog. Ausnahmemodells plädieren demgegenüber darauf, dass bei der alic das Erfordernis „bei Begehung der Tat" aus dem Gesetz zu streichen oder die Präposition „bei" durch „bezüglich der" zu ersetzen ist. Diese Ausnahme vom Koinzidenzprinzip des § 20 StGB entspräche richterlicher Rechtsfortbildung und sei gewohnheitsrechtlich legitimiert.

Dem lässt sich – im Einklang mit BGHSt 42, 235, 240 ff. – entgegenhalten, dass beide Auffassungen den eindeutigen Wortlaut des § 20 StGB missachten. Die Umschreibung „bei Begehung der Tat" findet sich auch in den §§ 16, 17 StGB und wird dort nicht auf zeitlich vorgelagerte Handlungen ausgedehnt. Aus logisch-systematischen Gründen muss das Gleiche für § 20 StGB gelten. Das Erfordernis unter Berufung auf Gewohnheitsrecht sprachlich umzugestalten oder es gar als nicht vorhanden zu betrachten, ist nicht zu vereinbaren mit dem Gesetzlichkeitsprinzip des Art. 103 Abs. 2 GG (§ 1 StGB), wonach die Heranziehung von Gewohnheitsrecht zu Lasten des Täters nicht statthaft ist.

Hat man mit diesen gewichtigen Argumenten den Schuldlösungen eine Absage erteilt, hat der Umstieg auf die zweite Erörterung – das Sichberauschen – zu erfolgen. Hier stellt sich das Problem der alic bereits im objektiven Tatbestand beim Handlungsmerkmal. Das „Führen" eines Fahrzeugs setzt voraus, dass das Fahrzeug in Bewegung gesetzt wird (BGHSt 35, 390, 394): „Die Räder müssen rollen". Entgegen früherer Rechtsprechung reichen dafür selbst Vorbereitungshandlungen, die unmittelbar dem Anfahren vorangehen (Motor anlassen, Handbremse lösen, Licht einschalten usw.)

nicht aus. Deshalb kann ein Trinken in Fahrbereitschaft, das der eigentlichen Tathandlung zeitlich noch weiter vorgelagert ist, erst recht nicht unter ein „Führen" subsumiert werden (BGHSt 42, 235, 240).

Es sollte dann noch angefügt werden, dass auch das Begründungsmodell der mittelbaren Täterschaft nicht weiterhilft: Bei § 316 StGB handelt es sich um ein eigenhändiges Delikt (BGHSt 18, 6), das dieser Täterschaftsform nicht – auch nicht im Fall der Täter-Werkzeug-Identität – offensteht.

Der schriftliche Lösungsplan

Ergebnis der Vorüberlegungen könnte das nachfolgende Lösungskonzept sein:

I. Strafbarkeit des M aus § 316 I (Heimfahrt)
  1. OTB
    a) Führen eines Fahrzeugs im Straßenverkehr (+)
    b) Vorangegangener Genuss von Alkohol (+)
    c) Fahrunsicherheit (+), ab 1,1 ‰ absolute Fahruntüchtigkeit
  2. STB = Vorsatz zur Zeit der Tat (+), insbes. auch bzgl. der Fahrunsicherheit
  3. RW (+)
  4. Schuld
    a) § 20
      aa) biologischer Defektzustand (+) idR ab 3 ‰; hier zudem Alkoholunerfahrenheit
      bb) psychologische Voraussetzungen (+)
    b) Korrektur durch alic?
      aa) Befund einer vorsätzlichen alic: Doppelvorsatz (+)
      bb) Schuldlösungen
        (1) Ausdehnungsmodell: widerstreitet den §§ 16, 17
        (2) Ausnahmemodell: mit Art. 103 II GG nicht vereinbar
  5. Ergebnis: insoweit (–)

II. Strafbarkeit des M aus § 316 I (Sichberauschen)
  1. OTB
    a) Führen eines Fahrzeugs
      aa) Tatbestandslösung bei der alic
      bb) zwingend: Bewegungsvorgang
    b) Rechtsgedanke der mittelbaren Täterschaft (–), weil eigenhändiges Delikt
  2. Ergebnis: § 316 I (–)

III. Strafbarkeit des M aus §§ 323a i.V. mit 316 I
  1. OTB
    a) sich durch Alkohol in Rausch versetzen (+)
    b) Schuldunfähigkeit infolge des Rausches (+)
  2. STB = Vorsatz (+)

3. Objektive Strafbarkeitsbedingung: rw. Tat (+), § 316 I; zudem von M vorhergesehen
4. RW (+)
5. Schuld (+), insoweit kein § 20
6. Ergebnis: (+)

Gesamtergebnis

Klausurlösung

I. Strafbarkeit des M aus § 316 Abs. 1 StGB

M könnte sich dadurch, dass er nach dem Geschäftsessen die Heimfahrt angetreten hat, wegen vorsätzlicher Trunkenheit im Verkehr aus § 316 Abs. 1 StGB strafbar gemacht haben.

1. Objektiver Tatbestand

M hat im Straßenverkehr ein Fahrzeug geführt. Dies geschah nach vorangegangenem Genuss von Alkohol, der dazu geführt haben müsste, dass M nicht mehr in der Lage war, seinen Pkw sicher zu fahren. Die Tatzeit-BAK betrug bei M 3,1 ‰. Dieser Wert liegt weit über dem Blutalkoholgehalt, der die absolute Fahrunsicherheit (ab 1,1 ‰) begründet. Damit wird die Fahruntüchtigkeit des M unwiderlegbar vermutet. Der objektive Tatbestand ist erfüllt.

2. Subjektiver Tatbestand

Die innere Tatseite setzt Vorsatz voraus. M hat wissentlich und willentlich am Straßenverkehr teilgenommen. Weil er die Fahrt mit dem Gefühl, nicht mehr fahrtauglich zu sein, begonnen hat, hatte M im Zeitpunkt der Tatbegehung auch Vorsatz – zumindest dolus eventualis – mit Blick auf seine Fahrunsicherheit. Der subjektive Tatbestand ist ebenfalls gegeben.

3. Rechtswidrigkeit

Rechtfertigungsgründe stehen M nicht zur Seite; er handelte rechtswidrig.

4. Schuld

a) Die Schuld des M könnte gem. § 20 StGB ausgeschlossen sein. Eine BAK von 3,0 ‰ und darüber hat im Normalfall zur Folge, dass beim Täter eine psychische Störung i.S. des § 20 StGB anzunehmen ist. Hierbei kann auf sich beruhen, ob ein Alkoholrausch eine krankhafte seelische Störung oder aber eine tiefgreifende Bewusstseinsstörung bedeutet. Anhaltspunkte dafür, dass dieser Erfahrungswert für M nicht maßgeblich sein sollte, sind nicht vorhanden. Weil der Sachverhalt den M als alkoholunerfahren beschreibt, kann im Gegenteil davon ausgegangen werden, dass bei ihm die Wertgrenze noch niedriger als bei 3,0 ‰ anzusetzen ist.

Infolge des biologischen Defekts müsste M außerstande gewesen sein, das Unrecht seiner Tat einzusehen oder danach zu handeln. Anerkannt ist, dass diese psychologischen Voraussetzungen schon Bestandteil der Prüfung der Eingangsmerkmale sind. Wenn also die medizinische Wissenschaft lehrt, dass ab 3,0 ‰ BAK regelmäßig eine schuldrelevante Störung anzunehmen ist, dann ist dies nicht ohne Rücksicht auf das fehlende Einsichts- oder Steuerungsvermögen geschehen. Von daher liegen die Voraussetzungen des § 20 StGB vor; M war zur Tatzeit schuldunfähig.

b) Gleichwohl könnte er über die Grundsätze der actio libera in causa (alic) aus § 316 Abs. 1 StGB zu belangen sein. Vor der Fahrt hat M sich bedingt vorsätzlich in den Zustand der Schuldunfähigkeit versetzt. Dabei war er entschlossen, für die Heimfahrt auf jeden Fall seinen Pkw zu benutzen. Mit Rücksicht darauf könnte ihm die Berufung auf § 20 StGB zu versagen sein. § 20 StGB stellt zwar in zeitlicher Hinsicht auf die Tatbegehung ab. Fraglich ist aber, ob dieser Zeitpunkt auch für den Fall einer vorsätzlichen alic verbindlich ist. So könnte hier etwa der Begriff der „Tat" erweiternd zu lesen sein in dem Sinne, dass er auch das Vorverhalten – das Sichberauschen in Fahrbereitschaft – miteinbezieht (sog. Ausdehnungsmodell). Dieser Weg scheint indes nicht gangbar. Die Wendung „bei Begehung der Tat" ist ebenfalls in den §§ 16, 17 StGB enthalten und wird dort streng beim Wort genommen. Hiervon bei § 20 StGB abzuweichen wäre systemwidrig.

Auf der anderen Seite ist zu erwägen, ob man nicht bei der alic das Zeiterfordernis „bei Begehung der Tat" ganz fallenlassen kann (sog. Ausnahmemodell). Rechtfertigen ließe sich das mit dem Gedanken des Rechtsmissbrauchs und dem Hinweis, dass das Institut der alic als ungeschriebene Einschränkung gewohnheitsrechtlich anerkannt ist. Diese Lösung ist allerdings noch bedenklicher als das erste Konzept. Sie hält nämlich nicht vor dem Gesetzlichkeitsprinzip des Art. 103 Abs. 2 GG stand, der strafbarkeitsbegründendes Gewohnheitsrecht verbietet.

Hiernach bleibt es dabei, dass bei M die Schuld für den Zeitraum des Fahrens ausgeschlossen war.

5. Ergebnis

Durch seine Heimfahrt hat M sich keiner Trunkenheit im Straßenverkehr schuldig gemacht.

II. Strafbarkeit des M aus § 316 Abs. 1 StGB

Nach den Grundsätzen der alic könnte M sich aber schon durch das Sichbetrinken aus § 316 Abs. 1 StGB strafbar gemacht haben.

1. Objektiver Tatbestand

Der objektive Tatbestand wäre nur erfüllt, wenn M bereits durch den Alkoholkonsum das Handlungsmerkmal des „Führens" verwirklicht hätte. Davon gehen die sog. Tatbestandslösungen aus, die bei der alic auf das Verhalten vor Eintritt der Schuldunfähigkeit abstellen. Diese müssen sich allerdings den Vorwurf gefallen lassen, der Wortbedeutung des „Führens" nicht gerecht zu werden. Ein Fahrzeug wird erst dann geführt, wenn es anfährt, also in Bewegung gesetzt wird. Verhaltensweisen, die dem Bewegungsvorgang zeitlich weit vorgelagert sind, lassen sich darunter nicht fassen, selbst wenn sie für das spätere Führen ursächlich sind und in der Vorstellung vorgenommen werden, zeitversetzt den Tatbestand zu erfüllen.

Das Führen eines Fahrzeugs durch M ließe sich allenfalls über die Konstruktion einer mittelbaren Täterschaft bejahen. M könnte sich selbst zum Werkzeug gemacht und die Tat durch einen schuldlos Handelnden verübt haben. Abgesehen davon, dass mittelbare Täterschaft nach § 25 Abs. 1 2. Alt. StGB die Tatbegehung durch einen „anderen" voraussetzt, ist aber eine Zurechnung des Führens noch aus einem weiteren Grund ausgeschlossen: § 316 StGB stellt ein eigenhändiges Delikt dar, d.h. das Führen kann nicht durch ein Werkzeug oder eine Mittelsperson vollzogen werden. Von daher ist der objektive Tatbestand nicht gegeben.

2. Ergebnis

M hat sich insgesamt nicht aus § 316 Abs. 1 StGB strafbar gemacht.

III. Strafbarkeit des M aus §§ 323a i.V. mit 316 Abs. 1 StGB

M könnte sich jedoch eines Vollrausches nach § 323a StGB schuldig gemacht haben.

1. Objektiver Tatbestand

M hat sich alkoholische Getränke zugeführt und sich dadurch in einen Rausch versetzt. Infolge des Rausches ist bei ihm der Zustand der Schuldfähigkeit (§ 20 StGB) eingetreten. Die objektive Tatseite ist gegeben.

2. Subjektiver Tatbestand

M müsste vorsätzlich gehandelt haben. M hat bewusst Alkohol getrunken und die Möglichkeit bedacht, dass die von ihm konsumierte Menge ihn schuldunfähig machen bzw. bei ihm einen Zustand erheblich verminderter Schuldfähigkeit auslösen könnte. Damit hatte M sich auch abgefunden, so dass jedenfalls bedingter Vorsatz anzunehmen ist.

3. Objektive Strafbarkeitsbedingung

Mit § 316 Abs. 1 StGB hat M im Vollrausch eine rechtswidrige Tat begangen, für die er nach § 20 StGB nicht einzustehen hat. Diese sog. Rauschtat stellte eine objektive Strafbarkeitsbedingung dar. Das bedeutet, dass der Täter während des Sichberauschens weder wissen noch damit rechnen muss, dass er sich später im Vollrausch zu einer Straftat versteigt. Würde man gleichwohl eine wie immer auch geartete subjektive Beziehung des Täters zur Rauschtat verlangen, so wäre dem hier Genüge getan: M war, als er dem Alkohol zusprach, entschlossen, die Heimfahrt mit seinem Pkw anzutreten.

4. Rechtswidrigkeit

M handelte rechtswidrig.

5. Schuld

Er hat die Tat zudem schuldhaft begangen. Vor und auch noch zu Beginn des Sichbetrinkens befand er sich nicht im Regelungsbereich des § 20 StGB.

6. Ergebnis

M hat sich wegen Vollrausches (§§ 323a i.V. mit 316 Abs. 1 StGB) strafbar gemacht.

Gesamtergebnis

Als Endergebnis ist festzustellen, dass M sich nicht aus § 316 Abs. 1 StGB strafbar gemacht hat. Verantwortlich ist er stattdessen aus §§ 323a i.V. mit 316 Abs. 1 StGB.

Fall 10 „Der untaugliche Flachmann“

Versuch und Rücktritt

A kann es nicht verwinden, dass B, seine frühere Braut, das Verlöbnis gelöst und sich von ihm getrennt hat. Um sich mit ihr auszusprechen, lädt er B zu einer Autofahrt ein. A fährt in ein einsames Waldstück und hält dort an. Seine eindringlichen und verzweifelten Wünsche und Bitten, B möge zu ihm zurückkehren, lehnt B in brüskem Ton mit dem Bemerken ab, sie wolle nie wieder mit einem Gewalttätigen zusammen sein. Auch diesmal fürchtet sie, dass A wieder aggressiv werden könnte. A gerät tatsächlich in Wut und beschließt in plötzlicher Gefühlswallung, B zu töten. Er ergreift eine auf dem Rücksitz liegende 3/8 Liter Schnapsflasche, einen sog. Flachmann, und versetzt der B damit einen Schlag gegen den Kopf, der aber nicht die gewollte tödliche Wirkung hat. A erkennt, dass er wegen der Raumenge zu wuchtigeren Schlägen nicht ausholen kann, und will B nunmehr erwürgen. Er lässt den Flachmann fallen, umfasst mit beiden Händen den Hals der B und drückt mit aller Kraft zu. Seine Wut schlägt dann aber in Mitleid um, und er lässt von B ab. Während B, die eine Prellung am Hinterkopf davongetragen hat, aus dem Wagen flüchtet, verharrt A dumpf brütend auf dem Fahrersitz.

Beurteilen Sie die Strafbarkeit von A!

Lösung 10 „Der untaugliche Flachmann“

Die ersten Lösungsschritte

1. Zu Anfang der Vorüberlegungen zu diesem Fall, der an die Entscheidung BGHSt 10, 129 ff. angelehnt ist, stellen sich noch keine Schwierigkeiten ein. Das Verhalten des A ist zu messen an § 212 StGB (Versuch, §§ 22, 23 StGB) sowie an § 223 StGB (Vollendung). Beide Delikte könnten qualifiziert sein. Der Tötungsentschluss des A könnte von niedrigen Beweggründen und der Vorstellung heimtückischer Begehungsweise (§ 211 StGB) begleitet sein. Und was die Körperverletzung angeht, sind im Rahmen von § 224 Abs. 1 StGB die Nr. 2 („gefährliches Werkzeug“), Nr. 3 („hinterlistiger Überfall“) und Nr. 5 („lebensgefährdende Behandlung“) ins Auge zu fassen.

   Die Reihenfolge der Tatbestände ist nach dem Schwereprinzip auszurichten: Zu beginnen ist mit dem Tötungsversuch; danach hat die Erörterung der §§ 223, 224 StGB zu erfolgen. Empfohlen wird, die Delikte jeweils in einer Verbundprüfung (näher dazu der Aufbauvorschlag Fall 15, S. 183) unterzubringen, d.h. sowohl die §§ 211, 212 StGB (i.V. mit §§ 22, 23 StGB) als auch die §§ 223, 224 StGB gemeinsam zu veranlagen. Mit Blick auf die h.L. lässt sich dieses ökonomische, platzsparende Verfahren auch für § 211 und § 212 StGB verantworten (a.A. der BGH, der insoweit von eigenständigen Delikten – delicta sui generis – ausgeht und deshalb konsequenterweise beide Tatbestände getrennt zu prüfen hätte).

   Im Übrigen fragt sich, ob man im Ergebnis nicht ganz auf eine Diskussion der Mordmerkmale verzichten kann. Möglicherweise ist A auf ganzer Linie mit strafbefreiender Wirkung vom Tötungsversuch zurückgetreten, § 24 Abs. 1 StGB. Wäre das der Fall, hätte die Erörterung der Mordmerkmale zu nichts geführt. Wenn gleichwohl Mordmerkmale anzusprechen sind, dann deshalb, weil die Lösung einer kompletten Strafaufhebung alles andere als gesichert ist.

2. Die eigentlichen Schwierigkeiten beginnen erst jetzt. Sie sind bedingt durch das zweiaktige Vorgehen des A (Schlag, Würgen) und die Rücktrittsfrage, dem Zentralproblem der Aufgabe. Dass A jedenfalls vom Versuch, B zu erdrosseln, zurückgetreten ist, lässt sich unschwer ausmachen. Zweifelhaft ist aber, ob dieser Rücktritt auch auf den (Erst-) Versuch, das Erschlagenwollen, erstreckt werden kann. Diesem Sachproblem aufbautechnisch gerecht zu werden, ist heikel. Auf den ersten Blick böte es sich an, die beiden Versuchshandlungen getrennt und chronologisch nacheinander abzuhandeln. Das aber wäre mit dem Nachteil verbunden, dass über die Strafbarkeit des Erstversuchs nicht endgültig entschieden werden könnte. Das wäre erst möglich, wenn man den Rücktritt bezogen auf das Erwürgen bejaht hätte. Gewissermaßen in einem dritten

Schritt müsste man dann auf das Ersthandeln zurückkommen und klären, ob der Rücktritt auch insoweit „greift".

Dieser nicht sehr glückliche Aufbau wird vermieden, wenn man die Reihenfolge einfach umdreht, also mit dem Erdrosselungsversuch beginnt und hier – jenseits der Schuld – feststellt, dass ein Rücktritt gegeben ist. Bei der zweiten Versuchsprüfung – Schläge mit dem Flachmann – könnte man sich dann zwangslos dem Problem zuwenden, ob das Aufgeben die Tat „tödliche Schläge" mitumfasst. Wer so – vermeintlich trickreich – vorgeht, läuft allerdings Gefahr, sich die Rüge einzuhandeln, die Chronologie des Geschehens nicht beachtet zu haben.

Vorzugwürdig ist deshalb ein dritter Weg: Die beiden Ausführungsakte werden in einer einheitlichen Deliktsprüfung untergebracht. Das scheint zunächst zu kompliziert, weil der Tatentschluss und das unmittelbare Ansetzten auf beides bezogen werden muss. Auf der anderen Seite wird dann die Rücktrittsproblematik nicht zerrissen; sie lässt sich vielmehr, was der Sache dienlich ist, zusammenhängend darstellen.

Legt man die Regeln der Konkurrenzlehre zugrunde, ist diese Arbeitsweise sogar zwingend. Die Einzelbetätigungen des A bilden nämlich keine eigenständigen Versuchstaten, sondern verdichten sich zu einem Versuch. Dies wird sofort deutlich, wenn man annimmt, dass A entweder unfreiwillig das Würgen eingestellt oder aber die Tötungstat durch Erdrosseln vollendet hätte. Im ersten Fall wäre dann von einem einheitlichen durchgängigen strafbaren Versuch auszugehen. Im zweiten Fall ginge der vorangegangene Versuch, B zu erschlagen, in der Vollendung auf.

Abhängig ist die Annahme einer solchen natürlichen Handlungseinheit von zwei Faktoren: Der Tatentschluss muss ununterbrochen fortbestehen, und die Einzelakte müssen zeitlich dicht aufeinander folgen (dazu im 3. Teil – Konkurrenzlehre – S. 203). Diese Voraussetzungen sind in casu zu bejahen, und das sollte im Gutachten auch an geeigneter Stelle ausdrücklich gesagt werden, um dem Leser vor Augen zu führen, warum man beides zusammengefügt hat.

Aus konkurrenztechnischer Sicht ist es überdies geboten, im Rahmen der Körperverletzung das Schlagen und Würgen zu einer Tat zu verbinden. Kraft natürlicher Handlungseinheit verklammern sich die körperlichen Misshandlungen (beim Teilakt „Schlagen" zudem die Gesundheitsschädigung) zu nur einer Gesetzesverletzung.

Aufbau des Versuchs und des Rücktritts mit Erläuterungen

Der zu lösende Fall soll zum Anlass genommen werden, das Prüfungsschema einer versuchten Straftat und des Rücktritts (§ 24 Abs. 1 StGB) vorzustellen. Daran anschließend werden die einzelnen Gliederungspunkte sowohl allgemein als auch fallbezogen näher konkretisiert.

Strafbarkeit aus §§ X, 22, 23 StGB

1. Vorabfeststellungen
   a) Nichtvollendung
   b) Versuchsstrafbarkeit, §§ 23 Abs. 1, 12 StGB
2. Tatentschluss
   a) Vorsatz bzgl. aller objektiven Tatumstände
   b) ggf. besondere subjektive Unrechtselemente (Absichten)
   c) Vorsatz bzgl. etwaiger Qualifikationsmerkmale
3. Unmittelbares Ansetzen, § 22 StGB
4. Rechtswidrigkeit
5. Schuld
6. Rücktritt, § 24 Abs. 1 StGB
   a) kein fehlgeschlagener Versuch
   b) unbeendeter/ beendeter Versuch
   c) Aufgabe der weiteren Tatausführung oder Verhindern der Tatvollendung
   d) Freiwilligkeit

Zu 1.: Aus Gründen der Klarstellung sollte zu Anfang kurz darauf hingewiesen werden, dass die Tat nicht vollendet worden ist und nur Versuch in Betracht kommt. Das objektiv nicht gegebene Tatbestandsmerkmal sollte dabei genau bezeichnet werden. Ist das Vorliegen eines Nur-Versuchs nicht auf den ersten Blick erkennbar, muss die Prüfung des Volldeliktes vorangestellt werden.

Anders als bei Verbrechen ist bei bloßen Vergehen der Versuch nur strafbar, wenn das Gesetz dies explizit anordnet, § 23 Abs. 1 StGB. Auf den Absatz, in dem das geschehen ist (z.B. § 223 Abs. 2 StGB), ist hinzuweisen.

Zu 2.: Warum beim Versuch innerhalb der Tatbestandsprüfung eine Umkehrung stattzufinden hat, liegt nicht so ohne Weiteres auf der Hand. Dieser – spezielle – Aufbau erklärt sich daraus, dass beim Versuch der subjektive Tatbestand – im Gegensatz zum objektiven – vollständig sein muss. Darüber hinaus gibt erst der Tatplan Aufschluss darüber, auf welche konkrete Deliktsverwirklichung der Täter überhaupt zielte und von welcher Strafgrundlage dementsprechend auszugehen ist. So könnte es etwa im vorliegenden Fall so liegen, dass A mit dem Schlag nur auf eine Körperverletzung aus war oder B durch das Würgen lediglich erschrecken wollte.

In der Sache muss der Vorsatz des Täters alle objektiven Tatmerkmale des jeweiligen Delikts abdecken. Mit dem bei Vollendungstaten gebräuchlichen Standardsatz: „A handelte wissentlich und willentlich; Vorsatz ist mithin gegeben." darf man sich hier nicht begnügen! Es gilt vielmehr, auf der Prämisse der Tätervorstellung den gesamten Tatbestand „abzuarbeiten". Dabei ist der Versuchung zu widerstehen, sprachlich ins Objektive abzugleiten. Diese Gefahr ist besonders groß, wenn einzelne Merkmale objektiv vorliegen. Der objektive Befund interessiert indes nicht; maßgeblich sind allein die Vorsatzgegebenheiten.

Treten über das versuchte Grunddelikt hinaus Qualifikationen auf den Plan, so brauchen auch deren Voraussetzungen nur vom Vorsatz umfasst zu sein. Der Fehler, dass Qualifikationsmomente objektiv geprüft und festgestellt werden, ist – aus welchen Gründen auch immer – weit verbreitet. Hier wäre es demnach falsch zu erörtern, ob A heimtückisch zu Werke gegangen ist. Der richtige Prüfungsansatz muss stattdessen die Frage nach dem Heimtückevorsatz sein: A müsste sich die Umstände vorgestellt haben, die die Heimtücke begründen.

Zu 3.: Man sollte sich hier nicht scheuen, im Gutachten die Legaldefinition des § 22 StGB wortgetreu zu wiederholen: A müsste nach seiner Vorstellung von der Tat unmittelbar zur Tatbestandsverwirklichung angesetzt haben. Je nach Fallgestaltung ist hier abzugrenzen zwischen noch strafloser Vorbereitung und schon strafbarem Versuchsbeginn. Diese Abgrenzung erübrigt sich, wenn – wie hier – die Tathandlung bereits vollzogen ist (Schlag mit der Flasche) bzw. damit begonnen wird (Würgen).

Zu 6.: Der Rücktritt gemäß § 24 Abs. 1 StGB stellt einen persönlichen Strafaufhebungsgrund dar, der jenseits der Schuld zu diskutieren ist. Das oben wiedergegebene Aufbaumuster entspricht dem herkömmlichen.

a) Danach ist an erster Stelle zu fragen, ob der Versuch nicht fehlgeschlagen ist. Hat der Täter die Vorstellung, er könne den Versuch nicht mehr in Richtung Vollendung vorantreiben, ist ein Rücktritt von vornherein ausgeschlossen. Man muss sich allerdings im Klaren darüber sein, dass sich hinter dieser „Vorfigur" die gesetzliche Umschreibung der Rücktrittshandlungen verbirgt. So setzt ein „Aufgeben" begrifflich den Glauben an die Möglichkeit erfolgversprechender Tatfortsetzung voraus. Genau betrachtet, liegt damit in casu das Problem im richtigen Verständnis des Merkmals „Tat" i.S. des § 24 StGB:

   Bedeutet schon der Schlag mit dem Flachmann – für sich allein gesehen – „eine Tat", ist der Versuch gescheitert. Dass A auf weitere Schläge, die er ohnehin als zwecklos eingeschätzt hat, und das Weiterwürgen verzichtet hat, kommt ihm nicht zugute, weil eine Tataufgabe nach erkanntem Fehlschlag nicht möglich ist.

   Bilden der Schlag und das sich anschließende Würgen zusammen die „Tat" i.S. des § 24 StGB, liegt kein fehlgeschlagener Versuch vor, weil die Tat durch Weiterwürgen noch zur Vollendung hätte geführt werden können. Entscheidend ist also, ob man zwischen Schlag und Würgen eine Zäsur annimmt, die den Schlag als eigenständige Versuchstat erscheinen lässt.

   Hierüber streiten bekanntlich im Wesentlichen die sog. Einzelaktstheorie und die Gesamtbetrachtungslehre (dazu und zu den Argumenten im Einzelnen *Hillenkamp*, 32 Probleme aus dem Strafrecht, Allgemeiner Teil, 12. Aufl. 2006, 18. Problem, S. 106 ff.). Für die erste These spricht, dass A sich mit seinem für erfolgstauglich gehaltenen Schlag zu weit vorgewagt hat. Aus seiner Sicht war es dem bloßen Zufall oder Glück zu verdanken, dass B den Schlag überlebt hat. Von daher hat A die Versuchsstrafe verdient.

Die besseren Gründe vereinigt jedoch eine Gesamtbetrachtung auf sich. Für sie streitet neben dem Opferschutzgedanken vor allem der Umstand, dass – wie aufgezeigt – beide tätlichen Angriffe zueinander in natürlicher Handlungseinheit stehen und damit eine einheitliche Versuchstat darstellen. Es kommt hinzu, dass A, als er den Tötungsentschluss fasste, nur deshalb die Flasche ergriffen hat, weil er sie – zufällig – auf der Rückbank hat liegen sehen (BGHSt 10, 129, 131). Ihm kam es also nicht auf das Tatmittel „Flachmann" an; die Tat hätte sich vielmehr auch so abspielen können, dass A sich sogleich auf ein Erwürgen verlegt hätte. Zu bedenken ist schließlich, dass dem etwa vorhandenen Strafbedürfnis dadurch Rechnung getragen wird, dass A immerhin aus §§ 223, 224 StGB (mit einer Freiheitsstrafe bis zu zehn Jahren!) verantwortlich ist.

b) Die Abgrenzung „unbeendeter / beendeter Versuch" stellt die Weichen für das dem Täter abverlangte Rücktrittsverhalten (Tataufgabe oder Erfolgsverhinderung?). Maßgeblich ist abermals die Tätervorstellung und zwar über das Vollendungserforderliche. Die Gesamtbetrachtungslehre konsequent weiterverfolgend, ist hierbei auf den Zeitpunkt der letzten Ausführungshandlung abzustellen („Rücktrittshorizont"). Dem A war bewusst, dass er hätte weiter würgen müssen, um die Tat zum Abschluss zu bringen. Der Versuch war damit insgesamt unbeendet.

c) Infolgedessen ist für den Rücktritt eine schlichte Tataufgabe ausreichend, § 24 Abs. 1 S. 1, 1. Alt. StGB. A hat die Ausführung seiner Tötungstat abgebrochen und von seinem Vorhaben, B zu erdrosseln, endgültig Abstand genommen.

d) Freiwillig gefasst ist der Rücktrittsentschluss, wenn er auf autonomen Motiven beruht, d.h. wenn der Täter sich allein aufgrund von inneren Beweggründen (hier: Mitleid), ohne durch äußere nachteilige Situationsänderungen dazu veranlasst worden zu sein (= dann heteronome Motivation), auf das Abbrechen besinnt. Dies steht nach den Sachverhaltsangaben außer Zweifel.

Der schriftliche Lösungsplan

Nach diesen Vorarbeiten lässt sich folgende Lösungsskizze erstellen:

I. Strafbarkeit des A aus §§ 211, 212, 22, 23
   1. Keine Vollendung; Versuch strafbar
   2. Tatentschluss
      a) Tötungsvorsatz (+), sowohl beim Schlagen als auch beim Würgen; kein Vorsatzwegfall zwischendurch
      b) Mordmerkmale
         aa) niedrige Beweggründe: eher (–), zwar Wut, aber zuvor Verzweiflung wegen Verlustempfindungen; zudem barsche Ablehnung durch B
         bb) Heimtückevorsatz: bewusstes Ausnutzen der Arglosigkeit (–)
   3. Unmittelbares Ansetzen, § 22 (+), durch Schlag und Würgen; weil dichte Aufeinanderfolge, eine Versuchshandlung
   4. RW (+)
   5. Schuld (+)
   6. Rücktritt, § 24 I
      a) fehlgeschlagener Versuch?
         bzgl. Würgen (–); mglw. bzgl. Schlag:
         (+), wenn andere Tat (Einzelaktstheorie);
         (–), wenn einheitliche Tat (Gesamtbetrachtungslehre)
      b) unbeendeter/ beendeter Versuch?
         hier unbeendet, weil Zeitpunkt der letzten Tätigkeit maßgeblich
      c) Tataufgabe (+), A hat nicht weiter gewürgt
      d) Freiwilligkeit (+), autonome Motivation = Mitleid
   7. Ergebnis: §§ 211, 212, 22, 23 (–)

II. Strafbarkeit des A aus §§ 223, 224 I Nr. 2, 3 und 5
   1. Obj. Grundtatbestand
      a) Körperliches Misshandeln durch Schlag (+)
      b) Gesundheitsschädigung durch Schlag (+)
      c) Körperliches Misshandeln durch Würgen (+)
   2. Subj. Grundtatbestand = Vorsatz (+), trotz Tötungsabsicht (Einheitstheorie)
   3. Natürliche Handlungseinheit (+), weil enger zeitlicher Zusammenhang und durchgängiger Vorsatz
   4. § 224 I
      a) Nr. 2: „gefährliches Werkzeug“ (+), Flasche; würgende Hände (–)
      b) Nr. 3: „hinterlistiger Überfall“ (–), für B nicht unerwartet, zudem Spontantat
      c) Nr. 5: „lebensgefährdende Behandlung“, bzgl. beider Teilakte (+)
   5. RW (+)
   6. Schuld (+)
   7. Rücktritt (–), ausgeschlossen, weil vollendete Tat
   8. Ergebnis: §§ 223, 224 I Nr. 2, 5 (+)

Gesamtergebnis

Klausurlösung

I. Strafbarkeit des A aus §§ 211, 212, 22, 23 StGB

A könnte sich dadurch, dass er mit der Flasche auf B eingeschlagen und sie im Anschluss daran würgte, wegen versuchten Mordes nach §§ 211, 212, 22, 23 StGB strafbar gemacht haben.

1. Vorabfeststellungen

B hat überlebt. Der tatbestandsmäßige Erfolg ist mithin ausgeblieben, so dass Vollendung entfällt. In Betracht kommt nur Versuch, der, weil ein Verbrechen in Rede steht, nach § 23 Abs. 1 StGB strafbar ist.

2. Tatentschluss

a) A bezweckte zunächst, B durch den mit dem „Flachmann" durchgeführten Schlag gegen den Kopf zu töten. Nachdem dieses Vorhaben missglückt war, ging er unmittelbar danach dazu über, die B am Hals zu würgen, um sie auf diese Weise zu töten. Dass A seinen Tötungsvorsatz zwischenzeitlich hat fallenlassen, ist nicht erkennbar. Beide Tätigkeitsakte waren demnach von einem durchgängigen Tötungsvorsatz begleitet.

b) A könnte aus niedrigen Beweggründen gehandelt haben. Das wäre anzunehmen, wenn seine Motive nach allgemeiner sittlicher Wertung auf tiefster Stufe stehen und deshalb besonders verachtenswert sind. A hat den Tötungsentschluss spontan gefasst. Dies schließt jedoch einen niedrigen Beweggrund nicht von vornherein aus. Umgekehrt liegt einer Tötung aus Wut darüber, dass sich der andere endgültig vom Täter abgewandt hat, nicht unbedingt ein niedriger Beweggrund zugrunde. Maßgeblich ist vielmehr, ob sich in der aus Wut begangenen Tat eine verwerfliche Gesinnung widerspiegelt.

A hatte zuvor verzweifelt auf B eingeredet, zu ihm zurückzukehren. Dem war B mit brüskem Ton begegnet. Wenn A daraufhin in Wut geraten ist und sich zur Tat entschloss, ist das in Ermangelung gegenteiliger Anhaltspunkte naheliegenderweise darauf zurückzuführen, dass bei A an die Stelle der letzten Hoffnung die Erkenntnis getreten ist, B habe sich nunmehr ein für allemal von ihm getrennt. Er war infolgedessen, wie zu vermuten, von Verlustempfindungen und Gefühlen des Verlassenseins beherrscht. Möglicherweise hat ihn die schroffe Ablehnung durch B auch tief gekränkt und gedemütigt. Mit Rücksicht darauf war der Tötungsentschluss noch in gewisser Weise nachvollziehbar und menschlich verständlich, mit der Folge, dass dem A eine besonders verwerfliche Gesinnung nicht vorgeworfen werden kann. Das Mordmerkmal der niedrigen Beweggründe ist somit nicht gegeben.

c) Der Tatentschluss des A könnte auf eine heimtückische Tötung gerichtet gewesen sein. Heimtücke setzt das Ausnutzen der Arg- und Wehrlosigkeit des Opfers voraus. B rechnete zwar im Tatzeitpunkt mit einem tätlichen Angriff des A. Fraglich ist aber, ob A sich dieses Umstands bewusst war. In Anbetracht der starken effektiven Erregung des A und der Spontaneität des Tatentschlusses ist davon auszugehen, dass er sich keine Gedanken darüber gemacht hat, ob er B mit dem Angriff überrascht oder nicht. Infolgedessen fehlte ihm zumindest das Ausnutzungsbewusstsein, d.h. die Vorstellung, sich die etwaige hilflose Lage der B zunutze zu machen. Heimtückevorsatz ist demnach abzulehnen.

Der Tatentschluss des A erstreckt sich mithin nur auf einen Totschlag nach § 212 StGB.

3. Unmittelbares Ansetzen, § 22 StGB

Gemäß § 22 StGB müsste A nach seiner Vorstellung von der Tat unmittelbar zur Tatbestandsverwirklichung angesetzt haben. A hat mit der Flasche zugeschlagen und damit das Handlungsmerkmal des § 212 StGB bereits vollzogen. Den darin liegenden Versuchsbeginn hat A dann nahtlos dadurch fortgeführt, dass er B mit beiden Händen würgte. Auch dieser Teilakt bedeutet ein unmittelbares Ansetzen zur Tötungstat, wobei beide Einzelbetätigungen, weil von einem ununterbrochenen Tatentschluss getragen und in einem engen zeitlichen und räumlichen Zusammenhang stehend, zu einer Versuchshandlung verschmelzen.

4. Rechtswidrigkeit

Rechtfertigungsgründe sind nicht ersichtlich. A handelte rechtswidrig.

5. Schuld

Schuldausschließungs- und Entschuldigungsgründe liegen ebenfalls nicht vor. A hat den Versuch schuldhaft begangen.

6. Rücktritt, § 24 Abs. 1 StGB

A hat letztlich von B abgelassen und das Würgen eingestellt. Er könnte deshalb mit strafbefreiender Wirkung vom Totschlagsversuch zurückgetreten sein, § 24 Abs. 1 StGB.

a) B hat den Schlag mit der Flasche wider Erwarten überlebt. Insoweit könnte ein fehlgeschlagener Versuch gegeben sein, mit der Folge, dass ein Rücktritt von vornherein entfiele. Auf der anderen Seite ist A, nachdem er erkannt hatte, dass sein Anschlag misslungen und sein Ziel mit weiteren Schlägen nicht zu erreichen war, dazu übergegangen, die Tat auf andere Weise zu vollenden. Dieser zweite Teil seines Vorgehens stellt jedenfalls keinen fehlgeschlagenen Versuch dar, weil A ohne Weiteres das Würgen hätte fortsetzen können.

   Fraglich ist demnach, ob sich beide Einzelakte zu einer Tat i.S. des § 24 Abs. 1 StGB verbinden oder ob von zwei selbstständigen Versuchstaten auszugehen ist. Wie schon dargestellt, stehen der Schlag und das Würgen in natürlicher Handlungseinheit zueinander. Von daher erschiene es ungereimt, im Rahmen von § 24 Abs. 1 StGB diese Einheit aufzulösen und das Würgen als „neue“ Tat zu werten. Dies würde auch dem konkreten Tatgeschehen nicht gerecht. A hat die Flasche in seiner blinden Wut nur deshalb zum Einsatz gebracht, weil sie zufällig auf dem Rücksitz lag. Wäre das nicht der Fall gewesen, hätte A vermutlich in Ermangelung anderer Tatmittel sofort damit begonnen, B zu würgen.

Den Schlag mit der Flasche als rücktrittsunfähigen Versuch einzustufen wäre des Weiteren dem Opferschutz abträglich. Hätte dem A in der Abbruchsituation vor Augen gestanden, dass er ohnehin eine Versuchsstrafe aus § 212 StGB nicht mehr vermeiden konnte, wäre der Anreiz aufzuhören weitaus geringer als bei der Vorstellung, durch Rücktritt der Versuchsstrafbarkeit insgesamt zu entgehen. Dem Argument, dass A sich mit Blick auf den Schlag als gefährlicher Täter erwiesen hat und deshalb auf Strafe nicht verzichtet werden kann, ist schließlich entgegenzuhalten, dass ja immerhin noch eine Strafbarkeit aus §§ 223, 224 StGB in Betracht kommt.

Damit kann festgehalten werden, dass es sich bei der Tat des A nicht um einen fehlgeschlagenen Versuch handelt.

b) Zu klären ist ferner, ob ein unbeendeter oder beendeter Versuch gegeben ist. Unbeendet ist der Versuch, wenn der Täter aus seiner Sicht noch nicht alles getan hat, was zur Verwirklichung des Tatbestands erforderlich ist. Weil beide Teilakte – Schlag und Würgen – eine Tat bedeuten, ist auf die Vorstellung des A bei Abschluss der letzten Ausführungshandlung abzuheben. Zu diesem Zeitpunkt war A sich bewusst, dass er, um den Erfolgseintritt zu erreichen, noch hätte weiterwürgen müssen. Der Versuch war mithin unbeendet.

c) A hätte überdies freiwillig die weitere Ausführung der Tat aufgeben müssen, § 24 Abs. 1 S. 1, 1. Alt. StGB. A hat aus Mitleid davon abgesehen, die Erdrosselung zu Ende zu führen. Seinem Aufgabeentschluss lag damit ein autonomes, d.h. selbstgesetztes Motiv zugrunde. Ein freiwilliges Rücktrittsverhalten ist deshalb zu bejahen.

d) A ist demnach mit straftilgender Wirkung vom Versuch, B zu töten, zurückgetreten.

7. Ergebnis

A hat sich nicht aus §§ 211, 212, 22, 23 StGB strafbar gemacht.

II. §§ 223, 224 Abs. 1 Nr. 2, 3 und 5 StGB

A könnte aber durch seine tätlichen Angriffe auf B einer gefährlichen Körperverletzung nach §§ 223, 224 StGB schuldig sein.

1. Objektiver Tatbestand des § 223 StGB

A hat B zunächst mit der Flasche gegen den Kopf geschlagen und anschließend gewürgt. In beiden Einzelakten könnte ein körperliches Misshandeln liegen. Darunter ist ein übles, unangemessenes Behandeln zu verstehen, durch das entweder die körperliche Unversehrtheit oder das körperliche Wohlbefinden in nicht nur unerheblicher Weise beeinträchtigt wird.

Der Schlag mit der Flasche hat bei B eine Prellung am Hinterkopf hervorgerufen. Insoweit ist B in ihrer körperlichen Integrität verletzt worden. In Bezug auf das Würgen ist dieser Befund zwar nicht ersichtlich. Weil A kraftvoll mit beiden Händen zugedrückt hat und ein Würgen beim Opfer das Nicht-atmen-Können zur Folge hat, ist aber zumindest bei B das körperliche Wohlbefinden betroffen.

Über die körperlichen Misshandlungen hinaus könnte sich A zu einer Gesundheitsschädigung verstiegen haben. Das wäre zu bejahen, wenn A bei B einen pathologischen Zustand hervorgerufen hätte. Infolge des Schlags hat B am Hinterkopf eine Prellung erlitten. Das macht einen Heilungsprozess erforderlich. B ist überdies an ihrer Gesundheit geschädigt worden.

2. Subjektiver Tatbestand des § 223 StGB

Der hiernach gegebene objektive Grundtatbestand müsste vorsätzlich verwirklicht worden sein. A handelte wissentlich und willentlich. Wenn es gleichwohl am Körperverletzungsvorsatz fehlen könnte, dann deshalb, weil bei A Tötungsabsicht vorlag. Der Tötungsvorsatz könnte den Körperverletzungsvorsatz ausschließen. Dies anzunehmen würde bedeuten, den A unter Außerachtlassung des von ihm verwirklichten Erfolgsunwertes so zu behandeln, als sei B gar nichts zugestoßen. Kriminalpolitisch wäre dieses Ergebnis nicht zu halten, zumal A ja strafbefreiend vom Tötungsversuch zurückgetreten ist. Und sich nur auf eine Strafbarkeit aus § 229 StGB zu verlegen, ginge an den Gegebenheiten vorbei. Jeder Tötung ist als notwendiges Durchgangsstadium eine Körperverletzung vorgeschaltet. Das weiß auch der Täter, mit der Folge, dass der Tötungsvorsatz den Körperverletzungsvorsatz einschließt (sog. Einheitstheorie). A hat demnach den Tatbestand des § 223 StGB vorsätzlich erfüllt.

3. Natürliche Handlungseinheit

Wie beim Tötungsversuch stehen auch hier die Einzelbetätigungen – Schlag und Würgen – in natürlicher Handlungseinheit zueinander. Zwischen ihnen besteht ein enger zeitlicher und situativer Zusammenhang, und ihnen lag zudem ein einheitlicher Tatentschluss zugrunde. Damit ist nur ein Gesetzesverstoß nach § 223 StGB gegeben.

4. § 224 Abs. 1 StGB

Die Körperverletzung des A könnte nach § 224 Abs. 1 StGB qualifiziert sein.

a) Nr. 2

A könnte die Tat zunächst mittels eines gefährlichen Werkzeugs verübt haben. Darunter fallen alle Gegenstände, die nach ihrer Beschaffenheit und der konkreten Anwendungsart geeignet sind, erhebliche Körperverletzungen hervorzurufen.

Diese Voraussetzungen sind, was den Schlag mit dem „Flachmann“ angeht, erfüllt. Weil es sich bei den würgenden Händen des A um Körperteile handelt, hat A hingegen insofern kein Werkzeug eingesetzt.

A hat mit der Schnapsflasche von einem gefährlichen Werkzeug Gebrauch gemacht. Dies geschah auch vorsätzlich.

b) Nr. 3

A könnte sich überdies zu einem hinterlistigen Überfall verstiegen haben. Überfall ist jeder plötzliche, unerwartete Angriff auf einen Ahnungslosen. B hat vor der Tat mit der Möglichkeit gerechnet, dass der zu Gewalttätigkeiten neigende A sie körperlich angreifen könnte. Sie war damit nicht arglos, so dass diesbezüglich allenfalls Versuch in Betracht kommt. Hinzu treten müsste dann aber die Vorstellung des A, den Angriff hinterlistig vorzutragen. Hinterlist meint ein planmäßiges, auf Verdeckung der wahren Absichten berechnetes Vorgehen. Sofern sich – wie hier – der Täter spontan zur Tat hinreißen lässt, scheidet ein hinterlistiger Überfall aus.

c) Nr. 5

Die Körperverletzung des A könnte schließlich mittels einer das Leben gefährdenden Behandlung erfolgt sein. Dies wäre für das Schlagen und Würgen anzunehmen, wenn beide Übergriffe nach den Umständen des Einzelfalls generell geeignet waren, das Leben der B in Gefahr zu bringen. Bei einem gegen den Hinterkopf geführten Schlag mit einer halbvollen Flasche ist nicht auszuschließen, dass es zu einer lebensbedrohenden Fraktur oder inneren Blutungen kommt. Bei B sind zwar diese Verletzungsfolgen ausgeblieben. Weil es aber allein darauf ankommt, ob die Handlungsweise als solche lebensgefährdend ist, spielt dieser Umstand keine Rolle.

Zu prüfen ist des Weiteren, ob die Würgegriffe am Hals der B lebensgefährlich waren. A hat mit beiden Händen und aller Kraft zugedrückt. Dies mag zwar nur kurzfristig geschehen sein. Gleichwohl bestand aber die Möglichkeit, dass das Leben der B etwa durch Eindrücken oder Bruch des Kehlkopfknorpels in Gefahr geriet. Auch insoweit ist demnach eine lebensgefährdende Behandlung anzunehmen.

Beide Misshandlungen waren darauf angelegt, B zu töten. Daraus folgt zwingend, dass A die Lebensgefährlichkeit seines Handelns in seinen Vorsatz aufgenommen hat. A hat die Körperverletzung mit einem gefährlichen Werkzeug und mittels einer das Leben gefährdenden Behandlung begangen. Der Qualifikationstatbestand des § 224 Abs. 1 StGB ist somit erfüllt.

5. Rechtswidrigkeit und Schuld

Auf Rechtfertigungs-, Schuldausschließungs- und Entschuldigungsgründe kann A sich nicht berufen. Er handelte rechtswidrig und schuldhaft.

6. Rücktritt, § 24 Abs. 1 StGB

Auch der Rücktritt kommt dem A nicht zugute. § 24 Abs. 1 StGB ist allein auf versuchte Straftaten zugeschnitten. Ist das Delikt – wie hier die gefährliche Körperverletzung – vollendet, ist für die Rücktrittsregel kein Raum.

7. Ergebnis

A hat sich wegen gefährlicher Körperverletzung aus §§ 223, 224 Abs. 1 Nr. 2 und 5 StGB strafbar gemacht.

Gesamtergebnis

A hat sich weder wegen Mordversuchs noch – infolge seines Rücktritts – wegen Totschlagsversuchs nach §§ 211, 212, 22, 23 StGB strafbar gemacht. Er ist jedoch einer gefährlichen Körperverletzung gemäß §§ 223, 224 Abs. 1 Nr. 2, 5 StGB schuldig.

Fall 11 „Ein ereignisreicher Wandertag“

Unterlassen

Die Klasse 11 des städtischen Gymnasiums hat Wandertag. Sie wird begleitet von Oberstudienrat O (Sport und Geschichte). Im Wald begegnet man Vater V und seinem sechsjährigen Sohn S. S mokiert sich lauthals über die Punk-Frisur des P, einem siebzehnjährigen Schüler: „Der sieht ja aus wie ein Feuermelder! Hey, du Gockel; kannst du auch krähen?“ S verstummt erst, als P drohend auf ihn zugeht. Gleichwohl versetzt P dem S eine Reihe von Ohrfeigen, um diesem einen nachhaltigen Denkzettel zu verpassen. V und O haben das kommen sehen. Obschon beide unschwer hätten eingreifen können, lassen sie die Züchtigung tatenlos zu. Während V aus Angst untätig bleibt, P könne sich sonst auch gegen ihn wenden, verlegt O sich lediglich auf verbalen Protest. Dabei geht O davon aus, dass man ein körperliches Einschreiten nicht von ihm verlangen könne.

Beurteilen Sie die Strafbarkeit der Beteiligten! Von einer Prüfung des § 323c StGB ist abzusehen. Strafanträge sind, soweit erforderlich, gestellt.

Lösung 11 „Ein ereignisreicher Wandertag"

Die ersten Lösungsschritte

1. Wegen des einheitlichen Geschehens ist eine Unterteilung des Gutachtens in Tatkomplexe unnötig. Zu gliedern ist nach Personen. Zu beginnen ist – chronologisch – mit der Strafbarkeit des S. Sein Verhalten ist, was leicht zu erkennen ist, an § 185 StGB zu messen. Im Anschluss daran ist der Blick auf die Strafbarkeit des P zu richten, dessen Körperverletzung (§ 223 StGB) wegen des Vorverhaltens von S möglicherweise gerechtfertigt sein könnte. Die Strafbarkeit von V und O aus §§ 223, 13 StGB ist schließlich ans Ende zu stellen. Weil sie vielleicht nicht Unterlassungstäter sind, sondern sich ihr Nichtstun in einer bloßen Unterlassungsteilnahme (§§ 27, 13 StGB) erschöpfen könnte, ist dieses Vorgehen mit Rücksicht auf die Aufbauregel „Täter vor Teilnehmer" zwingend geboten. Ob das Untätigbleiben des V vor dem des O behandelt werden sollte oder umgekehrt, ist demgegenüber einerlei.

2. Wendet man sich nunmehr der Feinstrukturierung innerhalb der einzelnen Delikte zu, dann ist bei S klar, dass er, was seine Äußerungen angeht, altersbedingt schuldunfähig und damit nach § 19 StGB exkulpiert ist. Dieser eindeutige Befund darf aber nicht dazu verleiten, die Arbeit am Tatbestand des § 185 StGB zu vernachlässigen. Im Rahmen der objektiven Tatbestandshälfte gilt es zu berücksichtigen, dass es eine Äußerung mit schlechterdings beleidigendem Inhalt nicht gibt. Maßgeblich sind stets die Gesamtumstände des Einzelfalls, wobei es nicht auf das subjektive Empfinden des Erklärungsempfängers ankommt. Abzustellen ist vielmehr auf den durch Auslegung zu ermittelnden objektiven Sinngehalt: Wie hätte ein unbefangener verständiger Dritter die Äußerung verstanden? (vgl. BGHSt 19, 235, 237). So gesehen, dürfen hier zum einen das Alter des S sowie zum anderen der Umstand, dass ihn die provokante Frisur des P zu den Äußerungen veranlasst hat, nicht außer Acht gelassen werden.

   Für die innere Tatseite ist zwar keine Kränkungsabsicht erforderlich. Der Täter muss sich aber des ehrverletzenden Charakters seines Verhaltens bewusst sein (BGHSt 1, 288, 291). Ob ein Kind diese Vorstellung entwickeln kann, ist nicht ganz zweifelsfrei.

   Dass P den Tatbestand der Körperverletzung (§ 223 StGB) verwirklicht hat, steht außer Frage. Wünschenswert wäre in diesem Zusammenhang der Hinweis darauf, dass sich alle Einzelakte kraft natürlicher Betrachtung zu einem körperlichen Misshandeln verknüpfen. Die mehreren Ohrfeigen begründen also nur eine Gesetzesverletzung (vgl. 3. Teil – Konkurrenzlehre – S. 203).

   Was die Rechtswidrigkeit betrifft, ist in erster Linie Notwehr (§ 32 StGB) zu erwägen. Insoweit besteht die Gefahr, dass man sogleich auf (ungeschriebene) Notwehrlimitierungen zurückgreift: Der Ehrangriff ging ja von dem schuldunfähigen S aus und ist zudem dem Bagatellbereich zuzuordnen (krasses Missverhältnis? bloße Unfugabwehr?). Hierbei würde jedoch übersehen, dass es schon an der Notwehrlage fehlt. S war zum Tatzeitpunkt bereits verstummt; weitere Verbalinjurien waren nicht mehr zu erwarten. Der Angriff war deshalb nicht mehr gegenwärtig.

Auf ein Züchtigungsrecht Kindern gegenüber kann P sich selbstverständlich nicht berufen. Spätestens seit der Einführung des § 1631 Abs. 2 BGB ist ein solches Recht nicht einmal mehr im Verhältnis Eltern-Kinder anzuerkennen.

Auf der Ebene der Schuld ist sodann zwei Aspekten Rechnung zu tragen. Mit 17 Jahren ist P erstens nach § 1 Abs. 2 JGG Jugendlicher. Die Verantwortlichkeit von Jugendlichen ist nach Maßgabe des § 3 JGG positiv festzustellen. Bei dieser Prüfung spielt natürlich das konkrete Alter des Täters eine wichtige Rolle. Noch bedeutsamer ist die Erkenntnis, dass das Gesetz die Schuldfähigkeit als Regel und die Schuldunfähigkeit als Ausnahme wertet. Nimmt man beides zusammen, kann bei P nicht von einer entwicklungsbedingten Störung i.S. des § 3 JGG ausgegangen werden.

Möglicherweise hatte P zweitens nicht die Einsicht, Unrecht zu tun, weil er irrig glaubte, er habe ein Recht, S zu maßregeln. Dies würde zur Annahme eines Verbotsirrtums nach § 17 StGB führen. Dem Sachverhalt kann das jedoch nicht mit der nötigen Sicherheit entnommen werden. Weil regelmäßig vom Vorhandensein des Unrechtsbewusstseins auszugehen ist, müssen aber eindeutige Anhaltspunkte vorliegen, die auf sein Fehlen hindeuten (vgl. *Kindhäuser*, LPK-StGB, 3. Aufl. 2006, § 17 Rn. 13). Ist das nicht der Fall, muss von einem Verbotsirrtum Abstand genommen werden.

Prüfungsschema einer (unechten) Unterlassungstat mit Erläuterungen

Sowohl für V als auch für O kommt nur ein Unterlassen in Betracht. Beide haben die an S begangene Körperverletzung nicht verhindert und könnten deshalb aus §§ 223, 13 StGB verantwortlich sein. Nachfolgend sei das Aufbauschema einer vorsätzlichen unechten Unterlassungstat aufgezeigt und im Anschluss daran durch fallbezogene Bemerkungen erläutert:

Strafbarkeit aus §§ X, 13 StGB

1. Vorabfeststellung: Unterlassen als Prüfungsansatz
2. Objektiver Tatbestand
   a) Erfolgseintritt
   b) Nichtvornahme der gebotenen Handlung
   c) Physisch-reale Möglichkeit der Erfolgsvermeidung
   d) „Kausalität" zwischen Unterlassen und Erfolg
   e) Garantenstellung
      aa) Beschützergarantie (familiäre Verbundenheit; Obhutsübernahme; Beruf)

bb) Überwachungsgarantie (Sachen und Personen als Gefahrenquelle; Ingerenz)

f) Speziell beim Nichtverhindern von Straftaten Dritter: Unterlassungstäterschaft oder -teilnahme

3. Subjektiver Tatbestand = Vorsatz (insbesondere Kenntnis der Umstände, die die eigene Garantenstellung begründen)
4. Rechtswidrigkeit
5. Schuld
   a) Gebotsirrtum, § 17 StGB
   b) Zumutbarkeit normgemäßen Verhaltens

Zu 1.: Bevor man mit der Arbeit am eigentlichen Tatbestand beginnt, sollte man dem Leser kurz vor Augen führen, dass von einem Unterlassen auszugehen ist.

Zu 2. a) bis d): Im objektiven Tatbestand ist dann an erster Stelle darzutun, dass ein Schädigungserfolg gegeben ist. Danach ist festzulegen, welches konkrete Tun dem Täter in dieser Situation abzuverlangen war. Der Täter muss des Weiteren individuell in der Lage gewesen sein, die rettende Handlung vorzunehmen (Man denke sich beispielsweise den O als im Rollstuhl sitzend!). Unterlassungskausalität ist gegeben, wenn das gebotene und mögliche Tätigwerden den Erfolg mit an Sicherheit grenzender Wahrscheinlichkeit verhindert hätte (BGH, NStZ 1985, 27).

Zu 2. e): Essentielle Voraussetzung der Unterlassungshaftung ist nach § 13 Abs. 1 StGB die rechtliche Einstandspflicht: Dem Täter muss eine Garantenstellung zufallen. Nicht zuletzt mit Blick auf die gleich zu behandelnde Frage der Abgrenzung von Unterlassungstäterschaft und -teilnahme ist zu differenzieren zwischen zwei Rubriken: der Beschützer- bzw. Obhutsgarantie einerseits und der Überwachungsgarantie andererseits.

Die erste Gruppe ist dadurch gekennzeichnet, dass der Täter für ein bestimmtes Rechtsgut verantwortlich zeichnet. Er hat alle Gefahren von diesem Rechtsgut fernzuhalten. Kurz: Er ist zu einer „Rund-um-Verteidigung" verpflichtet. So liegt es bei V. Als Vater ist V gemäß § 1626 Abs. 1 BGB personensorgepflichtig. Er ist für das Wohl und Wehe des S verantwortlich und hat diesen insbesondere vor Verletzungsschäden zu bewahren.

Dem Überwachungsgarant obliegt demgegenüber die Kontrollpflicht für eine bestimmte Gefahrenquelle. Er hat dafür zu sorgen, dass Gefahren, die von dieser Quelle ausströmen, nicht zur Entfaltung kommen, also keine Schäden anrichten. Dies ist für O anzunehmen. Kraft staatlichen Schulrechts ist O als Lehrer gehalten, Straftaten seiner Schüler zu unterbinden. Die rechtswidrige Tat muss allerdings während des Schulbetriebs verübt werden. Zum schulischen Bereich gehören aber sicher auch Ausflüge und Wandertage.

Zu 2. f): Hieran anknüpfend ist, wenn es – wie hier – um die Konstellation des Zulassens fremder Straftaten geht, zu fragen, welche Beteiligungsform dem Untätigbleibenden zufällt. Die Abschichtung von Täterschaft und bloßer Beihilfe könnte zunächst nach allgemeinen Regeln vorzunehmen sein. Lässt man, wie die Rechtsprechung es z.T. tut (BGH, StV 1986, 59), die „innere Haltung des Unterlassenden zur Begehungstat des anderen" entscheidend sein, wäre V ebenso wie O nur als Gehilfe einzustufen: V ist nur aus Furcht nicht eingeschritten; O hat immerhin protestiert. Beides zeigt, dass sie das Vorgehen des O nicht billigten, sich also nicht mit seiner Tat identifiziert haben. Gleiches gilt, wenn man – wie beim Begehen – auf Tatherrschaftsaspekte abhebt. Neben dem aktiven Begehungstäter P erscheinen die nichthandelnden Garanten V und O lediglich als Randfiguren.

Auf der anderen Seite ließe sich vertreten, dass bei der Abgrenzung den Besonderheiten einer Unterlassungstat Rechnung zu tragen ist. So könnte die Verletzung der Erfolgsabwendungspflicht grundsätzlich die Unterlassungstäterschaft begründen und zwar unbeschadet der Art der Garantenstellung (so *Roxin*, StrafR AT II, 2003, § 31 Rn. 140 ff.). Vorzugswürdiger erscheint es jedoch, zwischen den beiden Garantenpositionen zu differenzieren und den Beschützergaranten als Täter, den Überwachungsgaranten im Regelfall als Gehilfen auszugeben (*Seier*, JA 1990, 382 ff.). Zur Begründung lässt sich anführen, dass V als Beschützergarant aufgerufen ist, S vor jedweder Gefahr abzuschirmen. Auf die Art und den Ursprung der Gefahr kann es dabei nicht ankommen. Ob die Gefahr auf Naturereignisse, Krankheiten, Tierattacken etc. oder auf einen deliktischen Angriff zurückgeht, ist also einerlei.

Qualitativ anders beschaffen ist die Rechtspflicht des Überwachungsgaranten, der zu dem verletzten Rechtsgut in keiner besonderen Beziehung steht. Wertmäßig steht der passive Überwachungsgarant, der die Tat einer von ihm zu beaufsichtigenden Person nicht verhindert, einem aktiven Gehilfen gleich. Hätte O etwa den P durch ermunterndes Zureden in seinem Vorhaben bestärkt, hätte er die Körperverletzung durch positives Handeln gefördert. Dann aber wäre er nur bloßer Gehilfe, und seine Strafe müsste nach § 27 Abs. 2 StGB zwingend gemildert werden.

Entsprechendes muss gelten, wenn sich – wie hier – das Verhalten darauf beschränkt, den Angriff nicht zu unterbinden. O dennoch als Unterlassungstäter hochzustufen, wäre ungereimt, zumal ihm dann nur eine fakultative Strafmilderung nach § 13 Abs. 2 StGB zuteil werden würde. Dem O ist damit nur eine Unterlassungsgehilfenschaft (zum Aufbau der Teilnahme vgl. Fall 14, S. 172) anzulasten (§§ 27, 13 StGB), wobei diese Wertung nur umschlagen würde, wenn P, etwa weil auch noch Kind, für sein Handeln nicht verantwortlich wäre. Dies ist aber nicht der Fall, so dass eine mittelbare Unterlassungstäterschaft des O nicht in Frage kommt.

Zu 3.: Auf Vorsatzebene ist zu berücksichtigen, dass der Täter nur die äußeren Umstände kennen muss, aus denen seine Pflicht zum Einschreiten resultiert. Nicht zum Vorsatz gehört hingegen das Bewusstsein, zum Handeln verpflichtet zu sein. Demgemäß berührt der Irrtum des O, er könne es bei Worten bewenden lassen und brauche von Rechts wegen nicht körperlich zu intervenieren, seinen Vorsatz nicht.

Zu 5. a): Die Fehlvorstellung des O über den Umfang seiner Pflicht zum Tätigwerden führt vielmehr zu einem – im Rahmen der Schuld zu erörternden – sog. Gebotsirrtum, der der Verbotsirrtumsregelung des § 17 StGB zu unterstellen ist: Mangels Gebotsbewusstseins hatte O nicht die Einsicht, sich rechtswidrig zu verhalten. Nach § 17 StGB ist dann zu entscheiden, ob der Gebotsirrtum unvermeidbar (S. 1: Schuldausschluss) oder vermeidbar (S. 2: fakultative Strafmilderung) war. Hier ist letzteres anzunehmen. Als langjähriger Lehrer (= Oberstudienrat) hätte O wissen müssen, wie weit seine Pflichten für den Fall reichen, dass einer seiner Schüler eine Straftat begeht. Die notwendige Rechtskenntnis hätte er sich im Vorfeld verschaffen müssen.

Zu 5. b): V hat aus Furcht, selbst misshandelt zu werden, nichts unternommen. Mit Rücksicht darauf könnte ihm § 35 StGB, der entschuldigende Notstand zuzusprechen sein. Das Vorliegen einer gegenwärtigen Leibesgefahr ist indes zu verneinen. Die Annahme des V, P könne sich auch gegen ihn wenden, beruhte auf reiner Spekulation. Erst wenn P dies hätte erkennen lassen, wäre eine Situation gegeben, die hätte befürchten lassen, dass V Schaden an seiner körperlichen Unversehrtheit nimmt.

Möglicherweise kann aber V den im Unterlassungsbereich gewohnheitsrechtlich anerkannten Entschuldigungsgrund der Unzumutbarkeit normgemäßen Verhaltens für sich in Anspruch nehmen. Ob eine Handlung zumutbar ist, muss im Rahmen einer Gesamtwürdigung des Einzelfalls entschieden werden, in die einerseits die eigenen billigenswerten Interessen, andererseits die widerstreitenden Interessen aller Beteiligten einzubeziehen sind (BGH, NJW 1998, 1568, 1574).

Abermals muss hier zu Buche schlagen, dass eine gegenwärtige Gefahr für V situativ noch nicht bestand. Selbst wenn man davon ausgeht, dass P seinen Angriff sicher oder höchstwahrscheinlich auf V umgelenkt hätte, träfe den V als Beschützergaranten eine besondere Gefahrtragungspflicht. Diese hätte, wenn man die Wertung des § 35 Abs. 1 S. 2 StGB übernimmt, zur Konsequenz, dass es V zugemutet werden konnte, die Gefahr hinzunehmen. Hinzu kommt, dass die Misshandlung eines Kindes von anderer Qualität ist als die eines Erwachsenen, zumal sich dieser weitaus effektiver des Angriffs erwehren kann. Unter dem Strich war es damit dem V zuzumuten, sich dem P zu widersetzen.

Der schriftliche Lösungsplan

Das Lösungskonzept könnte nach allem wie folgt beschaffen sein:

I. Strafbarkeit des S aus § 185
   1. OTB = Beleidigen (+), folgt aus einer Gesamtschau (Tiername!)
   2. STB = Vorsatz, insbes. Bewusstsein der Ehrenrührigkeit (+)
   3. RW (+)
   4. Schuld (–), § 19!
   5. Ergebnis: (–)

II. Strafbarkeit des P aus § 223
   1. OTB = körperliches Misshandeln (+) in natürlicher Handlungseinheit
   2. STB = Vorsatz (+)
   3. RW
      a) Notwehr, § 32 (–), Ehrangriff abgeschlossen
      b) Züchtigungsrecht fremden Kindern ggüb. (–)
   4. Schuld
      a) §§ 1 Abs. 2, 3 JGG: mangels gegenteiliger Anhaltspunkte Schuldfähigkeit (+)
      b) Verbotsirrtum, § 17 (–), Hinweise im SV fehlen
   5. Strafantrag, § 230 (+)
   6. Ergebnis: § 223 (+)

III. Strafbarkeit des V aus §§ 223, 13
   1. Unterlassen als Prüfungsgegenstand
   2. OTB
      a) Erfolg (+), Körperverletzung bei S
      b) gebotene und mögliche Handlung: körperliches Einschreiten
      c) Kausalität (+), lt. SV
      d) Rechtspflicht zur Erfolgsabwendung (+), V ist als Vater Beschützergarant (§ 1626 I BGB)
      e) Unterlassungstäterschaft? str.! (–), wenn mit Täterwillen oder Tatherrschaftsregeln gearbeitet wird. (+), wenn die Beschützerrolle den Ausschlag gibt
   3. STB = Vorsatz (+)
   4. RW (+)
   5. Schuld
      a) § 35 (–), noch keine gegenwärtige Leibesgefahr
      b) Unzumutbarkeit normgerechten Handelns (–), Interessenabwägung geht nach Lage der Dinge zu Lasten des V aus
   6. Strafantrag, § 230 (+)
   7. Ergebnis: §§ 223, 13 (+)

IV. Strafbarkeit des O aus §§ 223, 13
   1. OTB

a) Erfolg, gebotenes und mögliches Handeln, Kausalität (+), wie bei V
b) Garantenstellung → O ist als Lehrer im schulischen Bereich Überwachungsgarant; Kontrollpflicht seinen Schülern ggüb.
c) Unterlassungstäterschaft? (–), wenn allg. Regeln zugrunde gelegt werden. (+), wenn die Rechtspflicht zum Handeln maßgeblich ist. Aber: nach wertender Betrachtung steht O eher einem Aktivgehilfen gleich.

2. Ergebnis: (–)

V. Strafbarkeit des O aus §§ 223, 27, 13

1. OTB
   a) teilnahmefähige Haupttat (+), Körperverletzung des P
   b) Hilfeleistung (+), Fördern durch garantenpflichtwidriges Unterlassen
2. STB = Vorsatz (+), insbes. waren O die Umstände bekannt, die seine Handlungspflicht auslösen. Irrtum über die Reichweite seiner Pflichten hier irrelevant
3. RW
4. Schuld
   a) Gebotsirrtum, § 17 (+)
   b) unvermeidbar/vermeidbar? wg. der exponierten Stellung des V Irrtum überwindlich
5. Strafantrag, § 230 (+)
6. Ergebnis: §§ 223, 27, 13 (+)

Gesamtergebnis

Klausurlösung

I. Strafbarkeit des S aus § 185 StGB

S könnte sich durch seine an P gerichteten Zurufe einer Beleidigung nach § 185 StGB schuldig gemacht haben.

1. Objektiver Tatbestand

S müsste P beleidigt haben. Beleidigung meint die Kundgabe der Nichtachtung oder Missachtung der Ehre eines anderen. Entscheidend hierfür sind die Umstände des Einzelfalls, aus denen sich auch ergeben kann, dass die Äußerungen als bloßer Scherz oder Fopperei aufzufassen sind. Dafür spricht, dass S Kind ist und P durch seine ungewöhnliche Haartracht den S zu seinen Ausrufen provoziert hat. Dies mag zwar für die Bezeichnung „Feuermelder“ und die Anrede mit „Du“ noch so zu sehen sein. Wenn aber der andere zusätzlich mit einem Tier („krähender Gockel“) verglichen wird, ist nach objektiver Betrachtung die Grenze einer bloßen Ungehörigkeit überschritten, zumal wenn dies lautstark und in Anwesenheit von Dritten geschieht. Mit seinen Zurufen hat S deshalb die Minderwertigkeit des P zum Ausdruck gebracht und diesem den sozialen Geltungswert abgesprochen. Der objektive Tatbestand ist erfüllt.

2. Subjektiver Tatbestand

Der subjektive Tatbestand verlangt Vorsatz. Insbesondere muss der Täter zumindest einkalkulieren, dass seine Äußerung objektiv als ehrkränkend verstanden werden kann. Fraglich ist, ob ein Kind überhaupt dazu in der Lage ist, eine solche Wertung zu vollziehen. Ein Sechsjähriger weiß normalerweise, dass ein Mensch, wenn er mit einem Tier gleichgestellt wird, persönlich abgewertet wird. Dass dies bei S anders liegen könnte, ist nicht ersichtlich. Der innere Tatbestand ist somit ebenfalls gegeben.

3. Rechtswidrigkeit

Rechtfertigungsgründe stehen S nicht zur Seite. Sein Verhalten war rechtswidrig.

4. Schuld

Nach § 19 StGB ist S mit sechs Jahren schuldunfähig und damit strafunmündig. Seine Schuld ist ausgeschlossen.

5. Ergebnis

S hat sich nicht wegen Beleidigung nach § 185 StGB strafbar gemacht.

II. Strafbarkeit des P aus § 223 StGB

P könnte sich dadurch, dass er dem S mehrere Ohrfeigen verabreicht hat, wegen Körperverletzung nach § 223 StGB strafbar gemacht haben.

1. Objektiver Tatbestand

P müsste S körperlich misshandelt haben. Darunter ist ein übles, unangemessenes Behandeln zu verstehen, das entweder die körperliche Unversehrtheit oder das körperliche Wohlbefinden nicht nur unerheblich beeinträchtigt. Weil P dem S einen Denkzettel verpassen wollte, ist davon auszugehen, dass die Schläge mit einiger Wucht durchgeführt wurden und für S mit Schmerzen verbunden waren. Zwar hat S keine Verletzungsfolgen davon getragen; er ist aber durch die Ohrfeigen in seinem körperlichen Wohlbefinden mehr als bloß unerheblich beeinträchtigt worden. Die einzelnen Ohrfeigen verbinden sich dabei kraft natürlicher Wertung zu einer Handlung, also nur zu einem körperlichen Misshandeln. P hat den objektiven Tatbestand des § 223 StGB verwirklicht.

2. Subjektiver Tatbestand

P hat S wissentlich und mit Absicht geschlagen. Vorsatz ist mithin gegeben.

3. Rechtswidrigkeit

Möglicherweise war das Vorgehen des P erlaubt.

a) Notwehr, § 32 StGB

Als Rechtfertigungsgrund kommt Notwehr in Betracht. P müsste sich dann in einer Notwehrsituation befunden haben. S hatte P zuvor beleidigt und damit einen rechtswidrigen Angriff auf die Ehre des P unternommen. Als P handgreiflich wurde, war S aber bereits verstummt. Damit, dass S seinen Ehrangriff fortsetzen würde, war nach Lage der Dinge nicht zu rechnen. Der Angriff des S war demnach abgeschlossen und nicht mehr gegenwärtig. Mangels Notwehrlage scheidet eine Rechtfertigung über § 32 StGB aus.

b) allgemeines Züchtigungsrecht

P ist angetreten, S für seine groben Ungehörigkeiten körperlich zu bestrafen. Eine Befugnis zur Züchtigung fremder Kinder ist indes unter keinen Umständen anzuerkennen. Selbst Eltern haben heute gemäß § 1631 Abs. 2 BGB kein Recht mehr, auf Unarten ihrer Kinder mit körperlicher Bestrafung zu reagieren.

P hat die Körperverletzung rechtswidrig begangen.

4. Schuld

Fraglich ist, ob P überdies schuldhaft handelte.

a) §§ 1 Abs. 2, 3 JGG

P war zum Tatzeitpunkt Jugendlicher, § 1 Abs. 2 JGG. Nach § 3 JGG wäre er strafrechtlich nur verantwortlich, wenn er nach seiner sittlichen und geistigen Entwicklung reif genug war, das Unrecht seiner Tat einzusehen und nach dieser Einsicht zu handeln. Anhaltspunkte, die auf eine Fehlentwicklung bei P hindeuten, lassen sich dem Sachverhalt nicht entnehmen. Weil er als Siebzehnjähriger an der Schwelle zum Heranwachsenden steht und die Strafunmündigkeit mangels Reife bei Jugendlichen die Ausnahme bildet, ist P als strafrechtlich verantwortlich einzustufen.

b) Verbotsirrtum, § 17 StGB

P könnte zudem irrig angenommen haben, er dürfe S wegen der vorangegangenen Beleidigung züchtigen. P wäre dann einem Verbotsirrtum nach § 17 StGB erlegen. Aber auch darüber gibt der Sachverhalt keinen Aufschluss. Normalerweise hat ein Täter die Einsicht, Unrecht zu tun. Dass bei P Gegenteiliges der Fall sein könnte, ist nicht erkennbar. Insbesondere kann aus seiner Absicht, dem S einen Denkzettel zu geben, nicht auf fehlendes Unrechtsbewusstsein geschlossen werden. Ein Verbotsirrtum ist nicht anzunehmen.

P handelte nach alledem auch schuldhaft.

5. Strafantrag, § 230 StGB

Der nach § 230 StGB notwendige Strafantrag ist gestellt.

6. Ergebnis

P hat sich einer Körperverletzung nach § 223 StGB schuldig gemacht.

III. Strafbarkeit des V aus §§ 223, 13 StGB

V hat sehenden Auges geduldet, dass P dem S Ohrfeigen versetzte. Er könnte sich deshalb aus § 223 StGB strafbar gemacht haben. Weil sich das Verhalten des V in einem bloßen Nichtstun erschöpfte, kommt nur ein Unterlassen in Betracht, § 13 StGB.

1. Objektiver Tatbestand

a) P hat S körperlich misshandelt. Ein Körperverletzungserfolg ist damit gegeben. V hat davon abgesehen, diesen Erfolg durch aktives Eingreifen zu verhindern. Er hätte sich zum Schutze des S dem P in den Weg stellen und diesen – notfalls auch mit Gewalt – von seinem Vorhaben abhalten können. Zu einem solchen Einschreiten war V nach seinen individuellen Möglichkeiten auch in der Lage. Hätte V sich auf ein Dazwischentreten besonnen, wäre es mit an Sicherheit grenzender Wahrscheinlichkeit nicht zu der Körperverletzung gekommen. Sein Unterlassen war damit kausal für die Schädigung des S.

b) V müsste nach § 13 Abs. 1 StGB rechtlich dafür einzustehen haben, dass der Erfolg nicht eintritt. Als Vater ist V dem S gegenüber personensorgepflichtig, § 1626 Abs. 1 BGB. Er ist für das Wohl seines Sohnes verantwortlich, muss diesem beistehen und hat ihn vor allem vor körperlichen Schädigungen zu bewahren. V ist demnach Beschützergarant.

Fraglich ist aber, ob dem V die Rolle eines Unterlassungstäters zugesprochen werden kann oder ob er nur als bloßer Gehilfe an der Körperverletzung des P beteiligt ist. Nimmt man die erforderliche Abgrenzung nach den gleichen Regeln vor, die für Begehungsdelikte maßgeblich sind, wäre V lediglich Unterlassungsgehilfe. Weil er sich nur aus Furcht zurückgehalten hat, wollte er die Tat nicht als „eigene". Sein Nichtstun weist ihn zudem nur als Randfigur des deliktischen Geschehens aus. Von einer Herrschaft über die Sachlage kann deshalb nicht gesprochen werden.

Unter Wertungsgesichtspunkten erscheint es indes nicht sachgerecht, gegen V nur einen Beihilfevorwurf zu erheben und ihm damit eine Strafmilderung nach § 27 Abs. 2 StGB zuteil werden zu lassen. Als Beschützergarant muss V den S vor Gefahren jeglichen Ursprungs bewahren. Würde es sich um Zufallsgefahren handeln, wäre V im Fall ihrer Nichtabwendung fraglos Unterlassungstäter. Dann aber kann hier nichts anderes gelten. Denn die Verantwortung des V für seinen Schützling S wird ja nicht dadurch verringert, dass die Gefahren für S von einem vorsätzlich-deliktischen Angriff eines Dritten herrühren. Von daher geben die Schutzpflicht des V und seine Vermeidemacht den Ausschlag; sie begründen die Täterschaft des V.

c) V hat den objektiven Tatbestand des § 223 StGB durch täterschaftliches Unterlassen erfüllt.

2. Subjektiver Tatbestand

Die innere Tatseite setzt Vorsatz voraus. V kannte die Situation, aus der seine Handlungspflicht erwuchs. Ihm war überdies bewusst, dass er durch ein Eingreifen den Erfolg hätte abwenden können. Die subjektive Tatbestandshälfte liegt gleichfalls vor.

3. Rechtswidrigkeit

Rechtfertigungsgründe sind nicht ersichtlich. Das Unterlassen war somit rechtswidrig.

4. Schuld

a) Entschuldigender Notstand, § 35 StGB

Weil V den P aus Angst, selbst verprügelt zu werden, gewähren ließ, könnte er sich in einem entschuldigenden Notstand gemäß § 35 StGB befunden haben. Für V müsste eine gegenwärtige Gefahr bestanden haben. Eine solche ist nur anzunehmen, wenn die Möglichkeit eines Schadens naheliegt oder in bedrohliche Nähe gerückt ist. Hier bestand nur die gedankliche bzw. theoretische Möglichkeit, dass P seinen Angriff auf V umlenken könnte. Tatsächliche Umstände, aus denen darauf geschlossen werden könnte, sind nicht erkennbar. Von einer gegenwärtigen Gefahr kann demnach noch nicht gesprochen werden.

Es kommt hinzu, dass V eine solche Gefahr, wenn man sie als schon vorhanden unterstellt, für seine Person hätte hinnehmen müssen. Die Vater-Sohn-Beziehung stellt ein besonderes Rechtsverhältnis i.S. des § 35 Abs. 1 S. 2 StGB dar, mit der Folge, dass V die dem S drohenden Gefahren auf sich hätte ziehen müssen.

b) Unzumutbarkeit normgemäßen Verhaltens

Aus den gleichen Gründen entfällt auch der ungeschriebene Entschuldigungsgrund der Unzumutbarkeit normgerechten Verhaltens. In diesem Zusammenhang ist auch in Rechnung zu stellen, dass – nicht nur mit Rücksicht auf die Wehrfähigkeit – das Misshandeln eines Kindes schwerer wiegt als das eines Erwachsenen.

V hat somit schuldhaft gehandelt.

5. Strafantrag, § 230 StGB

Der nach § 230 StGB erforderliche Strafantrag liegt vor.

6. Ergebnis

V hat sich einer Unterlassungstat nach §§ 223, 13 StGB schuldig gemacht.

IV. Strafbarkeit des O aus § 223, 13 StGB

Ebenso wie V könnte sich O, weil er davon abgesehen hat, körperlich einzuschreiten, wegen Körperverletzung durch Unterlassen nach §§ 223, 13 StGB schuldig gemacht haben.

1. Objektiver Tatbestand

a) Hinsichtlich des Erfolgseintritts, der Handlungsmöglichkeit und der Unterlassungskausalität kann auf oben verwiesen werden. Im Gegensatz zu V hat zwar O verbal protestiert. Das kann ihm aber nicht zugute kommen, weil dieses Aufbegehren P nicht hat innehalten lassen. Spätestens nachdem O dies erkannt hat, war es ihm geboten, sich körperlich gegen P zu wenden.

b) O müsste zum Einschreiten verpflichtet gewesen sein, § 13 Abs. 1 StGB. Eine besondere Obhutspflicht dem S gegenüber oblag dem O nicht. Er war also kein Beschützergarant. Er könnte aber Überwachungsgarant gewesen sein. Innerhalb des Schulbetriebs, zu dem auch Wandertage gehören, ist ein Lehrer für das Verhalten der ihm untergebenen Schüler kraft Schulrechts verantwortlich. Er hat sie zu kontrollieren und muss insbesondere bevorstehende Straftaten seiner Schüler verhüten.

c) Abermals ist zu prüfen, ob die bei O gegebene Überwachungsgarantenstellung eine täterschaftliche Haftung begründet oder ob nur auf eine Unterlassungsbeihilfe zu erkennen ist. Nach den auf das Begehungsdelikt zugeschnittenen Abgrenzungskriterien wäre O gleichfalls lediglich Unterlassungsgehilfe. Sein geäußerter Protest belegt, dass er die Tat des P nicht „als eigene" wollte.

   Bereits oben wurde dargestellt, dass diese Aspekte für die Beurteilung einer Unterlassungsbeteiligung nicht wirklich passen. Abzustellen ist stattdessen auf die Hinderungsmacht und die Garantenpflicht. So gesehen, könnte das Unterlassen des O – ebenso wie das des V – Täterschaftsformat haben. O ist indes anders als V Überwachungsgarant, d.h. sein Einstehenmüssen für die Züchtigung des S wird nur über eine Gefahrenquelle vermittelt, für die O zuständig ist. Hätte O aktiv an der Tat des P mitgewirkt, wäre die Abgrenzung zwischen Täterschaft und Teilnahme nach allgemeinen Regeln vorzunehmen. Sofern also O etwa den Tatentschluss des P gestärkt hätte, wäre er als Aktivgehilfe zu strafen. Dann aber ist nicht einzusehen, warum er im Fall bloßen Unterlassens als Täter haften soll und damit, weil ihm die Strafmilderung des § 27 Abs. 2 StGB genommen wird, schlechter steht als der positiv tätige Gehilfe.

   O hat somit den objektiven Tatbestand des § 223 StGB nicht durch täterschaftliches Unterlassen erfüllt.

2. Ergebnis

O hat sich aus §§ 223, 13 StGB nicht schuldig gemacht.

V. Strafbarkeit des O aus §§ 223, 27, 13 StGB

O könnte sich jedoch wegen Beihilfe durch Unterlassen zur Körperverletzung strafbar gemacht haben, §§ 223, 27, 13 StGB.

1. Objektiver Tatbestand

Eine teilnahmetaugliche Haupttat liegt in Gestalt der Körperverletzung vor. Diese hat O dadurch gefördert, dass er sie hat geschehen lassen, obwohl er als Überwachungsgarant zum Einschreiten verpflichtet war.

2. Subjektiver Tatbestand

O sah voraus, was P vorhatte. Vorsatz bezüglich der Haupttat ist mithin gegeben. Ihm waren auch die äußeren Umstände bewusst, aus denen seine Garantenstellung erwächst. Allerdings glaubte er, das Gebotene mit dem erhobenen Widerspruch getan zu haben. Dieser Irrtum betrifft jedoch allein die Garantenpflicht bzw. deren Umfang und lässt den Tatvorsatz unangetastet. O hatte Gehilfenvorsatz.

3. Rechtswidrigkeit

In Ermangelung von Rechtfertigungsgründen verhielt sich O rechtswidrig.

4. Schuld

O könnte einem Gebotsirrtum, der nach § 17 StGB zu behandeln ist, erlegen sein. Seine Fehlvorstellung, zu einem körperlichen Eingreifen nicht verpflichtet zu sein, hat zur Folge, dass O das Unrecht seines Untätigbleibens nicht kannte. Fraglich ist, ob O diesen Irrtum vermeiden oder nicht vermeiden konnte. Als langjähriger Lehrer hätte O wissen müssen, was die Rechtsordnung in seiner solchen Situation von ihm verlangt. Ihm oblag die Pflicht, sich ständig und sorgfältig mit den seine Berufsausübung betreffenden Regeln zu befassen. Sein Gebotsirrtum war somit überwindlich, was nach § 17 S. 2 StGB nur zu einer fakultativen Strafmilderung führt.

5. Strafbarkeit des O aus Strafantrag, § 230 StGB

Der nach § 230 StGB erforderliche Strafantrag ist gestellt.

6. Ergebnis

O hat sich aus §§ 223, 27, 13, StGB strafbar gemacht. In Betracht kommt eine sogar dreifache Strafmilderung, die sich im Einzelnen aus § 27 Abs. 2, 13 Abs. 2, 17 S. 2 StGB herleiten lässt.

Gesamtergebnis

S geht straffrei aus. P hat sich einer Körperverletzung nach § 223 StGB schuldig gemacht. O hat dazu strafbare Beihilfe durch Unterlassen geleistet, §§ 223, 27, 13 (17 S. 2) StGB. V hat sich schließlich wegen Körperverletzung, begangen durch Unterlassen, strafbar gemacht, §§ 223, 13 StGB.

Fall 12 „Die Beagle-Feinde“

Mittelbare Täterschaft

A wohnt in einem Mehrfamilienhaus. Vor kurzem hat sich R, der im gleichen Haus wohnt, mit Erlaubnis des Vermieters einen Hund zugelegt. A ist sehr verärgert darüber, weil der Hund – ein Beagle mit Namen „Tasso“ – ihm stets aggressiv begegnet und im Treppenhaus sowie im gemeinschaftlich genutzten Garten laut und anhaltend zu kläffen pflegt. A wird so häufig in seiner Mittags- und Abendruhe gestört und sinnt schließlich auf Abhilfe.

A weiß, dass der im Nachbarhaus wohnende S ein erfolgreicher Sportschütze ist und ein Kleinkalibergewehr besitzt. A sucht S auf und bietet ihm 150 EUR an, wenn S das Tier bei Gelegenheit erschösse. S lehnt das zunächst entrüstet ab. Daraufhin setzt A den S unter Druck: Er wisse genau, dass S vor seinen Wettkämpfen unerlaubte Mittel einnehme. Wenn S nicht bereit sei, die Tat auszuführen, werde die Öffentlichkeit davon in Kenntnis gesetzt. S, der sich in der Tat vor Wettkämpfen „dopt“, ist eingeschüchtert. Am nächsten Nachmittag erschießt S vom Fenster aus das im Garten herumtollende Tier.

Haben A und S sich aus dem StGB strafbar gemacht? Strafanträge sind, soweit erforderlich, gestellt.

Lösung 12 „Die Beagle-Feinde“

Die ersten Lösungsschritte

1. Das Aufsuchen der zu diskutierenden Strafgrundlagen bereitet keine Schwierigkeiten. Das Verhalten des S ist an § 303 Abs. 1 StGB zu messen. Das gleiche Delikt – jeweils in Verbindung mit § 25 Abs. 1 2. Alt. StGB (mittelbare Täterschaft) oder mit § 26 StGB (Anstiftung) – ist auch für A zu erörtern. Bei ihm tritt noch § 240 StGB (Nötigung) hinzu, der eine prüfungstechnische Besonderheit aufweist: Die Norm beinhaltet einen sog. offenen Tatbestand, bei dem die Rechtswidrigkeit ausnahmsweise positiv festzustellen ist. Dies hat nach Maßgabe des § 240 Abs. 2 StGB zu geschehen.

2. Was die Prüfungsreihenfolge angeht, sollte mit der Nötigung des A begonnen werden. Im Anschluss daran ist es zwingend geboten, auf die Strafbarkeit des tatnächsten S umzusteigen und sich danach nochmals der Strafbarkeit des A zuzuwenden. Dieser Aufbau ist deshalb zu beherzigen, weil die Beurteilung der Strafbarkeit des Hintermannes A maßgeblich von der des tatausführenden S abhängt. Sowohl bei der mittelbaren Täterschaft als auch bei der Anstiftung muss grundsätzlich vorab das Handeln des Werkzeugs bzw. des Haupttäters untersucht werden. In casu kommt hinzu, dass das für S aufgezeigte Ergebnis die Weichen für die Beteiligungsrolle des A stellt. Würde S infolge der Nötigung ein Verantwortungsdefizit aufweisen, hätte A sich seiner als menschlichen Werkzeugs bedient. A wäre dann augenscheinlich mittelbarer Täter. Wäre demgegenüber die Verantwortung des S trotz der Drohung nicht beseitigt, hatte A möglicherweise keine tatbeherrschende Position inne: Er könnte nur als Anstifter eingestuft werden, es sei denn, man würde sich zu der Lehre des „Täters hinter dem Täter“ bekennen.

   Aus alledem ergibt sich folgende Grobgliederung:

   A. Strafbarkeit des A aus § 240
   B. Strafbarkeit des S aus § 303 Abs. 1
   C. Strafbarkeit des A aus § 303 Abs. 1 – mittelbarer Täter (§ 25 Abs. 1 2. Alt.) oder nur Anstifter (§ 26)?

3. Es gilt nunmehr, sich der Feinstrukturierung und den Sachproblemen im Einzelnen zuzuwenden.

   a) Der Tatbestand der Nötigung lässt sich für A ohne viel Federlesens bejahen. Schwieriger gestaltet sich die Prüfung des § 240 Abs. 2 StGB, der sog. Mittel-Zweck-Relation. Anzuraten ist folgendes Vorgehen: Man prüft zunächst, ob entweder das eingesetzte Nötigungsmittel oder der Nötigungszweck – jeweils für sich gesehen – als missbilligenswert erscheint. Wenn ja, spricht zumindest eine Vermutung dafür, dass auch die Verknüpfung von Mittel und Zweck verwerflich ist. Sind hingegen weder Mittel noch

Zweck rechtlich zu beanstanden, ist in einem zweiten Schritt zu untersuchen, ob die Verwerflichkeit nicht vielleicht aus einer inkonnexen Kombination (= mangelnder Zusammenhang) beider Faktoren ableitbar ist.

b) Bei der Sachbeschädigung (§ 303 StGB) ist zu bedenken, dass die (missglückte) Vorschrift des § 90a S. 1 BGB (vgl. *Palandt-Ellenberger*, BGB, 68. Aufl. 2009, § 90a Rn. 1: „Im Ergebnis eine gefühlige Deklamation ohne wirklichen rechtlichen Inhalt") Tieren die Sachqualität abspricht. Beim Wort genommen käme damit Tieren – von § 17 TierschutzG abgesehen – kein strafrechtlicher (Eigentums-) Schutz zu. Auf § 90a S. 3 BGB zurückzugreifen und § 303 StGB „entsprechend" anzuwenden, wäre mit Blick auf das Analogieverbot (Art. 103 Abs. 2 GG) ein fragwürdiger Ausweg. Besser ist, als Begründung anzuführen, dass im Strafrecht von einem eigenständigen – auch Tiere umfassenden – Sachbegriff auszugehen ist (OLG Karlsruhe, NJW 2001, 2488 u. Hinw. auf §§ 324a Abs. 1 Nr. 1, 325 Abs. 1 S. 1 StGB). Darüber hinaus ist auch im Zivilrecht anerkannt, dass Tiere Sachen „sui generis" (= arteigen) sind, für die lediglich besondere Schutzvorschriften gelten.

Im Rahmen von § 303 StGB ist weiterhin zu erkennen, dass S sich im Nötigungsnotstand befand. Das könnte möglicherweise für die Rechtswidrigkeit oder die Schuld von Bedeutung sein. Klar ist zunächst, dass eine Rechtfertigung über § 32 StGB (Notwehr) ausscheidet. S mag zwar infolge der Drohung des A rechtswidrig und gegenwärtig angegriffen worden sein. Bei der Notwehr muss sich aber die Verteidigung begriffsnotwendig gegen den Angreifer richten. Werden Rechtsgüter Unbeteiligter verletzt (wie hier das Eigentum des R), ist die Tat nicht von Notwehr gedeckt.

Ebenso eindeutig ist, dass auf der Schuldebene § 35 StGB (entschuldigender Notstand) entfällt. Die in § 35 StGB aufgelisteten Rechtsgüter („Leben, Leib und Freiheit") sind nicht betroffen. Weil dieser Katalog abschließend zu verstehen ist, kann die Vorschrift nicht analog herangezogen werden, auch wenn die psychische Bedrängnis des S noch so groß gewesen sein mag.

So bleibt es denn bei der Frage, ob der Nötigungsnotstand zu einer Rechtfertigung des S über Notstandsregeln führt. Zu bedenken ist hier, dass der allgemeine rechtfertigende Notstand nach § 34 StGB im Schatten zweier zivilrechtlicher Spezialvorschriften steht: § 228 BGB (Verteidigungsnotstand) sowie § 904 BGB (Angriffsnotstand). Beide Regelungen gelten auch für Tiere (OLG Hamm, NJW-RR 1997, 467). Weil von „Tasso" keine Gefahr ausging, der defensive Notstand des § 228 BGB mithin entfällt, ist auf den aggressiven Notstand des § 904 BGB abzustellen.

Insoweit lassen sich zwei Lösungswege beschreiten, die so oder so übereinstimmend zu einem verneinenden Ergebnis kommen. Zunächst lässt sich mit Fug sagen, dass § 904 BGB von vornherein nicht anwendbar ist. Wer sich – wie S – im Nötigungsnotstand befindet, tritt ja, wenn auch gezwungenermaßen, auf die Seite des Unrechts. Ihm keine rechtswidrige Tat zu bescheinigen hieße, den Geltungsanspruch der Rechtsordnung aufzuheben und dem Opfer der Straftat eine Duldungspflicht aufzuerlegen (näher dazu *Wessels/Beulke*, StrafR AT, 39. Aufl. 2009, Rn. 443). Man bedenke nur: Angenommen, S wäre gerechtfertigt; in Ermangelung eines rechtswidrigen Angriffs hätte R dann keine Notwehrbefugnis nach § 32 StGB: Er müsste sehenden Auges den S gewähren lassen und tatenlos den Angriff auf sein Eigentum hinnehmen. Dass dies nicht sachgerecht ist, dürfte sich von selbst verstehen.

Abweichendes ergibt sich aber auch nicht, wenn man in die sachliche Prüfung des § 904 S. 1 BGB „einsteigt“. Hiernach müsste darüber befunden werden, ob der dem S drohende Schaden im Vergleich zu dem dem Eigentümer R entstandenen Schaden unverhältnismäßig groß war. Auf dem Spiel stand in concreto das Interesse des S, unentdeckt zu bleiben. Kämen seine Machenschaften ans Licht, wären damit für ihn der Verlust von Ansehen, sportrechtliche Sanktionen (Sperre, Vereinsausschluss etc.), möglicherweise sogar Strafbarkeitsrisiken verbunden. Insoweit ist allerdings zu bedenken, dass S, weil er sich tatsächlich unlauterer Mittel bedient hat, sich selbst erpressbar gemacht hat. Die Folgen, die ihm drohen würden, müsste er zu Recht über sich ergehen lassen.

Wägt man ab, kann keine Rede davon sein, dass die dem S drohenden Nachteile das Eigentumsinteresse des R wesentlich überwiegen. Die Güterabwägung geht damit zu Lasten des S aus; eine Rechtfertigung aus § 904 BGB ist ihm zu versagen.

Das Prüfungsschema bei der mittelbaren Täterschaft

Wie gesehen, ist S für seine Tat – die Sachbeschädigung – voll verantwortlich. Gleichwohl kommt A, weil er S als Nötigungsopfer missbraucht hat, als mittelbarer Täter in Betracht. Im Folgenden soll das Aufbauschema mittelbarer Tatbegehung skizziert werden. Im Anschluss daran ist auf die hier vorliegende Besonderheit einzugehen, die üblicherweise mit dem Etikett „Täter hinter dem Täter“ versehen wird.

Vorauszuschicken ist, dass die Vorschrift des § 25 Abs. 1 2. Alt. StGB bereits im Obersatz genannt werden sollte. Die besonderen Voraussetzungen der mittelbaren Täterschaft müssen sodann in die Tatbestandsprüfung eingebracht werden. Keinesfalls dürfen sie in einer Art von Vorwegprüfung der eigentlichen Tatbestandserörterung vorangestellt werden. Ebenso verfehlt wäre es, sie – etwa jenseits der Schuld – der jeweiligen Deliktsprüfung nachzuschalten. § 25 Abs. 1 2. Alt. StGB ist vielmehr ergänzend in den Tatbestand hineinzulesen. Der vollständige Tatbestand lautet demnach: „Wer … eine fremde Sache durch einen anderen beschädigt oder zerstört, …“.

Strafbarkeit des Hintermannes aus §§ X, 25 Abs. 1 2. Alt. StGB

1. Objektiver Tatbestand
   a) Kein Fall unmittelbarer Täterschaft, 25 Abs. 1 1. Alt. StGB (aus Gründen der Klarstellung sollte dies kurz angemerkt werden)

b) Begehung der Tat durch einen anderen
   aa) Verwirklichung der objektiven Deliktsvoraussetzungen (insbes. des Handlungsmerkmals) durch den Tatmittler
   Hinweis: Dies und der folgende Gliederungspunkt sind im Regelfall schon bei der voranzustellenden Erörterung der Strafbarkeit des Tatausführenden geklärt worden. Wenn das geschehen ist, kann natürlich darauf verwiesen werden.
   bb) Werkzeugqualität des Tatmittlers – konkretes Strafbarkeitsdefizit? Oder ausnahmsweise bei voller Verantwortung sonstige Beherrschbarkeit?
   cc) Bestimmen des Tatmittlers zur konkreten Tat
   dd) Überlegene Stellung des Hintermannes aufgrund von Umständen, die seine Tatherrschaft begründen. Im Einzelnen:
      (1) Täuschungsherrschaft
      (2) Nötigungsherrschaft
      (3) Willensherrschaft über schuldlos Handelnde
2. Subjektiver Tatbestand
   a) Vorsatz bzgl. der Deliktsvoraussetzungen
   b) Vorsatz bzgl. der Erfordernisse, die die mittelbare Täterschaft begründen

Ein „klassischer" Fall mittelbarer Täterschaft wäre hier gegeben, wenn die Nötigung die Gradmarke des § 35 StGB erreicht, d.h. S sich in einer ihn entschuldigenden Notsituation befunden hätte. Die Drohung des A lag jedoch unterhalb der Schwelle des § 35 StGB. Sie hat den S aber immerhin so stark unter Druck gesetzt, dass er dem Ansinnen des A, das er zuvor noch entrüstet abgelehnt hatte, folgte. S könnte deshalb durchaus als unfreies und beherrschtes Werkzeug in den Händen des A anzusehen sein. Überzeugend ist diese Wertung allerdings nicht. Denn damit setzt man sich über die Regeln rechtlicher Verantwortung hinweg und opfert gleichzeitig das einzig praktikable und verlässliche Kriterium, das die mittelbare Täterschaft von der Anstiftung abhebt. Fast jeder Angestiftete handelt ja unter fremdem Einfluss und unter dem Druck bestimmter Motive. So kann selbst dann, wenn ihm eine Belohnung oder Vorteile versprochen werden, der zur Tat treibende Drang für ihn unwiderstehlich sein, ohne dass dadurch dem Tatveranlasser die Rolle eines mittelbaren Täters zufiele.

Die Einsicht, dass die Abgrenzung zwischen mittelbarer Täterschaft und Anstiftung nach dem Verantwortungsprinzip auszurichten ist, lag denn auch dem § 48 StGB a.F., dem Vorläufer des § 26 StGB zugrunde. Dort wurde die Drohung explizit als Anstiftungsmittel aufgeführt. Diese Aufzählung wäre sinnlos gewesen, wenn jede Drohung die mittelbare Täterschaft des Nötigenden begründen würde. § 26 StGB verzichtet zwar nunmehr darauf, die Anstiftungsmittel aufzulisten. Dadurch hat sich aber sachlich nichts am Verständnis der Anstiftung geändert.

Als Fazit kann somit festgehalten werden, dass A mangels Werkzeugrangs des S nicht als mittelbarer Täter ausgegeben werden kann. Übrig bleibt eine Strafbarkeit wegen Anstiftung zur Sachbeschädigung, §§ 303 Abs. 1, 26 StGB (vgl. dazu das Aufbaumuster Fall 14, S. 172).

Die schriftliche Lösungsskizze

Der zu Papier gebrachte endgültige Lösungsplan könnte nach alledem folgendes Aussehen haben:

I. Strafbarkeit des A aus § 240
  1. OTB
    a) Drohung mit einem empfindlichen Übel (+)
    b) Nötigungserfolg (+), S vollzieht die Tat
    c) Kausalität (+)
  2. STB = Vorsatz (+)
  3. RW: § 240 Abs. 2, angestrebter Zweck verwerflich (+)
  4. Schuld (+)
  5. Ergebnis: (+)

II. Strafbarkeit des S aus § 303 I
  1. OTB
    a) Tier als Sache (+) trotz § 90a S. 1 BGB
    b) Fremdheit (+), R ist Eigentümer
    c) Zerstören (+)
  2. STB = Vorsatz (+)
  3. RW
    a) § 32 (–), weil keine Verteidigung gegen Angreifer A
    b) § 904 BGB – Nötigungsnotstand (–) von vornherein nicht anwendbar; zudem: kein wesentliches Überwiegen der Erhaltungsinteressen des S
  4. Schuld: § 35 (–), weil kein aufgelistetes Rechtsgut betroffen
  5. Strafantrag, § 303c (+)
  6. Ergebnis: (+)

III. Strafbarkeit des A aus §§ 303 I, 25 I 2. Alt.
  1. OTB
    a) kein Selbstbegehen
    b) Tatausführung durch einen anderen
    Werkzeugqualität des S? kein Strafbarkeitsmangel; gleichwohl unterlegene Stellung kraft Nötigungsherrschaft (–) arg.: Vorteile des Verantwortungsprinzips; § 48 a.F.
  2. Ergebnis: (–)

IV. Strafbarkeit des A aus §§ 303 I, 26
  1. OTB
    a) teilnahmefähige Haupttat des S (+)
    b) Bestimmen zur Tat (+)
  2. STB = Vorsatz (+)
  3. RW (+)
  4. Schuld (+)
  5. Strafantrag, § 303c (+)
  6. Ergebnis: (+)

Konkurrenzen und Gesamtergebnis

Klausurlösung

I. Strafbarkeit des A aus § 240 StGB

A könnte sich durch sein Einwirken auf S wegen Nötigung nach § 240 StGB strafbar gemacht haben.

1. Objektiver Tatbestand

A müsste S mit einem empfindlichen Übel gedroht haben. A hat in Aussicht gestellt, die Öffentlichkeit über die unlauteren Methoden des S zu informieren. Die Verwirklichung dieser Ankündigung hätte für S neben der Rufschädigung weitreichende sportrechtliche, vielleicht sogar strafrechtliche Konsequenzen. A hat demnach mit einem empfindlichen Übel gedroht und, dadurch bedingt, S genötigt, „Tasso“ zu erschießen. Der objektive Tatbestand liegt vor.

2. Subjektiver Tatbestand

A handelte willentlich und in Kenntnis aller Umstände. Der erforderliche Vorsatz ist gegeben.

3. Rechtswidrigkeit

Die Nötigung ist rechtswidrig, wenn die Androhung des Übels im Verhältnis zum angestrebten Zweck als verwerflich anzusehen ist, § 240 Abs. 2 StGB. Das eingesetzte Nötigungsmittel mag – isoliert betrachtet – zwar nicht anstößig sein: Es ist erlaubt und sogar wünschenswert, unsaubere Machenschaften eines Sportlers ans Licht zu bringen. Das sittlich Missbilligenswerte resultiert aber aus dem verfolgten Zweck. A wollte S zwingen, eine Straftat gegen R zu verüben. Dieses angestrebte Ziel ist allemal als anstößig anzusehen. Damit ist die sog. Mittel-Zweck-Relation insgesamt als verwerflich zu beurteilen. A hat die Nötigung rechtswidrig begangen.

4. Schuld

Schuldausschließungs- und Entschuldigungsgründe fehlen; A handelte schuldhaft.

5. Ergebnis

A hat sich wegen Nötigung aus § 240 StGB strafbar gemacht.

II. Strafbarkeit des S aus § 303 Abs. 1 StGB

S hat den Hund vom Fenster aus erschossen. Dadurch könnte er sich wegen Sachbeschädigung nach § 303 Abs. 1 StGB strafbar gemacht haben.

1. Objektiver Tatbestand

Der Hund „Tasso“ müsste eine Sache sein. Bei Tieren handelt es sich zwar an sich um körperliche Gegenstände i.S. des § 90 BGB. Die Vorschrift des § 90a S. 1

BGB legt aber fest, dass Tiere keine Sachen sind. Das würde bedeuten, dass Tiere generell dem strafrechtlichen Eigentumsschutz entzogen sind. Mit diesem Ausfall wären unerträgliche Strafbarkeitslücken verbunden. Um sie zu vermeiden, muss im Strafrecht ein eigener – vom Zivilrecht losgelöster – Sachbegriff zugrunde gelegt werden. Die in §§ 324a Abs. 1 Nr. 1, 325 Abs. 1, Abs. 4 Nr. 1 StGB gewählten Formulierungen („Tiere, Pflanzen oder andere Sachen") belegen eindeutig, dass das Strafgesetz Tiere als Sachen wertet.

Der Hund des R stellt demnach eine Sache dar, die überdies, weil im Eigentum des R stehend, für S fremd war.

S könnte die Sache zerstört haben. Zerstört ist eine Sache, wenn sie infolge der erfolgten Einwirkung vollständig vernichtet oder unbrauchbar geworden ist. S hat „Tasso" getötet und damit seine Eigenschaft, „lebende Sache" zu sein, beseitigt.

S hat eine fremde Sache zerstört. Der objektive Tatbestand ist erfüllt.

2. Subjektiver Tatbestand

S hat in Kenntnis der Fremdheit den Hund absichtlich erschossen. Die subjektive Tatseite ist gleichfalls gegeben.

3. Rechtswidrigkeit

a) Notwehr, § 32 StGB

Möglicherweise hatte S das Notwehrrecht auf seiner Seite. S sah sich mit einem gegenwärtigen rechtswidrigen Angriff auf seine Willensfreiheit konfrontiert. Dieser Angriff ging jedoch von A aus. Weil die Schärfe des Notwehrrechts nur damit erklärbar ist, dass der Notwehrübende einer Unrechtstat entgegentritt, muss sich die Verteidigung zwingend gegen den Angreifer richten. Mit R ist hier ein Unbeteiligter betroffen, so dass Notwehr entfällt.

b) Aggressiver Notstand, § 904 S. 1 BGB

Das tatbestandliche Verhalten des S könnte allenfalls über § 904 BGB erlaubt gewesen sein. Fraglich ist bereits, ob diese Norm, die als Spezialregelung dem rechtfertigenden Notstand des § 34 StGB vorgeht, überhaupt anwendbar ist. S war Opfer einer Nötigung. Er hat sich dem von A ausgehenden Druck gebeugt und sich zu dessem „verlängerten Handlungsarm" machen lassen. Damit aber hat er sich auf die Seite des Unrechts geschlagen. Sähe man das anders, wäre die Folge, dass sein Angriff auf das Eigentum des R nicht mittels Notwehr bzw. Nothilfe hätte abgewendet werden dürfen. Das erscheint nicht sachangemessen. Demnach spricht viel dafür, dem S von vornherein die Berufung auf § 904 BGB zu versagen.

Darüber hinaus wiegen die Nachteile, die S im Falle seiner Weigerung zu befürchten hätte, bei wertender Betrachtung nicht sonderlich schwer. Die Aufdeckung seiner Machenschaften könnte zwar für S weitreichende Konsequenzen unterschiedlichster Art haben. Weil S sich aber tatsächlich vor Wettkämpfen „dopt", ist er dafür selbst verantwortlich. Vor allem mit Rücksicht darauf kann keine Rede davon sein, dass der ihm drohende Schaden gegenüber dem bei R eingetretenen unverhältnismäßig groß war. Auch aus diesem Grunde ist eine Rechtfertigung über § 904 BGB abzulehnen.

S hat, obwohl er sich im Nötigungsnotstand befand, die Sachbeschädigung rechtswidrig verübt.

4. Schuld

S müsste überdies schuldhaft gehandelt haben. Er könnte nach § 35 Abs. 1 StGB entschuldigt sein. Von den Rechtsgütern, die § 35 Abs. 1 StGB abschließend benennt, ist keines betroffen. Von daher ist ein entschuldigender Notstand zu verneinen. Die Schuld des S ist somit nicht aufgehoben.

5. Strafantrag, § 303c StGB

Der nach § 303c StGB erforderliche Strafantrag ist gestellt.

6. Ergebnis

S hat sich wegen Sachbeschädigung nach § 303 Abs. 1 StGB strafbar gemacht.

III. Strafbarkeit des A aus §§ 303 Abs. 1, 25 Abs. 1 2.Alt. StGB

A hat durch seine Drohung den S dazu veranlasst, den Hund zu töten. Er könnte sich deshalb einer Sachbeschädigung, begangen in mittelbarer Täterschaft, schuldig gemacht haben, §§ 303 Abs. 1, 25 Abs. 1 2. Alt. StGB.

1. Objektiver Tatbestand

A hat die Tat nicht selbst begangen; er könnte aber die Sachzerstörung durch einen anderen – den S – bewirkt haben. S müsste dann Werkzeugqualität aufweisen. Wie oben aufgezeigt, hat S sich ohne Abstriche aus § 303 StGB strafbar gemacht. Er ist für sein Tun voll verantwortlich. Gleichwohl könnte er, weil unter dem Eindruck der Drohung handelnd, tauglicher Tatmittler sein. Dabei würde indes übersehen, dass auch der Anstifter regelmäßig motivierenden Einfluss auf den Täter nimmt und diesen mehr oder weniger psychisch beherrscht. Würde man jede Konfliktlage beim Tatausführenden für die Annahme mittelbarer Täterschaft hinreichen lassen, würde der Bereich der Anstiftung zu sehr eingeengt. Von daher muss bei der Abgrenzung auf die Stärke des psychischen Drucks abgestellt werden. Weil die Intensität der Zwangseinwirkung sich verlässlich nicht messen lässt, bietet es sich an, sich an § 35 StGB zu orientieren: Drohungen unterhalb der Schwelle belassen es bei einer bloßen Anstiftung; mittelbare Täterschaft ist erst gegeben, wenn die Drohung den Grad des § 35 StGB erreicht und damit zugleich die Selbstverantwortung des Tatausführenden beseitigt.

Dass nicht jede Drohung die Tatherrschaft des Nötigenden zu begründen vermag, kann des Weiteren der früheren Anstiftungsregel – § 48 StGB a.F. – entnommen werden. Hier war unter anderem auch neben der Täuschung die Drohung als Anstiftungsmittel ausdrücklich aufgezählt. Der geltende § 26 StGB enthält zwar keinen Katalog der tatauslösenden Mittel; es kann aber nicht davon ausgegangen werden, dass der Gesetzgeber mit diesem Verzicht alle Fälle der Täuschung und Drohung nunmehr der mittelbaren Täterschaft zuschlagen wollte.

2. Ergebnis

Mangels Werkzeugeigenschaft des S hat A die Tat nicht durch einen anderen verübt. Mittelbar täterschaftlich hat A sich somit nicht aus §§ 303 Abs. 1, 25 Abs. 1 2. Alt. StGB strafbar gemacht.

IV. Strafbarkeit des A aus §§ 303 Abs. 1, 26 StGB

A könnte jedoch als Anstifter an der Sachbeschädigung des S beteiligt sein, §§ 303 Abs. 1, 26 StGB.

1. Objektiver Tatbestand

S hat mit § 303 Abs. 1 StGB eine tatbestandliche, rechtswidrige und vorsätzliche Haupttat begangen. Zu dieser hat A den S durch seine Drohung bestimmt.

2. Subjektiver Tatbestand

Der hiernach gegebene objektive Tatbestand war auch vom Vorsatz des A getragen. A hat den S wissentlich und willentlich dazu gebracht, den Hund des R zu erschießen.

3. Rechtswidrigkeit

In Ermangelung von Rechtfertigungsgründen handelte A auch rechtswidrig.

4. Schuld

Schuldausschließungs- und Entschuldigungsgründe sind nicht ersichtlich. A hat den S schuldhaft zur Tat aufgefordert.

5. Strafantrag, § 303c StGB

Der nach § 303c StGB für die Strafverfolgung notwendige Strafantrag ist laut Sachverhalt gestellt.

6. Ergebnis

A hat sich wegen Anstiftung zur Sachbeschädigung aus §§ 303 Abs. 1, 26 StGB strafbar gemacht.

Konkurrenzen und Gesamtergebnis

S hat sich – als unmittelbarer Täter – einer Sachbeschädigung nach § 303 Abs. 1 StGB schuldig gemacht. A hat sich hierzu wegen Anstiftung strafbar gemacht, §§ 303 Abs. 1, 26 StGB. Darüber hinaus ist er einer Nötigung nach § 240 StGB schuldig. Beiden Taten liegt ein und dieselbe Handlung zugrunde. Die Drohung war gleichzeitig das Mittel, S zur Sachbeschädigung zu pressen. Die Delikte konkurrieren idealiter, § 52 StGB.

Fall 13 „Haus am See“

Mittäterschaft und Versuchsbeginn

A, B und C arbeiten als Schuldeneintreiber für den Geldverleiher G. Sie haben die Aufgabe, säumige Schuldner so unter Druck zu setzen, dass diese sich auf die Rückzahlung ihrer Schulden besinnen. Wieder einmal hat G einen Auftrag für die Drei. Telefonisch informiert er sie, dass Schuldner S bei ihm mit 10.000 EUR in der Kreide stehe und einen Denkzettel brauche. S besitze ein kleines Haus am See, das er nur am Wochenende nutze. A, B und C sollen sich am Freitag tagsüber zu dem Haus begeben, dort einbrechen und das Wohnzimmer verwüsten. Das werde S sicher beeindrucken.

Freitags mittags fahren A, B und C mit dem schwarzen VW Touareg des G zu dem Haus. Verabredet ist Folgendes: A soll zunächst mit einem Dietrich die Haustür öffnen. Sobald ihm das gelungen ist, will B mit zwei Baseballschlägern ebenfalls aussteigen und zusammen mit A das Wohnzimmer in Angriff nehmen. Währenddessen soll C, der den Wagen fährt, am Steuer des Wagens sitzen bleiben und die Gegend im Auge behalten.

Am Haus des C angekommen, steigt A aus, holt seinen Dietrich hervor und macht sich am Haustürschloss zu schaffen. Hierdurch wird eine Alarmanalage ausgelöst, die S vor kurzem hat installieren lassen: Auf dem Dach des Hauses beginnt ein Rotlicht zu flackern; außerdem ertönt eine grelle Sirene. A gerät in Panik. Schnell läuft er zurück zum Wagen, steigt ein und sucht zusammen mit B und C das Weite.

Prüfen Sie die Strafbarkeit von A, B, C und G. Dabei ist davon auszugehen, dass das Türschloss unbeschädigt geblieben ist. Nicht zu erörtern sind Erpressung (§ 253 StGB) sowie Nötigung (§ 240 StGB). Strafanträge sind, soweit erforderlich, gestellt.

Lösung 13 „Haus am See“

Die ersten Lösungsschritte

1. Die zu diskutierenden Strafgrundlagen sind schnell aufgefunden: In Betracht kommen wegen der Aufgabenbegrenzung nur § 123 StGB (Hausfriedensbruch) und § 303 StGB (Sachbeschädigung). Offenkundig ist überdies, dass mit Blick auf die Sachbeschädigung nur Versuch gegeben sein könnte, der in § 303 Abs. 3 StGB unter Strafe gestellt ist. Keine Vollendung liegt aber auch bei § 123 StGB vor, weil ein „Eindringen“ voraussetzt, dass der Täter mit zumindest einem Teil seines Körpers in die räumliche Sphäre gelangt ist (*Rengier*, Strafrecht, Besonderer Teil II, 10. Aufl. 2009, § 30 Rn. 8). Der Sachverhalt lässt zudem nicht erkennen, dass A sich schon auf dem Weg in einem Schutzobjekt („befriedetes Besitztum“ oder Zubehörfläche zur „Wohnung“) befand. Demnach kommt hier gleichfalls nur Versuch in Frage, der aber beim Hausfriedensbruch nicht mit Strafe bedroht ist, §§ 23 Abs. 1, 12 Abs. 2 StGB.
2. Was die §§ 303 Abs. 1, 22, 23 StGB angeht, ist allen Beteiligten Tatentschluss zu attestieren. Problematischer liegt es mit dem unmittelbaren Ansetzen, § 22 StGB. Ob das Bemühen des A, mithilfe des Dietrichs die Haustür zu öffnen, noch dem (straflosen) Vorbereitungsstadium zuzuordnen ist oder bereits den Anfang der Ausführungshandlung darstellt, bedarf eingehender Begründung, wenngleich klar ist, auf welches Ergebnis die Klausur zielt: Würde man darauf erkennen, dass die Schwelle zum „jetzt geht es los“ noch nicht überschritten ist, wäre die Bearbeitung rasch beendet; insbesondere hätte man sich mit diesem Befund die (Folge-)Probleme, die die Strafbarkeit von B, C und G betreffen, abgeschnitten.

   a) Bei der Abgrenzung von Vorbereitung und Versuch haben Studenten erfahrungsgemäß erhebliche Schwierigkeiten. Das kommt nicht von ungefähr, sieht man sich doch einer Vielzahl von Theorien (z.B. Teilakts- oder Zwischenaktstheorie; Lehre von der unmittelbaren konkreten Gefährdung) und Kriterien gegenüber, auf die teils isoliert, teils in Kombination zurückgegriffen wird und die sich in der praktischen Umsetzung oftmals als wenig hilfreich erweisen. Leiten lassen sollte man sich von zwei Aspekten, die eine – zumindest einigermaßen – verlässliche Grenzziehung garantieren (vgl. *Roxin*, JuS 1979, 1, 4 ff.): Zwischen dem letzten Tätigkeitsakt und der eigentlichen Tathandlung muss erstens ein enger zeitlicher Zusammenhang bestehen, und zweitens muss es bereits zu einer Berührung von Täter- und Opfersphäre gekommen sein.

      In den parallel liegenden sog. Klingelfällen (etwa BGHSt 26, 201 ff.) ist beiden Erfordernissen Genüge getan. Der Täter hat sich dem Opferbereich angenähert und will, sobald das Opfer an der Tür erscheint, sofort „zuschlagen“. Entsprechendes gilt auch hier: Mit dem Einsatz des Dietrichs ist der

Bezug zur Opfersphäre hergestellt. Unmittelbar nach Öffnen der Tür und dem Überwinden dieses einzigen Hindernisses sollte mit den Zerstörungsakten begonnen werden.

Dass sich A schon in der Versuchsphase befand, wird überdies durch die anerkannten Grundsätze zum Einbruchsdiebstahl (§§ 243 Abs. 1 Nr. 1, § 244 Abs. 1 Nr. 3 StGB) belegt (vgl. *Eser*, in: Schönke/Schröder, StGB, 27. Aufl. 2006, § 243 Rn. 45). Für den Diebstahlsversuch ist hier regelmäßig ausreichend, dass der Täter zur Verwirklichung des Regelbeispiels bzw. des Qualifikationsmerkmals ansetzt. Denn dadurch entfaltet er eine Tätigkeit, die bereits einen unmittelbaren Angriff auf den Gewahrsam enthält.

b) A hat den Versuch abgebrochen. Das geschah zwar notgedrungen. Gleichwohl ist aber – wenn auch kurz – auf Rücktritt (§ 24 Abs. 2 S. 1 StGB) einzugehen. Weil § 24 StGB einen persönlichen Strafaufhebungsgrund darstellt, ist diese Prüfung jenseits der Schuld vorzunehmen. In der Sache ist offen, ob ein fehlgeschlagener Versuch gegeben ist oder ob A unfreiwillig von der weiteren Tat Abstand genommen hat. Zumindest theoretisch hätte die Tat ja noch fortgeführt werden können. Insoweit ist es ratsam, sich auf einen „Jedenfalls-Satz" zurückzuziehen: Ob fehlgeschlagen oder nicht, kann dahinstehen. Jedenfalls hat A, weil durch die ausgelöste Alarmanlage dazu veranlasst, die Tat nicht freiwillig aufgegeben.

Methodische Hinweise zur Mittäterschaft

1. A könnte den Versuch mittäterschaftlich (§ 25 Abs. 2 StGB) zusammen mit B, vielleicht auch mit C und G begangen haben. Damit steht der Bearbeiter gleich zu Anfang vor einem Aufbauproblem: Soll man alle Akteure oder zumindest einige von ihnen gemeinsam in einer einheitlichen Deliktsprüfung unterbringen oder ist nach Personen getrennt vorzugehen? Eine allgemeingültige Antwort darauf lässt sich nicht geben. Je nach Konstellation ist vielmehr entweder zu „splitten" oder „gemeinsam zu veranlagen".

   a) Der zweite Weg ist einzuschlagen, wenn jeder Beteiligte schon für sich alle Tatbestandsmerkmale erfüllt, die Mittäter also quasi wie eine Person handeln. Sie sind dann bereits unmittelbare Täter (§ 25 Abs. 1 1. Alt. StGB), so dass es strenggenommen einer Heranziehung der Figur der Mittäterschaft nicht bedarf. § 25 Abs. 2 StGB hat hier nur deklaratorische Bedeutung. Gleichwohl ist es notwendig aufzuzeigen, dass über das Selbstbegehen hinaus auch Mittäterschaft gegeben ist. Nur auf diese Weise wird nämlich das Unrecht der (Gesamt-)Tat vollständig ausgelotet.

   b) Die Strafbarkeit der Mitwirkenden gemeinsam zu prüfen ist überdies geboten, wenn keiner der Beteiligten durch sein eigenes Handeln den kompletten Tatbestand erfüllt. Die Tatbestandserfüllung wird erst durch Addition aller Tatbeiträge erreicht. In diesem Fall entfaltet § 25 Abs. 2 StGB seine eigentliche Bedeutung. Die Mittäterschaft wirkt sich für alle strafbarkeitsbegründend aus; die Beteiligten müssen sich jeweils das Handeln des oder der anderen über § 25 Abs. 2 StGB (wechselseitig) zurechnen lassen.

c) Hiervon zu unterscheiden sind die (Misch-)Fälle, bei denen nur ein Beteiligter als unmittelbarer Täter agiert, also den Tatbestand selbst erfüllt, während der oder die anderen sich auf Tätigkeiten verlegen, die nicht direkt dem Tatbestand zugeordnet werden können. Nur für diese hat dann § 25 Abs. 2 StGB konstituierende Bedeutung.

Exakt diese Sachlage ist in der vorliegenden Klausur gegeben. A allein überschreitet die Versuchszone. B sollte erst im Anschluss daran – dann aber ersichtlich als Mittäter der beabsichtigten Sachbeschädigung – auf den Plan treten. Für C war die „begleitende Dienstleistung“ der Absicherung vorgesehen. Das Verhalten des G schließlich war auf Aktivitäten im Vorbereitungsstadium beschränkt.

Generell muss in Fällen solchen Zuschnitts die Strafbarkeit der Beteiligten separat und nacheinander abgehandelt werden. Zu beginnen ist mit dem „Tatnächsten“, hier dem unmittelbaren Täter A. Auf die für ihn überflüssigen Ausführungen zur Mittäterschaft kann dabei (zunächst) verzichtet werden. Umzusteigen ist danach auf die Strafbarkeit der übrigen Akteure. Bei ihnen erschöpft sich die Untersuchung weitgehend darin, ob sie als Mittäter qualifiziert werden können und, wenn ja, ob ihnen das durch A bewirkte unmittelbare Ansetzen zugerechnet werden kann. Fällt – bei C und G – die Entscheidung contra Mittäterschaft aus, ist die Prüfung zu beenden, und es ist in einer neuerlichen Deliktserörterung auf Teilnahme – Anstiftung (§ 26 StGB) oder Beihilfe (§ 27 StGB) – einzugehen. Sofern für einen der Mitbeteiligten eine mittäterschaftliche Haftung bejaht wird, muss für A – am besten bei der Feststellung des Gesamtergebnisses – nachgetragen werden, dass diesem gleichfalls die Mittäterrolle zufällt.

2. Eine weitere Schwierigkeit bei der Mittäterschaft rührt daher, dass sie sich aus objektiven (gemeinsame Tatausführung) und subjektiven (gemeinsamer Tatentschluss) Faktoren zusammensetzt. Insoweit ist die Frage, an welcher konstruktiven Stelle beide Voraussetzungen bei einer Vollendungstat zu diskutieren sind. Klar ist, dass das objektive Element dem objektiven Tatbestand zugehörig ist. Ob das auch für das subjektive Erfordernis gilt, weil sonst eine objektive Zurechnung nicht stattfinden kann, oder ob es in den subjektiven Tatbestand einzugliedern ist, lässt sich demgegenüber nicht so ohne Weiteres entscheiden. Der Bearbeiter dürfte hier grundsätzlich die Wahl haben. In casu ist freilich unnötig, sich darüber Gedanken zu machen: Weil die Sachbeschädigung nur als Versuch in Betracht kommt, sind beide Mittäterschaftsvoraussetzungen im Rahmen des Tatentschlusses anzusprechen.

3. Die Beurteilung, ob und inwieweit B, C sowie G am Versuch des A beteiligt sind, nimmt für jede Einzelperson einen unterschiedlichen Verlauf.

a) Für B liegt auf der Hand, dass ihm ein gemeinschaftliches Begehen einer Sachbeschädigung zugedacht war. Die Frage ist aber, ob B, der ja zunächst im Wagen sitzengeblieben ist, sich das versuchsbegründende Verhalten des A zurechnen lassen muss. Hierüber streiten bekanntlich die sog. Gesamtlösung und die Einzellösung. Nach der ersten – herrschenden – Ansicht führt derjenige, der nach dem verabredeten Tatplan unmittelbar zur Tatbegehung ansetzt, die anderen Mittäter ebenfalls in die Versuchsstrafbarkeit (BGHSt 39, 237 f.). Dies soll unabhängig davon gelten, ob der andere seinen Tatbeitrag schon im Vorbereitungsstadium erbracht hat oder ob er erst zeitlich später zum Einsatz kommen soll.

   Der Gegenposition zur Folge ist der Versuchsbeginn für jeden einzelnen Mittäter gesondert zu bestimmen: Jeder von ihnen muss durch eigenes Verhalten in das Versuchsstadium eingetreten sein (*Roxin*, Strafrecht, Allgemeiner Teil II, 2003, § 29 Rn. 295 ff.). Ist das nicht der Fall, muss auf Teilnahme oder – bei Verbrechen – auf § 30 Abs. 2 StGB ausgewichen werden.

   Die Gesamtlösung kann für sich in Anspruch nehmen, dem Wesen der Mittäterschaft eher gerecht zu werden. Die Mittäterschaft stellt eine Solidarhaftung dar. Jeder Mittäter muss sich das Handeln des anderen so anrechnen lassen, als habe er es selbst vollzogen. Warum dies nur für die vollendete Tat, nicht aber für den Versuch gelten soll, ist nicht recht einsehbar. Dagegen spricht zwar, dass damit auch derjenige als Mittäter erfasst wird, der noch nichts getan hat, was über Tatverabredung hinausreicht. Gerade das liegt aber anders bei B, der mit zum Tatort gefahren ist und im Wagen gewissermaßen auf dem Sprung saß. Er hätte ebenso gut wie A bereits ausgestiegen sein und sich vor der Tür postiert haben können. Die Alarmanlage hätte darüber hinaus erst später, als A und B sich schon im Hausinnern befanden, anschlagen können. Demnach war es nur dem Zufall zu verdanken, dass B zu der gemeinschaftlichen Tatausführung eigenhändig noch nicht angesetzt hat. Ihm nur eine (psychische) Beihilfe – mit obligatorischer Strafmilderung, § 27 II StGB! – anzulasten, erscheint deshalb verfehlt.

b) In Bezug auf C liegen die Dinge anders. Insoweit ist die Frage, ob C, der die Aufgabe hatte, den Wagen zu fahren und „Schmiere zu stehen“, überhaupt als Mittäter eingestuft werden kann. Das lässt sich sicher mit guten Gründen vertreten, ohne dabei fragwürdige subjektive Kriterien („Tatinteresse“, „animus auctoris“) bemühen zu müssen. Denn immerhin ist dem B mit dem Wachestehen eine Funktion zugewiesen worden, die in das Ausführungsstadium hineinragen sollte und die den Beteiligten möglicherweise als notwendig erschien, um gegen etwaige „Störer“ gewappnet zu sein.

   Auf der anderen Seite sollte C nicht als gleichrangiger Partner an der Sachbeschädigung beteiligt sein. Im Vergleich zu den Rollen von A und B war der von ihm zu erbringende Tatbeitrag weit weniger gewichtig. C erscheint eher als Randfigur des eigentlichen deliktischen Geschehens und hat sich deshalb auf eine bloß unterstützende Mitwirkung beschränkt.

Lehnt man mit Rücksicht darauf für C Mittäterschaft ab, stellt sich das Problem „Gesamt-/ Einzellösung“ nicht mehr. Übrig bleibt für C Beihilfe zum Versuch der Sachbeschädigung, die darzustellen keine besondere Schwierigkeiten aufwirft.

c) Was schließlich die Strafbarkeit des G angeht, ist die Klausur erkennbar auf den Fall des „Bandenchefs im Hintergrund“ zugeschnitten, der seine Tatbeiträge im Vorbereitungsstadium erbringt, der aber durch Planung und Organisation „die Fäden in der Hand hat“. Auch hier kann man wiederum so oder so entscheiden. Zum einen lässt sich anführen, dass die fehlende Tatunmittelbarkeit durch die Stellung des G als „Drahtzieher“ und seine Gestaltungsherrschaft überspielt wird. Zum anderen kann man darauf pochen, dass es befremdlich erscheint, G so zu behandeln, als wolle er selbst die Sachen des S beschädigen. Dass es unangemessen sei, G nicht als Mittäter auszugeben, sollte dabei kein wirkliches Argument sein. Verneint man Mittäterschaft, ist G nämlich als Anstifter und damit nach § 26 StGB gleich einem Täter zu bestrafen.

Der schriftliche Lösungsplan

Das Lösungskonzept für die Klausur könnte nach alledem wie folgt aussehen:

I. Strafbarkeit des A aus § 123
   1. OTB
      a) fremde Wohnung (+)
      b) Eindringen (–), weil nicht in das Hausinnere gelangt
   2. Ergebnis: (–), Versuch nicht strafbar!

II. Strafbarkeit des A aus §§ 303 I, 22, 23
   1. Vorabfeststellungen: Nichtvollendung und Versuchsstrafbarkeit (§ 303 III)
   2. Tatentschluss = Vorsatz
      a) bzgl. fremder Sachen
      b) bzgl. zerstören
   3. Unmittelbares Ansetzen, § 22
      Abgrenzung Vorbereitung/Ausführungsbeginn?
      Hier: Versuchsanfang, weil Kontakt zum Opferbereich und enger zeitlicher Zusammenhang
   4. RW (+)
   5. Schuld (+)
   6. Rücktritt, § 24 II S. 1
      a) mglw. schon fehlgeschlagener Versuch
      b) zumindest keine Freiwilligkeit
   7. Strafantrag (§ 303c): (+)
   8. Ergebnis: (+)

II. Strafbarkeit des B aus §§ 303 I, 22, 23 i.V.m. 25 II
   1. Tatentschluss
      a) gegenseitiges Einverständnis (+)
      b) bewusstes und gewolltes Zusammenwirken mit A (+)
   2. Unmittelbares Ansetzen, § 22
      a) nicht in eigener Person
      b) Zurechenbarkeit der Versuchstat des A?
         Gesamt- oder Einzellösung? Hier Gesamtlösung. Arg.: Wesen der Mittäterschaft; Zufallsgedanke
   3. RW (+)
   4. Schuld (+)
   5. Rücktritt, § 24 II S. 1 (–) wie bei A
   6. Strafantrag (§ 303c): (+)
   7. Ergebnis: (+)

III. Strafbarkeit des C aus §§ 303 I, 22, 23 i.V.m. 25 II
   1. Tatentschluss
      a) gemeinsamer Tatplan (+)
      b) gemeinschaftliche Tatausführung ja, weil Tatinteresse und wichtige Aufgabe? aber: keine Gleichgewichtigkeit; C nur Randfigur
   2. Ergebnis: (–)

IV. Strafbarkeit des C aus §§ 303 I, 22, 23 i.V.m. 27
   1. OTB
      a) teilnahmefähige Haupttat: §§ 303 I, 22, 23: Haupttat kann auch Versuch sein
      b) Hilfeleisten (+) durch Fahrt zum Tatort und die Absprache, die Überwachung zu übernehmen
   2. STB = Vorsatz (+)
   3. RW (+)
   4. Schuld (+)
   5. Strafantrag (§ 303c): (+)
   6. Ergebnis: (+)

V. Strafbarkeit des G aus §§ 303 I, 22, 23 i.V.m. 25 II
   1. Tatentschluss
      a) gemeinsamer Tatplan (+)
      b) gemeinschaftliche Tatausführung, ja, weil Bandenchef und Planungsherrschaft? aber: kein Mitwirken zur Tatzeit; Anstifter ist wie Täter zu strafen
   2. Ergebnis: (–)

VI. Strafbarkeit des G aus §§ 303 I, 22, 23 i.V.m. 26
   1. OTB
      a) teilnahmefähige Haupttat (+)
      b) Bestimmen (+)
   2. STB = Vorsatz (+)

3. RW (+)
4. Schuld (+)
5. Strafantrag (§ 303c): (+)
6. Ergebnis: (+) Beihilfe wg. Überlassens des Wagens tritt zurück; ebenso die Anstiftung zur der von C verübten Beihilfe

Gesamtergebnis:
A und B → §§ 303 I, 22, 23, 25 II; C → Beihilfe; G → Anstiftung

Klausurlösung

I. Strafbarkeit des A aus § 123 StGB

A könnte sich durch sein Bemühen, die Haustür aufzuschließen, wegen Hausfriedensbruch nach § 123 StGB strafbar gemacht haben.

1. Objektiver Tatbestand

A könnte bereits dadurch in eine fremde Wohnung – das Haus des S – eingedrungen sein. Eindringen bedeutet ein Betreten gegen bzw. ohne den Willen des Hausrechtsinhabers. Dafür ist erforderlich, dass der Täter jedenfalls mit einem Körperglied in das Innere des Schutzobjekts gelangt ist. Hierzu ist es nicht gekommen. Der objektive Tatbestand ist nicht erfüllt.

2. Ergebnis

A hat sich keines vollendeten Hausfriedensbruchs nach § 123 StGB schuldig gemacht. In Betracht kommt allenfalls Versuch, der aber bei dem Vergehen des Hausfriedensbruchs nicht unter Strafe steht, §§ 23 Abs. 1, 12 Abs. 2 StGB.

II. Strafbarkeit des A aus §§ 303 Abs. 1, 22, 23 StGB

A könnte sich nach §§ 303 Abs. 1, 22, 23 StGB wegen versuchter Sachbeschädigung strafbar gemacht haben.

1. Vorabfeststellungen

A hat sein Vorhaben abgebrochen, bevor ein Sachbeschädigungserfolg eingetreten ist. Das Delikt kann deshalb nur versucht worden sein. Der Versuch ist nach § 303 Abs. 3 StGB strafbar.

2. Tatentschluss

A war sich bewusst, dass es sich bei dem im Wohnzimmer befindlichem Inventar und Mobiliar um fremde – dem S gehörende – Sachen handelt. Sein Vorsatz könnte ein Zerstören umfasst haben. Darunter sind solche Einwirkungen zu verstehen, die die Sache auf Dauer unbrauchbar machen. A wollte mit einem Baseballschläger das Wohnzimmer verwüsten. Es ist deshalb davon auszugehen, dass er Gegenstände im Wohnzimmer zu zerstören beabsichtigte. A handelte mit Sachbeschädigungsvorsatz und hatte demnach Tatentschluss.

3. Unmittelbares Ansetzen, § 22 StGB

A müsste gem. § 22 StGB nach seiner Vorstellung von der Tat unmittelbar zur Tatbestandsverwirklichung angesetzt haben. Sein letzter Tätigkeitsakt bestand in dem Unternehmen, mit Hilfe eines Dietrichs die Haustür zu öffnen. Hierin könnte noch eine straflose Vorbereitungshandlung liegen. Der Beginn der Ausführungsphase könnte erst dann anzunehmen sein, wenn es ihm gelungen wäre, die Tür offen zu sperren. Hierbei bliebe aber unberücksichtigt, dass A schon durch den „Einbruchsversuch" Kontakt zum Opferbereich geschaffen hat und zwischen diesem Tun und den geplanten Zerstörungsakten ein enger zeitlicher Zusammenhang bestehen sollte. Direkt im Anschluss an das Öffnen der Tür sollte mit der Verwüstung begonnen werden. A hat somit zur Sachbeschädigung unmittelbar angesetzt.

4. Rechtswidrigkeit

Rechtfertigungsgründe sind nicht ersichtlich. A handelte rechtswidrig.

5. Schuld

In Ermangelung von Schuldausschließungs- und Entschuldigungsgründen hat A die Tat auch schuldhaft begangen.

6. Rücktritt, § 24 Abs. 2 S. 1 StGB

A hat die Tat nicht vollendet. Er könnte somit mit strafbefreiender Wirkung vom Versuch zurückgetreten sein, § 24 Abs. 2 S. 1 StGB. A hat indes seine „Arbeit" nur deshalb nicht fortgesetzt und sich stattdessen zur Flucht gewandt, weil unerwarteterweise die Alarmanlage ertönte. Von daher könnte bereits ein fehlgeschlagener Versuch gegeben sein, der für einen Rücktritt keinen Raum lässt. Ein solcher liegt vor, wenn der Täter erkennt, dass es ihm aus tatsächlichen oder rechtlichen Gründen unmöglich ist, die Tat zu vollenden. Ob das hier der Fall ist, lässt sich nicht eindeutig entscheiden. Unbeeindruckt von der Alarmanlage hätte A ja weitermachen können, um dennoch sein Ziel zu erreichen. Wäre demnach nicht von einem misslungenen Versuch auszugehen, könnte A aber zumindest nicht freiwillig von der Tatvollendung abgesehen haben. Unfreiwillig ist der Rücktritt, wenn aufgrund veränderter äußerer Umstände die weitere Durchführung der Tat zu riskant bzw. „unvernünftig" erscheint. A hat hier wegen der gesteigerten Gefahr des Entdecktwerdens mit der Tat aufgehört. Sein Rücktrittsentschluss beruhte also auf heteronomen Motiven und war unfreiwillig gefasst. Rücktritt scheidet somit aus.

7. Strafantrag, § 303c StGB

Der nach § 303c StGB notwendige Strafantrag ist gestellt.

8. Ergebnis

A hat sich einer versuchten Sachbeschädigung nach §§ 303 Abs. 1, 22, 23 StGB schuldig gemacht.

III. Strafbarkeit des B aus §§ 303 Abs. 1, 22, 23 i.V.m. 25 Abs. 2 StGB

B könnte als Mittäter gem. § 25 Abs. 2 StGB am Sachbeschädigungsversuch des A beteiligt gewesen sein.

1. Tatentschluss

Der Tatentschluss des B müsste darauf gerichtet sein, die Tat mit A gemeinschaftlich zu begehen. Das setzt zunächst einen einverständlich gefassten Entschluss voraus. A und B waren sich einig, dem Auftrag des G nachzukommen. Ihre Absprache zielte überdies auf ein arbeitsteiliges Zusammenwirken am Tatort. A wie B wollten gemeinsam das Wohnzimmer des S verwüsten. Der Vorsatz des B war mithin auf ein mittäterschaftliches Vorgehen ausgerichtet.

2. Unmittelbares Ansetzen, § 22 StGB

So wie A müsste auch B zur Tat unmittelbar angesetzt haben, § 22 StGB. B ist nicht mehr dazu gekommen, eine Handlung jenseits des Versuchsbeginns vorzunehmen. Den Eintritt in das Versuchsstadium hat allein A besorgt. Fraglich ist, ob B das Handeln des A gegen sich gelten lassen muss. Dafür spricht die Struktur der Mittäterschaft, die dadurch gekennzeichnet ist, dass sich jeder Tatgenosse das Verhalten des anderen wie eigenes Tun zurechnen lassen muss. Der Einwand, das gehe beim Versuch zu weit, weil sonst auch Tatbeteiligte betroffen seien, die über die bloße Tatverabredung hinaus noch keinen weiteren Tatbeitrag geleistet haben, verfängt bei B nicht. B saß, als A den Versuch unternahm, mit zwei Baseballschlägern einsatzbereit im Wagen und wartete lediglich auf das Öffnen der Tür. Von daher hat er den Versuch des A „begleitet“. Ihn nur deshalb besser zu stellen, weil er sich nicht zusammen mit A zur Tür begeben hat, erscheint nicht einsichtig. B muss sich mithin das Ansetzen des A über § 25 Abs. 2 StGB anlasten lassen.

3. Rechtswidrigkeit und Schuld

Ebenso wie A handelte B widerrechtlich und schuldhaft.

4. Rücktritt, § 24 Abs. 2 S. 1 StGB

Aus den bei A dargelegten Gründen kann B sich gleichfalls nicht auf einen Rücktritt berufen.

5. Strafantrag, § 303c StGB

Der notwendige Strafantrag ist gestellt.

6. Ergebnis

B hat sich wegen eines mittäterschaftlichen Versuchs einer Sachbeschädigung aus §§ 303 Abs. 1, 22, 23 i.V.m. 25 Abs. 2 StGB strafbar gemacht.

IV. Strafbarkeit des C aus §§ 303 Abs. 1, 22, 23 i.V.m. 25 Abs. 2 StGB

So wie B könnte auch C als Mittäter des Sachbeschädigungsversuchs strafbar sein.

1. Tatentschluss

C war ebenfalls an der Tatverabredung beteiligt. Im Gegensatz zu B sollte er jedoch nicht im Deliktskern selbst tätig werden. Seine Aufgabe sollte vielmehr darin bestehen, den Wagen zu steuern und während der Tat die Augen offen zu halten. Mit Rücksicht darauf ist zweifelhaft, ob auch C eine mittäterschaftliche Rolle spielen sollte. Dafür könnte man anführen, dass C das gleiche Tatinteresse wie A und B besaß und deren Tat auch als eigene wollte. Vielleicht bestand zudem Einigkeit darüber, dass C mit der ihm zugewiesenen Aufgabe einen Beitrag leisten sollte, der für die Gesamttat als unverzichtbar angesehen wurde. Das kann aber nicht darüber hinwegtäuschen, dass C an der Sachbeschädigung als solcher nicht als gleichrangiger Partner teilnehmen sollte. Verglichen mit den Rollen von A und B ist sein Tatanteil eher als nebensächlich zu bewerten und nicht so gewichtig wie die geplanten Ausführungsakte von A und B. Der Vorsatz des C beinhaltete demnach nicht die Vorstellung, die Sachzerstörung gemeinschaftlich mit den Komplicen A und B zu begehen.

2. Ergebnis

Eine mittäterschaftliche Haftung des C scheidet aus.

V. Strafbarkeit des C aus §§ 303 Abs. 1, 22, 23 i.V.m. 27 StGB

C könnte jedoch als Gehilfe an der Versuchstat von A und B mitgewirkt haben.

1. Objektiver Tatbestand

a) Als Haupttat kommt der Versuch einer Sachbeschädigung in Betracht, §§ 303 Abs. 1, 22, 23. Weil auch der Versuch den Akzessorietätserfordernissen genügt, also eine vorsätzlich begangene rechtswidrige Tat darstellt, ist eine teilnahmefähige Haupttat gegeben.

b) Zu dieser müsste C Hilfe geleistet haben. C hat den Wagen zum Tatort gefahren. Insoweit hat er die Tat physisch gefördert. Darüber hinaus hat er zugesagt, die Absicherung zu übernehmen, so dass darüber hinaus auch psychische Beihilfe anzunehmen ist.

2. Subjektiver Tatbestand

C handelte sowohl hinsichtlich der Haupttat als auch mit Blick auf seine unterstützende Tätigkeit mit Wissen und Wollen. Der Gehilfenvorsatz ist mithin zu bejahen.

3. Rechtswidrigkeit und Schuld

Gegen das Vorliegen von Rechtswidrigkeit und Schuld bestehen keine Bedenken.

4. Strafantrag, § 303c StGB

Strafantrag wurde gestellt.

5. Ergebnis

C hat sich wegen Beihilfe zum Versuch einer Sachbeschädigung – §§ 303 Abs. 1, 22, 23 i.V.m. 27 StGB – strafbar gemacht.

VI. Strafbarkeit des G aus §§ 303 Abs. 1, 22, 23 i.V.m. 25 Abs. 2 StGB

G könnte sich durch seinen Auftrag gleichfalls wegen versuchter Sachbeschädigung nach §§ 303 Abs. 1, 22, 23 StGB, begangen in Mittäterschaft, strafbar gemacht haben.

1. Tatentschluss

G hat das „Trio“ A, B und C wissentlich und willentlich auf den Weg geschickt. Ein gemeinsamer Entschluss dahingehend, dass im Wohnzimmer des S Gegenstände zerstört werden sollten, war gegeben. G hat seinen Tatbeitrag bewusstermaßen aber nur bei der Planung und im Vorbereitungsstadium erbracht; bei der Tatausführung selbst wollte er nicht anwesend sein. Von daher ist zweifelhaft, ob sein Vorsatz darauf zielte, die Tat zusammen mit A und B zu verüben.

Hierfür spricht, dass G als Bandenchef den Einsatz seiner Leute gewissermaßen dirigieren wollte. Durch seine Anweisungen hat er wissentlich und willentlich den konkreten Geschehensablauf maßgeblich festgelegt. Auf der anderen Seite stand ihm vor Augen, dass A, B und C frei und eigenverantwortlich handelten, so dass eine mittelbare Täterschaft nach § 25 Abs. 1 2. Alt. StGB entfällt. Würde man G dennoch als Mittäter strafen, liefe das auf eine Umgehung der Regeln zur mittelbaren Täterschaft hinaus.

Unabhängig davon erscheint es befremdlich, ihn mit A und B, die die eigentliche Tathandlung vollziehen sollten, auf eine Stufe zu stellen. Im Ergebnis würde das bedeuten, dass er so behandelt wird, als habe er die Tat in vollem Umfang eigenhändig begangen. Dem Einwand, dass es sachgerechter erscheinen mag, ihn mit einer Täterstrafe zu belegen, ist schließlich entgegenzuhalten, dass nach § 26 StGB der Anstifter ungeschmälert wie ein Täter zu strafen ist. Vom Strafmaß her wird G also nicht begünstigt, wenn man ihm den Vorsatz, die Sachbeschädigung in mittäterschaftlichem Zusammenwirken zu begehen, abspricht.

2. Ergebnis

Als Mittäter hat sich G nicht aus §§ 303 Abs. 1, 22, 23 StGB strafbar gemacht.

VII. Strafbarkeit des G aus §§ 303 Abs. 1, 22, 23 i.V.m. 26 StGB

G könnte sich jedoch wegen Anstiftung strafbar gemacht haben.

1. Objektiver Tatbestand

G hat A und B zu der versuchten Sachbeschädigung bestimmt, d.h. in ihnen durch seine Aufforderung den Tatentschluss hervorgerufen. Der objektive Tatbestand ist erfüllt.

2. Subjektiver Tatbestand

Weil dies vorsätzlich geschah, ist auch die subjektive Tatseite gegeben.

3. Rechtswidrigkeit und Schuld

G handelte rechtswidrig und schuldhaft.

4. Strafantrag, § 303c StGB

Der notwendige Strafantrag ist auch gegen ihn gestellt worden.

5. Ergebnis

G hat sich einer Anstiftung zum Versuch der Sachbeschädigung nach §§ 303 Abs. 1, 22, 23 i.V.m. 26 StGB strafbar gemacht. Darüber hinaus ist er mit Blick auf C einer Anstiftung zur Beihilfe schuldig, wobei nach den anerkannten Kettenregeln diese Art von Teilnahme als Beihilfe zu werten ist. Als minder schwere Beteiligungsform tritt die Beihilfe hinter die Anstiftung zurück. Dies gilt auch für die physische Beihilfe, die G dadurch geleistet hat, dass er seinen Wagen zur Verfügung gestellt hat.

Gesamtergebnis

A und B haben sich eines mittäterschaftlich begangenen Versuchs der Sachbeschädigung aus §§ 303 Abs. 1, 22, 23 i.V.m. 25 Abs. 2 StGB schuldig gemacht. G hat sich wegen Anstiftung (§ 26 StGB) hierzu strafbar gemacht. C ist als Gehilfe (§ 27 StGB) verantwortlich.

Fall 14 „Das verhinderte vorzeitige Ableben“

Teilnahme

Dem ledigen B ist nach einer durchgeführten Computer-Tomographie eröffnet worden, dass er einen bösartigen inoperablen Gehirntumor hat und mit einem qualvollen Ende rechnen müsse. Nach reiflicher Überlegung beschließt B, vorzeitig zu sterben, und wendet sich an seine Schwester S, die Krankenschwester ist. B offenbart ihr seinen Befund und bittet sie, ihm in der übernächsten Nacht, wenn er schlafe, eine tödliche Morphiumspritze zu setzen. Schweren Herzens sagt S zu, wobei ihr nicht ganz ungelegen kommt, dass B ihr in seinem Testament das Ferienhaus auf Sylt vermacht hat. In erster Linie will sie aber ihrem geliebten Bruder B den letzten Dienst erweisen.

Da S sich scheut, das Morphium zu stehlen, spricht sie tags darauf in der Klinik mit Oberarzt O und weiht ihn in alles ein. O verspricht, ihr zu helfen, und übergibt ihr am Nachmittag eine Ampulle, in die er jedoch zuvor eine harmlose Kochsalzlösung abgefüllt hat.

Ahnungslos injiziert S in der Nacht dem schlafenden B das vermeintliche Gift. Zu ihrem Überraschen muss sie dann am nächsten Morgen feststellen, dass B nach wie vor lebt.

Beurteilen Sie die Strafbarkeit von S, B und O! Körperverletzungsdelikte sowie strafrechtliche Nebengesetze sind nicht zu prüfen.

Lösung 14 „Das verhinderte vorzeitige Ableben"

Die ersten Lösungsschritte

1. Dank der Prüfungsbeschränkung hat sich die Bearbeitung allein mit Tötungsdelikten (§ 216 – § 212 – § 211 StGB) zu befassen. Für diese ist klar, dass nur Versuch (§§ 22, 23 StGB) in Betracht kommt (zum Aufbauschema vgl. Fall 10, S. 118 f.). Deshalb sollte auch sogleich die Versuchserörterung in Angriff genommen werden, ohne eine Vollendungsprüfung voranzuschalten. Ein solches Vorgehen ist generell nur angezeigt, wenn nicht auf den ersten Blick erkennbar ist, dass Vollendung ausscheidet.

2. Was die Reihenfolge der Mitwirkenden angeht, ist zwingend mit der Strafbarkeit der „tatnächsten" S zu beginnen. Weil B und O möglicherweise nur wegen Anstiftung (§ 26 StGB) bzw. Beihilfe (§ 27 StGB) verantwortlich sind, ist wegen des akzessorischen Charakters der Teilnahme die Erörterung der Haupttat unbedingt an erster Stelle vorzunehmen. Keine Rolle spielt es, ob man im Anschluss daran mit der Strafbarkeit des B oder der des O fortfährt.

3. Bei der Strafbarkeit der S, die vorrangig an §§ 216, 22, 23 StGB zu messen ist, stellt sich die Frage, wie man mit dem versuchten Grunddelikt – §§ 212, 22, 23 StGB – umzugehen hat. Soll diesem Tatbestand eine eigenständige – entweder vorgezogene oder nachgeschaltete – Deliktsprüfung gewidmet werden? (Hinweis: Sprachlich korrekt wäre dann allein die Formulierung: „S hat sich eines versuchten Totschlags schuldig gemacht". Denn strafbar gemacht hat sie sich nur aus §§ 216, 22, 23 StGB). Oder soll man beides im Verbund untersuchen (§§ 212, 216, 22, 23 StGB)? Das allerdings scheint wenig glücklich, weil man die S dann auch als „Totschlägerin" stigmatisieren würde. Da der versuchte Totschlag ersichtlich im Schatten der Privilegierung steht, wäre eine vierte Möglichkeit, auf seine Prüfung gänzlich zu verzichten.

   Aus ökonomischen Gründen und um dem Vorwurf zu entgehen, den Grundtatbestand außer Acht gelassen zu haben, wird hier ein Mittelweg eingeschlagen: Bei der Feststellung des zu §§ 216, 22, 23 StGB erzielten Ergebnisses wird kurz darauf hingewiesen, dass der mitverwirklichte Totschlagsversuch im Wege der Gesetzeskonkurrenz zurücktritt (vgl. im 3. Teil – Konkurrenzen – S. 207).

   Wichtig ist aber, dass nach §§ 216, 22, 23 StGB noch ein Mordversuch (§§ 211, 22, 23 StGB) angesprochen wird. Immerhin dachte S auch an das sie begünstigende Testament (= Habgier?) und wollte zudem B im Schlaf töten (= Heimtückevorsatz?).

4. In Bezug auf O empfiehlt es sich, vorab festzulegen, dass eine täterschaftliche Haftung aus §§ 212, 22, 23 StGB ausscheidet, weil es bei ihm ersichtlich am Tötungsvorsatz fehlt. Auf welche Bezugstat bei § 27 StGB abzustellen ist (§ 216

StGB – § 212 StGB oder beides im Verein), kann so oder so entschieden werden. Mehr aus optischen Gründen wird im Folgenden von der Haupttat ausgegangen, aus der sich S strafbar gemacht hat, also von §§ 216, 22, 23 StGB.

Auch B kann mit Blick auf §§ 216, 22, 23 StGB – selbstverständlich – nicht (Mit-) Täter sein. Für ihn kann nur eine Anstiftung (§ 26 StGB) erwogen werden.

Eine erste Grobgliederung könnte nach alledem wie folgt aussehen:

A Strafbarkeit der S
  I. §§ 216, 22, 23 StGB
  II. wenn (+), wird §§ 212, 22, 23 StGB verdrängt
  III. §§ 211, 22, 23 StGB (Habgier, Heimtückevorsatz)
B Strafbarkeit des O
  I. §§ 212, 22, 23 StGB als Täter (–)
  II. §§ 216, 22, 23 i.V. mit 27 StGB
C Strafbarkeit des B aus §§ 216, 22, 23 i.V. mit 26 StGB

Die Feinstrukturierung – Strafbarkeit der S

1. Zunächst ist festzustellen, dass der Versuch einer Tötung auf Verlangen (bloßes Vergehen, § 12 Abs. 2 StGB) nach § 216 Abs. 2 StGB unter Strafe steht. Was den Tatentschluss angeht, hatte S sicher Tötungsvorsatz. Weil sich im Rahmen von § 216 StGB regelmäßig das Problem der Abgrenzung zwischen Täterschaft und (strafloser) Beihilfe zum Selbstmord stellt, sollte auch dargetan werden, dass S den Taterfolg täterschaftlich bewirken wollte. Darüber hinaus hatte sie Vorsatz mit Blick auf die privilegierenden Tatumstände. Insbesondere war ihr bewusst, dass sie sich primär vom Todesverlangen des S steuern ließ. Der Gedanke an das Ferienhaus auf Sylt hat sie entweder überhaupt nicht motiviert oder war jedenfalls als Motiv nicht handlungsleitend (vgl. BGHSt 50, 80, 92: „Kannibalen-Fall“).

2. Dass der S ein ungeeignetes Mittel untergeschoben würde und sie damit nur einen untauglichen Versuch beging, ist erst im Zusammenhang mit dem unmittelbaren Ansetzen (§ 22 StGB) zu berücksichtigen. Die Strafbarkeit auch untauglicher Versuche kann mit der subjektiven Einfärbung des § 22 StGB („nach seiner Vorstellung von der Tat“) sowie mit einem aus § 23 Abs. 3 StGB gewonnenen Erst-recht-Schluss belegt werden.

3. Die Einwilligung des B in seinen Tod vermag natürlich die Rechtswidrigkeit nicht zu beseitigen. Sie hat nur zur Folge, dass S von der Privilegierung des § 216 StGB profitiert. Eingedenk der bei B zu erwartenden Qualen könnte des Weiteren noch an den rechtfertigenden Notstand (§ 34 StGB) bzw. – im Rahmen der Schuld – an einen entschuldigenden Notstand (§ 35 StGB) gedacht werden. Da sich die Schmerzen aber noch nicht eingestellt haben, mithin keine gegenwärtige Leibesgefahr gegeben ist, erscheinen Ausführungen dazu ent-

behrlich. Der jenseits der Schuld zu prüfende persönliche Strafaufhebungsgrund des Rücktritts braucht ebenfalls nicht angesprochen zu werden: S hat weder einen Rücktrittsentschluss gefasst noch sich um Rettung bemüht (§ 24 Abs. 1 S. 2 StGB).

4. Das Ergebnis, dass S sich überdies nicht aus §§ 211, 22, 23 StGB strafbar gemacht hat, lässt sich auf zwei Beine stellen. Zum einen entfaltet § 216 StGB gegenüber dem Mord eine sog. Sperrwirkung, die den Rückgriff auf die Qualifikation nicht erlaubt (vgl. *Joecks,* Studienkommentar StGB, 7. Aufl. 2007, Vor § 211 Rn. 7; s. auch 3. Teil – Konkurrenzlehre – S. 202). Zum anderen sind, bei Lichte besehen, keine Mordmerkmale erfüllt. Es ist bereits zweifelhaft, ob S auch „aus Habgier" töten wollte. Ein etwaiges Gewinnstreben wäre jedenfalls nicht tatbeherrschend oder bewusstseinsdominant (vgl. BGHSt 42, 301, 304). Der Tötung schlafender Personen liegt zwar grundsätzlich Heimtücke zugrunde (BGHSt 23, 119, 121). Das kann aber hier nicht gelten, weil B, wie S wusste, sich nicht arglos dem Schlaf überlassen hat, sondern gerade in Erwartung der tödlichen Injektion eingeschlafen ist.

Der Tatbestandsaufbau bei der Teilnahme mit fallspezifischen Erläuterungen

Sowohl O als auch B fällt nur eine Teilnahmerolle zu. Das Aufbauschema der Anstiftung und Beihilfe sei im Folgenden aufgezeigt und sodann durch fallbezogene Kommentierungen erläutert:

Strafbarkeit des Teilnehmers aus §§ X i.V. mit 26, 27 StGB

I. ggf. notwendige Teilnahme, die die Haftung ausschließt
II. Objektiver Tatbestand
   1. Vorliegen einer teilnahmefähigen Haupttat
   2. Teilnahmehandlung
      entweder Bestimmen zur Tat, § 26 StGB
      oder Hilfeleisten, § 27 StGB
III. Subjektiver Tatbestand = Vorsatz
   1. bzgl. der Haupttat
   2. bzgl. der Teilnahmehandlung
   3. sog. Vollendungsvorsatz (agent provocateur)
IV. Rechtswidrigkeit
V. Schuld

Zu I.: Sofern – wie hier bei B – ein Fall von notwendiger Opferbeteiligung vorliegt, sollte man aus Gründen der Zeitersparnis gar nicht erst in eine schulmäßige Prüfung „einsteigen", sondern sogleich sagen, dass die Mitwirkung straflos zu bleiben hat. Dieser Befund bedarf natürlich der Begründung; dies vor allem deshalb, weil die notwendige Teilnahme die Akzessorietät durchbricht. Streng nach Akzessorietätsgrundsätzen gelöst wäre ja B sehr wohl als Anstifter zu strafen. Zu kurz gegriffen ist das Argument, dass B, weil er nicht Täter des § 216 StGB sein kann, auch nicht als Teilnehmer zur Verantwortung gezogen werden kann. Man muss sich schon auf den Strafgrund der Teilnahme besinnen, der anerkanntermaßen darin zu sehen ist, dass der Teilnehmer den Angriff eines anderen auf ein fremdes Rechtsgut veranlasst oder fördert. Dient der Tatbestand – wie hier § 216 StGB – aber gerade seinem (Lebens-) Schutz, haftet der Mitwirkung kein Unrecht an, auch wenn sie noch so dominierend gewesen sein mag.

Zu II. 1.: Hinter dem Adjektiv „teilnahmefähig" verbergen sich die Akzessorietätserfordernisse „tatbestandsmäßig" (§ 11 Abs. 1 Nr. 5 StGB), „rechtswidrig und vorsätzlich" begangen. Diesen Anforderungen genügt auch der bloße Versuch. Als teilnahmetaugliche Haupttat ist also für O die versuchte Tötung auf Verlangen, begangen durch S, zu veranschlagen.

Zu III. 1.: Dementsprechend ist Bezugspunkt des Gehilfenvorsatzes bei O allein die Versuchstat der S, und insoweit stand dem O vor Augen, dass die S den B mittels der Spritze hat töten wollen.

Zu III. 3.: Hiervon zu trennen ist der Umstand, dass O keinen „Vollendungsvorsatz" aufwies. Weil die der S ausgehändigte Ampulle eine harmlose Kochsalzlösung enthielt, handelte O in dem Bewusstsein, dass es nur zu einem (untauglichen) Versuch kommen konnte, eine vollendete Tat also ausgeschlossen war. Dieser bloße „Versuchsvorsatz" hat zur Folge, dass O als strafloser agent provocateur einzustufen ist. Hierin liegt abermals eine Durchbrechung der Akzessorietät, die sich wiederum mit dem Strafgrund der Teilnahme, dem Mitwirken an einer fremden Rechtsgutsverletzung, belegen lässt. Dies impliziert, dass der Teilnehmer die Rechtsgutsverletzung zumindest als möglich einkalkulieren muss.

Abweichendes ergibt sich, wenn man dieses Erklärungskonzept nicht gelten lässt und das Unrecht einer Teilnahme anders festlegt. So haftet nach der sog. Schuldteilnahmetheorie der Teilnehmer deshalb, weil er den (Haupt-) Täter in Schuld und Strafe verstrickt. Da diese Sicht im Widerspruch zu § 29 StGB steht, ist an ihre Stelle die Unrechtsteilnahme- bzw. Korruptionstheorie getreten: Der Teilnehmer verwickelt den Täter in unrechtes Tun und trägt so zu seiner sozialen Desintegration bei. Aber auch das ist nicht überzeugend, weil hierdurch – und zwar durch Normen des Allgemeinen Teils – ein neues Rechtsgut (die „Bewahrung der Unbescholtenheit" des anderen) eingeführt wird und im Übrigen nicht erklärlich ist, warum das Gesetz die Strafe des Teilnehmers an der Haupttat ausrichtet. Darüber hinaus würden diese Ableitungen dazu führen, dass auch die notwendige Teilnahme – hier also B – bestraft werden müsste; ein Ergebnis, das nicht einzuleuchten vermag.

Der schriftliche Lösungsplan

Die schriftlich fixierte Lösungsskizze könnte nach alledem wie folgt beschaffen sein:

I. Strafbarkeit der S aus §§ 216, 22, 23
 1. Vorabfeststellungen: keine Vollendung; Versuch strafbar nach § 216 II
 2. Tatentschluss
  a) Tötungsvorsatz (+)
  b) Vorstellung täterschaftlicher Begehungsweise (+)
  c) Vorsatz bzgl. der privilegierenden Umstände
   aa) ausdrückliches und ernsthaftes Todesverlangen (+)
   bb) zur Tat bestimmt worden (+), Todesbegehren war für S handlungsleitend; die Aussicht auf das Ferienhaus hat sie nicht oder nur sekundär motiviert
 3. Unmittelbares Ansetzen, § 22 (+), wenngleich untauglicher Versuch; seine Strafbarkeit folgt aus Wortlaut § 22 und § 23 III
 4. Rechtswidrigkeit (+)
 5. Schuld (+)
 6. Ergebnis: (+), §§ 212, 22, 23 treten zurück

II. Strafbarkeit der S aus §§ 211, 22, 23 (–)
 → Sperrwirkung des § 216; überdies weder Habgier noch Heimtückevorsatz

III. Strafbarkeit des O aus §§ 212, 22, 23 als Täter (–), kein Tötungsvorsatz

IV. Strafbarkeit des O aus §§ 216, 22, 23 i.V. mit 27
 1. Objektiver Tatbestand
  a) Versuch des § 216 als teilnahmefähige Haupttat (+)
  b) Hilfeleisten zum untauglichen Versuch (+) durch Übergabe der Ampulle
 2. Subjektiver Tatbestand
  a) Vorsatz bzgl. des Vorsatzes (+)
  b) Vorsatz bzgl. des Förderns (+)
  c) Vollendungsvorsatz (–), O hat die Tatausführung bewusst in einen untauglichen Versuch umgelenkt → strafloser agent provocateur; Begrd.: Strafgrund der Teilnahme
 3. Ergebnis: (–)

V. Strafbarkeit des B aus §§ 216, 22, 23 i.V. mit 26 (–)
 → straflose notwendige (Opfer-) Teilnahme; Begrd.: Strafgrund der Teilnahme

Gesamtergebnis

Klausurlösung

I. Strafbarkeit der S aus §§ 216, 22, 23 StGB

S könnte sich dadurch, dass sie dem B die Spritze setzte, wegen versuchter Tötung auf Verlangen nach §§ 216, 22, 23 StGB strafbar gemacht haben.

1. Vorabfeststellungen

B hat überlebt; Vollendung scheidet aus. In Betracht kommt nur Versuch, der in § 216 Abs. 2 StGB unter Strafe gestellt ist.

2. Tatentschluss

S müsste mit Tötungsvorsatz gehandelt haben. Bei Begehung der Tat ging sie davon aus, die Spritze enthalte tödliches Gift, das dem lebensmüden B zum Sterben verhelfen werde. Damit hatte sie die Vorstellung, den Taterfolg des § 216 StGB – Tod des B – kausal herbeizuführen. Zu verlangen ist überdies die Vorstellung, den B täterschaftlich zu töten. S hat bewusstermaßen allein alle wesentlichen tatsächlichen Handlungen vollzogen, die den Todeserfolg verursachen sollten; insbesondere stand ihr vor Augen, dass sie es war, die den letzten irreversiblen Akt vornehmen sollte. Ihr Vorsatz war damit darauf gerichtet, den schlafenden B täterschaftlich zu töten.

Des Weiteren müssten die privilegierenden Tatumstände des § 216 StGB von ihrem Vorsatz umfasst gewesen sein. S handelte im Wissen darum, dass B von ihr ausdrücklich die Tötung verlangt hatte. Da sie erkannt hat, dass B keine Verantwortungsdefizite aufwies und seinem Wunsch keine Willensmängel zugrunde lagen, hatte sie auch Vorsatz mit Blick auf die Ernstlichkeit. S müsste sich ferner zur Tötung bestimmt haben lassen. B hat in ihr den Tatentschluss geweckt, und es war primär seine Bitte, die sie zur Tat veranlasst hat. Zwar dachte sie auch an das Ferienhaus auf Sylt. Insoweit ist aber schon fraglich, ob das Vermächtnis motivierend in ihre Willensbildung eingeflossen ist. Wenn ja, spielte die Aussicht auf Gewinn nur eine untergeordnete Rolle. Handlungsleitend und bewusstseinsdominant war für S in jedem Fall der Todeswunsch des B. Damit waren auch die besonderen Merkmale des § 216 StGB vom Vorsatz der S abgedeckt.

S hatte Tatentschluss.

3. Unmittelbares Ansetzen

S müsste nach ihrer Vorstellung von der Tat unmittelbar zur Tatbestandsverwirklichung angesetzt haben, § 22 StGB. S hat aus ihrer Sicht die Tötungshandlung bereits vollständig vollzogen. Objektiv hat sie allerdings ein untaugliches Mittel eingesetzt, so dass eine Tatbestandsverwirklichung ausgeschlossen war. Da es nach dem Wortlaut des § 22 StGB aber maßgeblich auf die Tätervorstellung ankommt, steht die unerkannt gebliebene Untauglichkeit einem unmittelbaren Ansetzen nicht entgegen. Hergeleitet werden kann die Strafbarkeit untauglicher Versuche überdies aus § 23 Abs. 3 StGB. Danach kann selbst bei grob unverständigen

Versuchen nur von Strafe abgesehen oder diese lediglich gemildert werden. Daraus lässt sich schließen, dass ein nicht offensichtlich untauglicher Versuch erst recht Strafe nach sich ziehen muss.

Der Versuchsbeginn ist demnach zu bejahen.

4. Rechtswidrigkeit

Rechtfertigungsgründe stehen der S nicht zur Seite. Sie handelte rechtswidrig.

5. Schuld

Schuldausschließungsgründe- und Entschuldigungsgründe sind ebenfalls nicht ersichtlich. S hat den Versuch schuldhaft begangen.

6. Ergebnis

S hat sich wegen versuchter Tötung auf Verlangen gem. §§ 216, 22, 23 StGB strafbar gemacht. Der gleichfalls verwirklichte Versuch eines Totschlags – §§ 212, 22, 23 StGB – tritt aus Gründen der Spezialität im Wege der Gesetzeskonkurrenz zurück.

II. Strafbarkeit der S aus §§ 211, 22, 23 StGB

S könnte zudem einen Mordversuch nach §§ 211, 22, 23 StGB begangen haben. Sie könnte zum einen aus Habgier, zum anderen mit Heimtückevorsatz gehandelt haben.

1. Anwendbarkeit

Sofern – wie hier – der Privilegierungstatbestand des § 216 StGB vorliegt, ist anerkannt, dass der Zugriff auf die Qualifikation des § 211 StGB von vornherein nicht möglich ist. Würde man von dem Grundsatz der sog. Sperrwirkung abweichen, hätte das zur Folge, dass dem Täter die mit § 216 StGB verbundenen Vergünstigungen wieder abgeschnitten würden. Von daher kann an sich dahinstehen, ob bei S Mordmerkmale gegeben sind.

2. Mordmerkmale

Weil sich das Vorhandensein von Mordmerkmalen aber möglicherweise auf die Strafzumessung niederschlägt, ist gleichwohl zu prüfen, ob der Tötungsversuch von Habgier und einem auf eine heimtückische Tat gerichteten Vorsatz begleitet war.

a) Habgier bedeutet das Streben nach Vermögensmehrung. Bereits oben wurde ausgeführt, dass die Aussicht, das Ferienhaus zu erlangen, die S möglicherweise schon gar nicht motiviert hat. Ein Handeln „aus Habgier“ würde dann von vornherein ausscheiden. Andernfalls wäre die Gewinnerwartung Teil eines Motivbündels. Insoweit könnte Habgier nur angenommen werden, wenn sie mitbestimmend bewusstseinsdominant war, d.h. den Täter mehr beherrschte als die anderen Motive. Im Vordergrund stand für S, dem Wunsch des B nachzukommen. Der Zugewinn war für sie nur eine – wenn auch willkommene – Begleiterscheinung. Habgier ist somit abzulehnen.

b) Der Tatentschluss der S könnte jedoch auf eine heimtückische Begehungsweise gezielt haben. Unter Heimtücke ist die Ausnutzung der Arg- und Wehrlosigkeit des Opfers zu verstehen. Wenn – wie hier – ein Schlafender getötet wird, ist grundsätzlich Heimtücke zu bejahen, weil nämlich das Opfer seine Arglosigkeit mit in den Schlaf nimmt. S sah zwar, dass B schlief. Gleichzeitig war ihr aber bewusst, dass B sich in der Erwartung, getötet zu werden, zum Schlafen niedergelegt hatte. Sie hatte deshalb nicht die Vorstellung, den fehlenden Argwohn des B auszunutzen. Ein Heimtückevorsatz ist somit abzulehnen.

3. Ergebnis

Mit Rücksicht auf die Sperrwirkung hat S sich keines Mordversuchs schuldig gemacht. Im Übrigen war ihre Tat auch nicht von Mordmerkmalen begleitet.

III. Strafbarkeit des O aus §§ 212, 22, 23 StGB

O könnte sich dadurch, dass er der S die Ampulle übergeben hat, wegen eines täterschaftlich begangenen Totschlagsversuchs strafbar gemacht haben.

Das setzt Tötungsvorsatz voraus. O hat die Ampulle mit einer harmlosen Substanz abgefüllt, um auf diese Weise zu verhindern, dass S ihren Tatplan – Tötung des B – verwirklichen konnte. O hatte demnach keinen Tötungsvorsatz und hat sich somit nicht aus §§ 212, 22, 23 StGB strafbar gemacht.

IV. Strafbarkeit des O aus §§ 216, 22, 23 i.V. mit 27 StGB

O könnte sich aber durch seine Beteiligung einer Beihilfe zur versuchten Tötung auf Verlangen schuldig gemacht haben.

1. Objektiver Tatbestand

S hat den Versuch einer Tötung auf Verlangen unternommen. Da der Versuch ebenfalls eine tatbestandsmäßige, rechtswidrige und vorsätzliche Tat darstellt, liegt eine teilnahmefähige Haupttat vor. Zu dieser müsste O Hilfe geleistet haben. O hat der S die Ampulle ausgehändigt, deren Inhalt die S dem B injizierte. Der Tatbeitrag des O ist damit für die Haupttat (mit-) ursächlich geworden. O hat den Tötungsversuch der S unterstützt. Der objektive Tatbestand ist erfüllt.

2. Subjektiver Tatbestand

O müsste mit Gehilfenvorsatz gehandelt haben.

a) Dem O war klar, dass S ihre Tat mittels der in der Ampulle abgefüllten Flüssigkeit durchführen würde. Er war sich zudem bewusst, dass S in der irrigen Annahme, es handele sich um tödlich wirkendes Morphium, zu Werke gehen würde. O hatte deshalb die Vorstellung, S werde einen untauglichen Tötungsversuch begehen. Diesen hat O wissentlich und willentlich gefördert. Der subjektive Tatbestand ist demnach an sich gegeben.

b) O hat indes der S ein ungeeignetes Mittel in die Hände gespielt und bezweckte damit, B vor dem Tode zu bewahren. Er sah also voraus, dass es zur Vollendung der Tat nicht kommen konnte. Sein listiges Vorgehen war vielmehr darauf angelegt, dass nicht mehr als ein untauglicher Versuch stattfinden konnte.

Der fehlende Vollendungsvorsatz würde O nicht entlasten, wenn das Unrecht der Teilnahme darin läge, dass der Teilnehmer den Haupttäter in Schuld und Strafe verstrickt. Dem steht jedoch § 29 StGB entgegen, wonach die Haftung des Teilnehmers unabhängig ist von der Schuld und Bestrafung des Täters.

Dass der Teilnehmer den Täter in unrechtes Tun verwickelt und ihn damit zum Rechtsbrecher macht, kann ebenfalls nicht ausschlaggebend sein. Wäre es so, hätte das Gesetz die Höhe der Strafe für den Teilnehmer nach der Intensität seiner Einwirkung auf den Haupttäter bemessen müssen. Stattdessen richtet sich die Strafe nach der des Täters. Das kann nur besagen, dass der wahre Strafgrund der Teilnahme in der Mitwirkung an der durch die Haupttat bewirkten Rechtsgutsverletzung liegt. Konsequenterweise ist dann zu verlangen, dass der Teilnehmer ebenso wie der Täter die Rechtsgutsverletzung will. Handelt er – wie hier O – nur mit Versuchsvorsatz, ist er als sog. agent provocateur straffrei zu stellen.

3. Ergebnis

O hat sich keiner Beihilfe zur versuchten Tötung auf Verlangen schuldig gemacht.

V. Strafbarkeit des B aus §§ 216, 22, 23 i. V. mit 26 StGB

Dadurch, dass B die S veranlasst hat, ihn des Nachts zu töten, könnte er sich wegen Anstiftung zur versuchten Tötung nach §§ 216, 22, 23 i.V. mit 26 StGB strafbar gemacht haben.

1. Notwendige Teilnahme

Es erscheint von vornherein zweifelhaft, ob das Opfer des § 216 StGB, das einen anderen durch sein Verlangen zur Tat bestimmt hat, als Teilnehmer verantwortlich sein kann. Daraus, dass der Selbstmord nicht strafbar ist, ließe sich folgen, dass man sich dann auch, ohne sich strafbar zu machen, durch andere töten lassen darf. Dass diese These im Ergebnis zutrifft, ergibt sich abermals aus dem Strafgrund der Teilnahme. Das Unrecht von Anstiftung und Beihilfe liegt – wie gesehen – nicht darin, dass man den Täter einer Strafe zuführt oder ihn zum Rechtsbruch verleitet, sondern im Verursachen oder Fördern einer Tat, die fremde Rechtsgüter verletzt. Stiftet demnach der Teilnehmer zu einer Tat an, deren Opfer er selbst ist, ist seiner Mitwirkung kein Unrecht zuzuschreiben; der so Beteiligte geht als sog. notwendiger Teilnehmer straflos aus.

Mit § 216 StGB steht hier eine Strafvorschrift in Rede, die gerade dem Lebensschutz des Opfers zu dienen bestimmt ist. B hat die S also zu einer Tat veranlasst, die sich gegen ihn selbst richtet. Von daher ist B straffrei zu stellen.

2. Ergebnis

B hat sich nicht aus §§ 216, 22, 23 i.V. mit 26 StGB wegen Anstiftung zur versuchten Tötung auf Verlangen strafbar gemacht.

Gesamtergebnis

S ist einer versuchten Tötung auf Verlangen gem. §§ 216, 22, 23 StGB schuldig. O sowie B haben sich nicht strafbar gemacht.

Fall 15 „Die rabiate Skatrunde“

Besondere persönliche Merkmale

M ist Mutter eines achtjährigen geistig behinderten Kindes (K). Alle vierzehn Tage trifft M sich jeweils freitags mit Freundinnen zu einem Kegelabend. Sie hat A, einen mit ihr befreundeten Arbeitskollegen gebeten, während dieser Zeit auf K aufzupassen. Das hat bislang auch reibungslos geklappt.

An einem Freitag bringt A nach vorheriger Absprache mit M zwei der M bis dahin unbekannte Skatbrüder mit, um mit ihnen in der Küche Karten zu spielen. Das Spiel hat kaum begonnen, als K in seinem Schlafzimmer laut zu schreien anfängt. A versucht mehrfach, K zu beruhigen. Alle Bemühungen sind jedoch nicht von langer Dauer; immer wieder wird das Skatspiel der drei durch das Schreien und Wimmern des K gestört. B – einer der Skatbrüder – ist schließlich die Sache leid. Er fordert A auf, K endlich „mundtot zu machen“.

1. Fallvariante

B schlägt vor, dass A den K in die dunkle und enge Vorratskammer sperren soll. Als A erwidert, dass K an Klaustrophobie leidet und in der Kammer sicher Todesängste ausstehen werde, entgegnet B: „Umso besser, dann ist der Balg ein für allemal kuriert“. A tut daraufhin, wie ihm geheißen, und alle drei setzen – nunmehr unbehelligt – ihr Skatspiel fort. Nach etwa drei Stunden – kurz vor der Rückkehr der M – lässt A den völlig verstörten K wieder frei.

2. Fallvariante

B weist darauf hin, dass eine gehörige Abreibung verbunden mit einem „Schwedentrunk“ probate Mittel seien, um K ruhig zu stellen. A steht auf, begibt sich zu K und versetzt diesem massive Ohrfeigen. Außerdem verdreht er die Ohren des K, reißt an dessen Haaren und flößt ihm gewaltsam kalten abgestandenen Kaffee ein. Erst als das Schreien des K in leises Schluchzen übergeht, lässt A von K ab. Danach wenden sich alle drei wieder ihrem Kartenspiel zu.

Beurteilen Sie die Strafbarkeit von A und B! Zu prüfen sind ausschließlich Straftaten gegen die körperliche Unversehrtheit (17. Abschnitt). Strafanträge sind, soweit erforderlich, gestellt.

Lösung 15 „Die rabiate Skatrunde“

Die ersten Lösungsschritte

1. Der Bearbeitervermerk gibt die Richtung vor: Zu erörtern sind lediglich die Strafnormen der §§ 223 ff. StGB. Für die 2. Fallvariante ist klar, dass der Grundtatbestand des § 223 StGB „einschlägig“ ist. Die Körperverletzung könnte darüber hinaus eine nach § 224 Abs. 1 StGB qualifizierte sein. Als Qualifikationsmerkmale kommen Nr. 4 („gemeinschaftlich“) sowie Nr. 5 („lebensgefährdende Behandlung“) in Betracht. In Bezug auf die 1. Fallalternative ist hingegen fraglich, ob bei K überhaupt ein Körperverletzungserfolg eingetreten ist. Das bedarf näherer Untersuchung.

   Zu bedenken ist überdies, dass die fürsorgepflichtige M den K am Tatabend in die Obhut des A gegeben hat. Das führt zu § 225 Abs. 1 Nr. 1 StGB, der Misshandlung von Schutzbefohlenen. Insoweit könnte in der 1. Fallvariante ein „Quälen“, in der 2. Fallvariante überdies ein „rohes Misshandeln“ anzunehmen sein.

   B könnte als Anstifter (§ 26 StGB) an den Taten des A beteiligt gewesen sein (vgl. das Aufbauschema Fall 14, S. 172). Ihn auf diese Rolle festzulegen, ist mit Blick auf § 225 StGB sogar zwingend. Täter kann hier nur der Schutzpflichtige sein; Außenstehende können von vornherein lediglich als Teilnehmer haften. Aber auch was die §§ 223, 224 StGB angeht, ist von bloßer Anstiftung auszugehen: B hat sich darauf beschränkt, verbal auf A einzuwirken.

2. Die Grobgliederung ist durch den Aufgabentext vorgezeichnet. In den beiden nacheinander abzuhandelnden Fallalternativen ist jeweils die Strafbarkeit von A und B zu erörtern. Zu beginnen ist hier wie dort zwingend mit dem „tatnächsten“ A. Aus Gründen der Akzessorietät (Vorliegen einer Bezugstat) darf die Anstiftung erst im Anschluss daran geprüft werden.

3. Was die Reihenfolge der Delikte betrifft, sollte § 225 StGB an erster Stelle angegangen werden. Der Tatbestand ist eigenständig, d.h. losgelöst von § 223 StGB zu behandeln. Die Vorschrift stellt nämlich nur zum Teil eine qualifizierte Körperverletzung dar; zu einem anderen Teil weist sie mit Rücksicht auf das „Quälen“ einen eigenen, wenn auch engen Anwendungsbereich auf.

4. Ist für A § 225 StGB bejaht worden, stellt sich im Rahmen der 1. Fallvariante die Frage, ob es überhaupt noch der Erörterung des § 223 StGB bedarf. Ggf. würde ja dieser Tatbestand ohnehin von § 225 StGB verdrängt. Es bedarf schon kluger Vorausschau, um zu erkennen, dass die Prüfung dennoch notwendig ist. Wie noch zu zeigen sein wird, richtet sich die Haftung des Anstifters B maßgeblich danach, ob § 223 StGB gegeben ist oder nicht (§ 28 Abs. 1 oder Abs. 2 StGB?).

Bei der 2. Fallvariante kommt hinzu, dass über § 223 StGB hinaus die Qualifikation des § 224 StGB auf den Plan treten könnte. Läge es so, würde § 224 StGB tateinheitlich mit § 225 konkurrieren. Auch aus diesem Grund ist die Prüfung unerlässlich.

Empfohlen wird, die §§ 223, 224 StGB zusammen zu behandeln, d.h. sie in einer einheitlichen Deliktserörterung unterzubringen. Das spart Raum und Zeit und geht vor allem nicht auf Kosten der Übersichtlichkeit. Außerdem wird so dem Umstand Rechnung getragen, dass § 224 StGB auf dem Grundtatbestand aufbaut.

Bei Qualifikationen handelt es sich um „echte" (unselbständige) Tatbestände. Sie sind deshalb in die Tatbestandsprüfung zu integrieren. Darüber hinaus müssen die Qualifikationsmomente vom Vorsatz des Täters abgedeckt sein. Bewährt hat sich folgendes Vorgehen:

§§ 223, 224 StGB

1. OTB des Grunddelikts
2. STB des Grunddelikts
3. Qualifizierung nach § 224 StGB
   a) objektives Vorliegen der erschwerenden Tatumstände
   b) diesbezüglicher Vorsatz
4. RW
5. Schuld

§ 28 StGB – Arbeitsanleitungen mit fallbezogenen Erläuterungen

Der eigentliche „Clou" der Aufgabe liegt bei der Anstiftung des B zu § 225 Abs. 1 StGB. Die Frage ist, ob für B als Nicht-Schutzpflichtigem diese Strafgrundlage überhaupt gilt und, wenn ja, ob er ungeschmälert aus ihr verantwortlich ist. Möglicherweise profitiert er nach § 28 StGB von einer Akzessorietätsdurchbrechung (§ 28 Abs. 2 StGB) oder ihm kommt zumindest eine Akzessorietätslockerung in den Rechtsfolgen zugute (§ 28 Abs. 1 StGB).

Der Umgang mit § 28 StGB fällt den Studierenden erfahrungsgemäß schwer. Deshalb soll hier in Kürze das Prüfungsschema vorgestellt und durch auf den Fall zugeschnittene Bemerkungen erläutert werden.

§ 28 StGB

1. Besondere persönliche Merkmale bei einem Beteiligten
2. Fehlen des Merkmals beim Täter bzw. Teilnehmer
3. Merkmal strafbegründender (§ 28 Abs. 1 StGB) oder strafmodifizierender (§ 28 Abs. 2 StGB) Art
4. Rechtsfolgen
   a) § 28 Abs. 1 StGB: obligatorische Strafmilderung nach § 49 Abs. 1 StGB
   b) § 28 Abs. 2 StGB: Tatbestandsverschiebung (str.)

Zu 1.: Die von § 225 StGB vorausgesetzte Schutzbeziehung zwischen Täter und Opfer stellt ein besonderes persönliches Merkmal i.S. des § 28 StGB dar. Der Täter, der sich an einer ihm anvertrauten minderjährigen oder wehrlosen Person vergreift, begeht besonderes (personales) Unrecht, weil er einer speziell auf ihn bezogenen Schutzpflicht zuwiderhandelt.

Zu 2.: Diese Schutzpflicht trifft allein den A, nicht aber B. Denn es kann nicht davon ausgegangen werden, dass M ausdrücklich oder konkludent K auch der Obhut des B unterstellen wollte. Dies ergibt sich eindeutig daraus, dass M die beiden Skatbrüder des A nicht kannte.

Zu 3. Zu entscheiden ist (und diese Frage steht im Zentrum der Klausur), ob das nur bei A vorhandene täterbezogene Unrechtsmerkmal seine Strafe aus § 225 Abs. 1 StGB begründet oder aber schärft. Insoweit ist zwischen den beiden Fallvarianten zu differenzieren.

a) In der 1. Fallalternative hat A die Begehungsform des Quälens verwirklicht. Quälen bedeutet die Verursachung länger andauernder oder sich wiederholender erheblicher Schmerzen oder Leiden (BGHSt 41, 113, 115). Dies kann sowohl durch eine körperliche als auch durch eine rein seelische Peinigung geschehen, die keine Auswirkung auf den körperlichen Zustand zu haben braucht und damit nicht zwangsläufig eine Körperverletzung nach § 223 StGB darstellen muss. Ein Quälen kann dementsprechend auch in der Herbeiführung von Panik- und Angstzuständen liegen, z.B. wenn – wie hier – ein Kind für längere Zeit in einen düsteren Raum eingesperrt wird (OLG Kiel, DJ 1934, 582). Bei K kommt hinzu, dass er durch das Einsperren in die Vorratskammer sogar in Todesangst versetzt worden ist.

   Dass mit dieser seelischen Beeinträchtigung ein körperliches Misshandeln oder eine Gesundheitsschädigung einherging, lässt sich dem Sachverhalt nicht entnehmen. Das könnte nur bejaht werden, wenn die psychische Misshandlung das körperliche Wohlbefinden des K nicht unerheblich beeinträchtigt hätte oder wenn dadurch bei ihm ein krankhafter Zustand hervorgerufen worden wäre. Beides ist nicht feststellbar.

   Aus diesem Befund ist zu folgern, dass es sich bei der dem A obliegenden Schutzpflicht um ein Merkmal handelt, das die Strafe aus § 225 StGB begründet: Wäre K nicht seiner Obhut unterstellt gewesen, könnte A aus den Körperverletzungsdelikten nicht belangt werden. Betroffen ist damit der Anwendungsbereich des § 28 Abs. 1 StGB.

b) Was die 2. Fallvariante angeht, liegen die Dinge anders. Im Rahmen von § 225 StGB kann unschwer festgestellt werden, dass A den K gequält und körperlich misshandelt hat. Das zusätzliche Erfordernis der Rohheit setzt sich aus objektiven und subjektiven Elementen zusammen. Die Misshandlung muss einerseits massiv sein und andererseits auf gefühlloser, fremdes Leiden missachtender Gesinnung beruhen (*Fi-*

scher, StGB, 56. Aufl. 2009, § 225 Rn. 9). Angesichts der Vorgehensweise des A sind beide Voraussetzungen erfüllt. Die unbarmherzige Gesinnung lässt sich dabei ohne Weiteres aus den objektiven Tatbeständen ableiten (vgl. BGH, NStZ-RR 2007, 331: gewaltsames Vollstopfen des Mundes eines Kindes mit trockenem Brot).

Durch sein Verhalten hat A offensichtlich auch den (Grund-) Tatbestand des § 223 StGB verwirklicht. Dies führt dazu, dass hier die Schutzpflicht des A strafschärfend wirkt, also § 28 Abs. 2 StGB zum Zuge kommt.

Zu 4.: Für den Anstifter B kommt es nach allem zu unterschiedlichen Rechtsfolgen. In der 1. Fallvariante verändert sich die Strafgrundlage nicht. Es bleibt bei §§ 225 Abs. 1, 26 StGB, wobei allerdings dem B eine Strafmilderung nach §§ 28 Abs. 1, 49 Abs. 1 StGB zuteil wird. Anders in der 2. Fallalternative: Gemäß § 28 Abs. 2 StGB führt die Haftung des B weg von § 225 StGB hin zu § 223 StGB. Seine Strafbarkeit reduziert sich demnach auf §§ 223, 26 StGB.

Diese unterschiedlichen Ergebnisse verblüffen. Dass im zweiten Fall dem B der Vorwurf, zu einer Misshandlung von Schutzbefohlenen angestiftet zu haben, erspart bleibt und zudem seine auf §§ 223, 26 StGB reduzierte Strafbarkeit von einem Strafantrag (§ 230 StGB) abhängig wird, erscheint wenig einsichtig. Um Wertungswidersprüche zu vermeiden, könnte man – entgegen der h.A. – § 28 Abs. 2 StGB ebenso wie § 28 Abs. 1 StGB als bloße Strafzumessungsregel deuten (so etwa *Hirsch,* in: LK StGB, 11. Aufl. 2001, § 225 Rn. 1, 28). Das hieße, dass B auch hier aus § 225 Abs. 1 StGB (i.V. mit § 26 StGB) zu strafen und nur der Strafrahmen dem § 223 StGB zu entnehmen wäre.

Dass auch diese Lesart nicht überzeugt, wird deutlich, wenn man die Rollen von A und B vertauscht und sich A als den Anstifter, B als Tatausführenden denkt. B hätte sich dann – täterschaftlich – aus § 223 StGB strafbar gemacht, und diese Bezugstat wäre auch für A maßgeblich. Die besondere Schutzpflicht des A würde daran nichts ändern. Ihn sachgerechterweise aus §§ 225 Abs. 1, 26 StGB zu strafen, wäre nur möglich, wenn man § 28 Abs. 2 StGB als Tatbestandsanwendungsregel versteht. Dann aber muss man dieser Sicht auch bei der 2. Fallvariante treu bleiben: Über § 28 Abs. 2 StGB kommt es zugunsten des Anstifters B zu einer Tatbestandsverschiebung, die den Schuldspruch auf §§ 223, 26 StGB verkürzt.

Zurück bleibt die Frage, an welcher konstruktiven Stelle § 28 Abs. 2 StGB im Deliktsaufbau zu diskutieren ist. Viel spricht dafür, die Vorschrift, obwohl sie zu einem Tatbestandsaustausch führt, ganz ans Ende zu stellen, sie also jenseits der Schuld zu prüfen. Zum einen ist es regelmäßig erforderlich, zwischen strafbegründenden und -modifizierenden Merkmalen abzugrenzen, wobei § 28 Abs. 1 StGB eindeutig eine Strafzumessungsregel beinhaltet. Dies ließe sich auch – wie soeben aufgezeigt – für § 28

Abs. 2 StGB diskutieren. Darüber hinaus werden von § 28 Abs. 2 StGB auch Fälle erfasst, in denen das besondere persönliche Merkmal nicht dem Tatbestand zugehörig ist, sondern einen Schuld- oder Strafausschließungsgrund bildet (etwa § 258 Abs. 6 StGB).

Der schriftliche Lösungsplan

Die schriftlich fixierte Lösungsskizze könnte wie folgt aussehen:

1. Fallvariante

I. Strafbarkeit des A aus § 225 I Nr. 1
   1. OTB
      a) Tatobjekt (+), K als Schutzperson
      b) Subjektsqualität (+), K ist dem A von der fürsorgepflichtigen M anvertraut worden
      c) Quälen (+), rein seelische Peinigungen reichen, zumal wenn sich damit Todesängste verbinden
   2. STB: Vorsatz (+)
   3. RW (+)
   4. Schuld (+)
   5. Ergebnis: (+)

II. Strafbarkeit des A aus § 223
   1. OTB
      a) körperliches Misshandeln (–), Beeinträchtigung körperlichen Wohlbefindens nicht erkennbar
      b) Gesundheitsschädigung (–), kein krankhafter (seelischer) Zustand
   2. Ergebnis: (–)

III. Strafbarkeit des B aus §§ 225 I Nr. 1, 26
   1. OTB
      a) teilnahmefähige Haupttat: § 225 I Nr. 1
      b) Bestimmen zur Tat (+)
   2. STB: Vorsatz (+)
   3. RW (+)
   4. Schuld (+)
   5. § 28
      a) besonderes persönliches Merkmal (+), Schutzpflicht des A
      b) B keine Schutzperson
      c) strafbegründend (Abs. 1) oder strafschärfend (Abs. 2)? Hier strafbegründend, weil § 223 nicht erfüllt
      d) Rechtsfolge: Strafherabsetzung
   6. Ergebnis: §§ 225 I Nr. 1, 26, 28 I (+)

2. Fallvariante

IV. Strafbarkeit des A aus § 225 I Nr. 1
  1. OTB
    a) Sonderpflicht des A und taugliches Tatobjekt (+), wie oben
    b) Quälen und rohes Misshandeln (+), weil grob und gefühllos
  2. STB, RW und Schuld (+)
  3. Ergebnis: (+)

IV. Strafbarkeit des A aus §§ 223, 224 I Nr. 4, 5
  1. Obj. Grundtatbestand
    a) körperliche Misshandlung (+)
    b) Gesundheitsschädigung (–)
  2. Subj. Grundtatbestand (+)
  3. § 224 I
    a) Nr. 4: gemeinschaftlich mit B (–), weil B nicht unmittelbar am Tatgeschehen beteiligt war
    b) Nr. 5: lebensgefährdende Behandlung (–), nach den konkreten Umständen nicht erkennbar
  4. RW, Schuld (+)
  5. Ergebnis: § 223 tritt hinter § 225 zurück

V. Strafbarkeit des B aus §§ 225 I Nr. 1, 26
  1. OTB (+), wie oben
  2. STB: Vorsatz (+)
  3. RW und Schuld (+)
  4. § 28
    a) Schutzpflicht des A = strafbegründend oder strafschärfend? Hier: strafschärfend, weil in diesem Fall die Körperverletzung qualifizierend
    b) Rechtsfolge des § 28 II: Tatbestandsverschiebung auf § 223 oder bloßer Austausch der Strafe (§§ 225, 26 mit Strafrahmen aus § 223)?
  5. Strafantrag, § 230 (+)
  6. Ergebnis: §§ 223, 26 (+)

Gesamtergebnis

Klausurlösung

1. Fallvariante

I. Strafbarkeit des A aus § 225 Abs. 1 Nr. 1 StGB

A könnte sich dadurch, dass er K in die Vorratskammer wegsperrte, wegen Misshandlung von Schutzbefohlenen nach § 225 Abs. 1 Nr. 1 StGB strafbar gemacht haben.

1. Objektiver Tatbestand

Als Minderjähriger gehört K zu dem von § 225 StGB geschützten Personenkreis. A müsste gegenüber K eine besondere Sorgepflicht gehabt haben. A war zwar nicht kraft Gesetzes fürsorgepflichtig; K könnte aber unter seiner Obhut gestanden haben. M hat während ihrer Abwesenheit A damit betraut, die Aufsicht über K zu übernehmen. Weil ein Obhutsverhältnis auch für wenige Stunden begründet werden kann, war A obhutspflichtig i.S. von § 225 Abs. 1 Nr. 1 StGB und damit tauglicher Täter.

Als Tathandlung kommt die erste Handlungsalternative, das Quälen in Betracht. Unter einem Quälen ist das Bewirken länger dauernder erheblicher Schmerzen und Leiden körperlicher oder seelischer Art zu verstehen. A hat den achtjährigen geistig behinderten K für drei Stunden in die enge, dunkle Kammer eingesperrt. Infolge seiner Klaustrophobie hat K in seinem Gefängnis Todesängste ausgestanden und war am Ende völlig verstört. A hat den K in massiver Weise seelisch gepeinigt und damit gequält.

2. Subjektiver Tatbestand

Der hiernach gegebene objektive Tatbestand müsste vom Vorsatz des A umfasst sein. A war sich bewusst, dass K ihm zur Obhut anvertraut war, und sah zudem voraus, dass K in der dunklen Kammer von Todesängsten befallen werden würde. Er kannte damit alle Umstände, die zu einem Quälen gehören. Der subjektive Tatbestand liegt ebenfalls vor.

3. Rechtswidrigkeit

Rechtfertigungsgründe sind nicht ersichtlich; A handelte rechtswidrig.

4. Schuld

In Ermangelung von Schuldausschließungs- und Entschuldigungsgründen hat A die Tat auch schuldhaft begangen.

5. Ergebnis

A hat sich aus § 225 Abs. 1 Nr. 1 StGB strafbar gemacht.

II. Strafbarkeit des A aus § 223 StGB

A könnte sich zudem einer Körperverletzung nach § 223 StGB schuldig gemacht haben.

1. Objektiver Tatbestand

Durch das Einsperren könnte A den K körperlich misshandelt haben. Darunter ist eine üble, unangemessene Behandlung zu verstehen, durch die das körperliche Wohlbefinden nicht nur unerheblich beeinträchtigt wird. A hat bei K Panikgefühle und sogar Todesängste ausgelöst. Aus dem Sachverhalt ist aber nicht ersichtlich, dass sich diese körperlich bei K ausgewirkt haben. Weil bloße Störungen des seelischen Befindens nicht hinreichen, ist ein körperliches Misshandeln zu verneinen.

A könnte jedoch den K an der Gesundheit geschädigt, d.h. bei diesem einen pathologischen Zustand hervorgerufen haben. Auch das lässt der Sachverhalt nicht erkennen. K hat weder physisch noch psychisch Schaden an seiner Gesundheit genommen.

2. Ergebnis

Eine Körperverletzung nach § 223 StGB ist nicht gegeben.

III. Strafbarkeit des B aus §§ 225 Abs. 1 Nr. 1, 26 StGB

B könnte sich durch seine Aufforderung, A möge den K ruhig stellen, wegen Anstiftung zur Misshandlung Schutzbefohlener aus §§ 225 Abs. 1 Nr. 1, 26 StGB strafbar gemacht haben.

1. Objektiver Tatbestand

B hat in A den Tatentschluss geweckt, K einzusperren. Er hat damit A zu der Tat nach § 225 Abs. 1 Nr. 1 bestimmt.

2. Subjektiver Tatbestand

B müsste mit Vorsatz gehandelt haben. B wusste darum, dass A an diesem Abend auf K aufpassen sollte. Er war sich deshalb der Sorgepflicht des A bewusst. Weil darüber zuvor von A informiert, war dem B überdies bekannt, dass es bei K zu extremen Angstzuständen kommen würde. B hatte demnach die Vorstellung, dass die „Strafmaßnahme“ auf ein Quälen hinaus lief. Dazu hat er den A wissentlich und willentlich verleitet. Anstiftervorsatz ist mithin gegeben.

3. Rechtswidrigkeit und Schuld

Ebenso wie Haupttäter A handelte B rechtswidrig und schuldhaft.

4. § 28 StGB

Zu prüfen bleibt, ob dem B die Regelung des § 28 StGB zugute kommt. Die dem A obliegende Obhutspflicht müsste zunächst ein besonderes persönliches Merkmal sein. M hatte zur Tatzeit A gebeten, statt ihrer für das Wohl und Wehe des K zu sorgen. A hatte damit besondere und ihn persönlich treffende Pflichten im Umgang mit K. Dass M die Schutzpflicht für diesen Abend auch auf B erstreckt hat, lässt sich nicht annehmen. Im Gegensatz zu A, einem mit M befreundeten Mitarbeiter, der bisher den K verlässlich beaufsichtigt hatte, war B der M unbekannt. Von daher lag das besondere persönliche Verhältnis einer Obhutsbeziehung bei B nicht vor.

Fraglich ist des Weiteren, ob es sich bei der Sonderpflicht des A um ein Merkmal handelt, das seine Strafbarkeit begründet (§ 28 Abs. 1 StGB) oder nur die Strafe schärft (§ 28 Abs. 2 StGB).

Wie oben festgestellt, betraf die Tathandlung des Quälens nur den rein seelischen Bereich. Eine Verletzung des Körpers von K war damit nicht verbunden. Mit Rücksicht darauf ist die Eigenschaft des A, Obhutsperson zu sein, im Rahmen der Körperverletzungsdelikte als strafbegründend einzustufen. Dies hat nach § 28 Abs. 1 StGB zur Folge, dass die Strafe für den Anstifter B nach § 49 Abs. 1 StGB zu mildern ist.

5. Ergebnis

B hat sich wegen Anstiftung (§ 26 StGB) zur Misshandlung von Schutzbefohlenen (§ 225 Abs. 1 Nr. 1 StGB) strafbar gemacht. Nach Maßgabe der §§ 28 Abs. 1, 49 Abs. 1 StGB ist seine Strafe zu mildern.

2. Fallvariante

I. Strafbarkeit des A aus § 225 Abs. 1 Nr. 1 StGB

A hat K auf verschiedene Weise drangsaliert. Deshalb könnte er sich wegen Misshandlung von Schutzbefohlenen aus § 225 Abs. 1 Nr. 1 StGB strafbar gemacht haben.

1. Objektiver Tatbestand

Das Kind K unterstand – wie schon aufgezeigt – der Obhut des A. K könnte von A gequält worden sein. A hat durch eine Vielzahl von Einzelakten K körperlich misshandelt. Die Heftigkeit der Ohrfeigen, gepaart mit einem Verdrehen der Ohren und ein Reißen an den Haaren, lässt darauf schließen, dass K erhebliche Schmerzen erlitten hat. Als besonders leidvoll und peinigend wird K auch empfunden haben, dass A ihm gewaltsam Kaffee einflößte. Jedenfalls aus der Gesamtschau hat A den K gequält.

Darüber hinaus könnte A den K roh misshandelt haben. K hat körperlich Schmerzen und Leiden erlitten. Roh wäre die damit gegebene Misshandlung, wenn der körperliche Eingriff gravierend gewesen wäre und sich in ihm die gefühllose Gesinnung des A widergespiegelt hätte. A ist besonders grob und brutal gegen K vorgegangen und hat dadurch seine mitleidslose Gesinnung manifestiert.

Der objektive Tatbestand liegt demnach in zwei Handlungsalternativen – Quälen und rohes Misshandeln – vor.

2. Subjektiver Tatbestand

A hat sich wissentlich und willentlich zu den Übergriffen verstiegen. Vorsatz ist mithin gegeben.

3. Rechtswidrigkeit und Schuld

Wie in der 1. Fallvariante handelte A sowohl rechtswidrig als auch schuldhaft.

4. Ergebnis

A hat sich wegen Misshandlung von Schutzbefohlenen nach § 225 Abs. 1 Nr. 1 StGB strafbar gemacht.

II. Strafbarkeit des A aus §§ 223, 224 Abs. 1 Nr. 4, 5 StGB

A könnte zudem einer gefährlichen Körperverletzung nach §§ 223, 224 Abs. 1 Nr. 4, 5 StGB schuldig sein.

1. Objektiver Tatbestand

Wie oben im Rahmen von § 225 Abs. 1 StGB dargetan, hat A den K körperlich misshandelt. Dies geschah durch eine Fülle von Einzelbetätigungen, von denen zwar jede für sich den Tatbestand des § 223 StGB erfüllen würde. Kraft natürlicher Betrachtung verbinden sich aber sämtliche Teilakte zu einer einheitlichen Tat, also nur zu einer Gesetzesverletzung.

Dass K über die Beeinträchtigung seines körperlichen Wohlbefindens hinaus Schaden an seiner Gesundheit genommen hat, ist nicht ersichtlich.

Der objektive Tatbestand des § 223 StGB ist in Gestalt eines körperlichen Misshandelns gegeben.

2. Subjektiver Tatbestand

Der Tat lag Vorsatz zugrunde. Die subjektive Tatseite ist gleichfalls gegeben.

3. § 224 Abs. 1 StGB

Die Körperverletzung könnte über § 224 Abs. 1 StGB qualifiziert sein.

a) A könnte die Tat zunächst mit einem anderen Beteiligten – hier dem B – gemeinschaftlich verübt haben, § 224 Abs. 1 Nr. 4 StGB. Unter den Begriff des Beteiligten fallen nach § 28 Abs. 2 StGB auch bloße Teilnehmer. Für ein gemeinschaftliches Handeln ist aber zu verlangen, dass der Teilnehmer unmittelbar am Tatort anwesend ist und er als weiterer Widersacher vom Opfer wahrgenommen wird. Weil B am Küchentisch sitzen geblieben ist, sah sich K nicht zwei Feinden gegenüber. Ausreichend ist aber auch, wenn der Teilnehmer zum Zeitpunkt des eigentlichen Tatgeschehens die Angriffsbereitschaft des Täters bestärkt, ohne dass er vom Opfer wahrgenommen wird. Dies lässt sich ebenfalls nicht bejahen. B hat seinen Tatbeitrag im Vorfeld der Misshandlung des K erbracht. Seine Mitwirkung war damit abgeschlossen. Dass B weiter auf A hätte einwirken können, den Angriff auf K zu intensivieren oder fortzusetzen, ist nur eine theoretische Möglichkeit, die ein gemeinschaftliches „Begehen“ nicht zu begründen vermag.

Eine gefährliche Körperverletzung nach Maßgabe des § 224 Abs. 1 Nr. 4 StGB scheidet demnach aus.

b) Mit Blick darauf, dass A dem K mit Gewalt Kaffee eingeflößt hat, könnte aber die Körperverletzung mittels einer das Leben gefährdenden Behandlung (§ 224 Abs. 1 Nr. 5 StGB) begangen worden sein. Lebensgefährdend ist eine Handlungsweise, wenn sie nach den konkreten Umständen objektiv geeignet ist, den Tod des Opfers herbeizuführen. Wenn einem Opfer gewaltsam eine Flüssigkeit verabreicht wird, lässt sich die Gefahr, dass sich das Opfer verschluckt und an der Flüssigkeit erstickt, nicht von der Hand weisen. Dies gilt umso mehr, wenn die Flüssigkeit, was hier anzunehmen ist, vom Opfer als widerwärtig empfunden wird.

Auf der anderen Seite sind für die Beurteilung die Umstände des Einzelfalls maßgeblich. Es kommt also auf die Art, Dauer und Stärke der Einwirkung an. Insoweit kann nicht ausgeschlossen werden, dass A, um K nicht in Lebensgefahr zu bringen, diesem den Kaffee dosiert und in jeweils kleinen Mengen zugeführt hat. Weil der Sachverhalt darüber schweigt, ist – in dubio pro reo – davon auszugehen, dass A bei seinem Tun darauf bedacht war, keine Risiken für das Leben des K zu setzen. Damit entfällt auch dieser Qualifikationstatbestand.

4. Rechtswidrigkeit und Schuld

A hat den Tatbestand der einfachen Körperverletzung (§ 223 StGB) rechtswidrig und durch schuldhaftes Handeln erfüllt.

5. Ergebnis

Die Körperverletzung tritt aus Gründen der Gesetzeskonkurrenz (Spezialität) hinter § 225 Abs. 1 Nr. 1 StGB zurück.

III. Strafbarkeit des B aus §§ 225 Abs. 1 Nr. 1, 26 StGB

B könnte sich abermals nach §§ 225 Abs. 1 Nr. 1, 26 StGB wegen Anstiftung zur Misshandlung Schutzbefohlener strafbar gemacht haben.

1. Objektiver Tatbestand

B hat A darauf hingewiesen, dass eine gehörige Abreibung und ein „Schwedentrunk" geeignete Maßnahmen seien, das Schreien des K zu unterbinden. Durch diesen Vorschlag ist A dazu bestimmt worden, K zu quälen und roh zu misshandeln. Der objektive Tatbestand liegt vor.

2. Subjektiver Tatbestand

In Bezug auf seine Anstifterhandlung handelte B mit Vorsatz. Fraglich könnte allenfalls sein, ob er die von A begangene Tat in ihrer konkreten Ausführung in sein Bewusstsein aufgenommen hatte. B hat gewissermaßen nur den Rahmen für das Vorgehen des A abgesteckt. Für den Anstiftervorsatz ist indes nicht zu fordern, dass der Tatveranlasser den weiteren Ablauf des Geschehens in allen Einzelheiten erfasst. Ausreichend ist vielmehr, dass der Anstifter die Umstände kennt, aus denen die Tatbestandsmäßigkeit resultiert. Mit den Vorgaben, K eine nachhaltige Abreibung zu verpassen und ihm einen „Schwedentrunk" zu verabreichen, hat B die Angriffsrichtung für ein Quälen und ein rohes Misshandeln vorgezeichnet. Dass er die weiteren individualisierenden Umstände der Tat dem A überlassen hat, kann ihm nicht zugute kommen. Durch seine Anweisung, massiv und schonungslos auf K einzuwirken, hat B jedenfalls einkalkuliert und in Kauf genommen, dass das Handeln des A das Ausmaß eines Quälens und rohen Misshandelns erreichen würde. Der von A verwirklichte Tatbestand des § 225 Abs. 1 Nr. 1 StGB war damit von der Vorstellung des B umfasst. Der subjektive Tatbestand ist ebenfalls gegeben.

3. Rechtswidrigkeit und Schuld

B handelte rechtswidrig und schuldhaft.

4. § 28 StGB

Abermals ist zu prüfen, ob B von § 28 StGB profitiert. Wie bereits festgestellt, geht es bei der Obhutspflicht des A um ein besonderes persönliches Merkmal, das bei B nicht vorhanden ist. Im Gegensatz zur 1. Fallvariante könnte aber dieses Merkmal strafschärfender Art sein, so dass nicht – wie dort – § 28 Abs. 1 StGB, sondern § 28 Abs. 2 StGB auf den Plan treten würde.

A's Vorgehen gegen K war verbunden mit einer Körperverletzung nach § 223 StGB. Das hat zur Konsequenz, dass seine Schutzposition i.S. des § 225 Abs. 1 Nr. 1 StGB qualifizierende Bedeutung hat, also die Strafe gegenüber der des § 223 StGB schärft.

Dies wiederum hat zur Folge, dass B mit dem Vorwurf, an der Misshandlung Schutzbefohlener beteiligt gewesen zu sein, nicht belastet werden kann. Seine Strafbarkeit reduziert sich auf eine Anstiftung zur Körperverletzung, §§ 223, 26 StGB.

Hiergegen ließe sich allerdings einwenden, dass dieses Ergebnis mit dem zur 1. Fallvariante aufgezeigten (§§ 225 Abs. 1 Nr. 1, 26, 28 Abs. 1, 49 Abs. 1 StGB) nicht im Einklang steht. Von daher wäre zu erwägen, ob B nicht auch in der 2. Fallvariante aus § 225 Abs. 1 Nr. 1 StGB zu verurteilen ist und § 223 StGB lediglich das Strafmaß vorgibt.

Dabei bliebe jedoch unberücksichtigt, dass B, wenn er eigenhändig K misshandelt hätte, ebenfalls nur aus §§ 223, 25 Abs. 1 1. Alt. StGB verantwortlich gemacht werden könnte. Wäre dies auf Geheiß des obhutspflichtigen A geschehen, würde dieser wegen der Akzessorietät der Teilnahme auch nur aus §§ 223, 26 StGB haften. Ihm bliebe mithin der Vorwurf, sich aus §§ 225 Abs. 1 Nr. 1, 26 StGB strafbar gemacht zu haben, erspart. Das erscheint mit Blick auf das bei ihm vorliegende „Sonderunrecht" unbillig. Seine Strafbarkeit auf § 225 Abs. 1 Nr. 1 StGB hochzustufen, ist aber nur dann zu erreichen, wenn man § 28 Abs. 2 StGB als eine Vorschrift versteht, die entweder zu Lasten oder zugunsten des Teilnehmers den Tatbestand verschiebt.

Dementsprechend muss in casu dem Anstifter B ein Tatbestandswechsel zugute kommen: Dem Schuldspruch ist nicht § 225 Abs. 1 Nr. 1 StGB, sondern § 223 StGB zugrunde zu legen.

5. Strafantrag, § 230 StGB

Der Tatbestandsaustausch hat zur Folge, dass die Strafverfolgung gegen B wegen Anstiftung zur vorsätzlichen Körperverletzung nach § 223 StGB von einem Strafantrag abhängig ist, § 230 StGB. Der Strafantrag ist gestellt.

6. Ergebnis

B hat sich durch seine Anweisung wegen Anstiftung zur Körperverletzung nach §§ 223, 26 StGB strafbar gemacht.

Gesamtergebnis

In der 1. Fallvariante hat A sich aus § 225 Abs. 1 Nr. 1 StGB und B wegen Anstiftung (§ 26 StGB) dazu strafbar gemacht. Nach §§ 28 Abs. 1, 49 Abs. 1 StGB ist seine Strafe zu mildern.

In der 2. Fallvariante ist A ebenfalls aus § 225 Abs. 1 Nr. 1 StGB strafbar. B hingegen ist lediglich einer Anstiftung zur Körperverletzung schuldig, §§ 223, 26 StGB.

3. Teil: Die Lehre von den Konkurrenzen – Grundzüge und Arbeitsanleitung

Empfohlene Lektüre zur Vertiefung

Geppert, Grundzüge der Konkurrenzlehre, Jura 1982, 358 ff., 418 ff.; *Kühl*, Das leidige Thema der Konkurrenzen, JA 1978, 475 ff.; *Mitsch*, Gesetzeseinheit im Strafrecht, JuS 1993, 471 ff.; *Seier*, Die Gesetzeseinheit und ihre Rechtsfolgen, Jura 1983, 225 ff.; *Walter*, Zur Lehre von den Konkurrenzen, JA 2004, 572 ff.; 2005, 468 ff.; *Warda*, Grundfragen der strafrechtlichen Konkurrenzlehre, JuS 1964, 81 ff.

1 Zum Stellenwert der Konkurrenzlehre

Die Bedeutung der Konkurrenzen wird erfahrungsgemäß von Studenten unterschätzt. Man ist sich scheinbar nicht bewusst, dass in (fast) jedem strafrechtlichen Gutachten (Hausaufgabe oder Klausur) Konkurrenzfragen zu klären sind. Sofern dies überhaupt geschieht, ist bei den Bearbeitern oftmals nur oberflächliches und lückenhaftes Wissen zu beobachten. Zuweilen werden nicht einmal die einfachsten Grundlagen beherrscht. Bleiben die Konkurrenzen gänzlich unberücksichtigt, hat man nicht selten den Eindruck, dass nicht Zeitnot im Spiel war, sondern der Bearbeiter mit Vorbedacht die Lücke in Kauf genommen hat, um so vorhandene Defizite zu kaschieren und Fehler zu vermeiden.

Bedacht werden sollte, dass Mängel und Versäumnisse bei den Konkurrenzen genau so viel zählen wie Fehler in den (rein) materiellrechtlichen Teilen des Gutachtens. Und mehr noch: Weil die Konkurrenzen üblicherweise am Ende der Arbeit festgestellt werden, hat der Korrektor, wenn es gilt, die Arbeit zu bewerten, hiervon den frischesten Eindruck. Eine unzulängliche oder fehlende Behandlung der Konkurrenzen kann deshalb den zuvor gewonnenen positiven Eindruck nicht unerheblich schmälern und die Bewertung nachhaltig beeinflussen.

Ein Wort in eigener Sache: Zurückzuführen ist der liederliche Umgang mit dieser Thematik fraglos auch darauf, dass sie in den Grundkursen zum Strafrecht vielfach auf der Strecke bleibt oder jedenfalls zu kurz kommt, weil der Dozent in Anbetracht der Fülle des Stoffes gar nicht mehr bzw. nur am Rande bis zu ihr durchdringt. Ihm – dem Dozenten – wird das zumeist recht sein, weil es sich zugegebenermaßen um eine spröde, trockene und zudem komplexe Materie handelt. Sie in der Vorlesung zu vermitteln, ist außerdem didaktisch schwierig. All diese Gründe waren Anlass, den Leitfaden als Anhang beizufügen, um Studierende zumindest für Klausuren zu rüsten.

2 Einführungsbeispiele

Fall 1: Prof. P verabreicht in der Vorlesung dem in der ersten Reihe sitzenden Studenten S wegen renitenter Zwischenfragen eine Serie von Ohrfeigen.

Fall 2: Prof. P pflegt – prophylaktisch – vor Beginn einer jeden Vorlesung dem S eine Ohrfeige zu geben.

Fall 3: Prof. P gibt allen Studenten, die in der ersten Reihe sitzen, nacheinander eine Ohrfeige.

(zur Lösung vgl. S. 204)

3 Inhalt und Wesen der Konkurrenzen

In jeder (vollständigen) Falllösung muss abschließend das gesamte Ausmaß des vom Täter verwirklichten Unrechts festgelegt werden, um auf diese Weise die Basis für die **Strafzumessung** zu schaffen. Die einzelnen zuvor festgestellten Normenverstöße treten zueinander in Wettbewerb, und es ist zu bestimmen, wie sie sich zueinander verhalten, wie sie also miteinander konkurrieren. Die Konkurrenzlehre bildet die Schnittstelle zwischen der allgemeinen Verbrechensdogmatik und dem Strafzumessungsbereich: Ohne sie könnte der Strafrichter nicht über die Sanktionen befinden; ihm stünde nicht vor Augen, wie er mit den einzelnen Rechtsfolgebestimmungen der jeweils verwirklichten Delikte umzugehen hätte.

4 Die Konkurrenzen im Überblick

Drei Konkurrenzformen sind zu unterscheiden:

4.1 Gesetzeskonkurrenz

Die ungeschriebene **Gesetzeskonkurrenz oder -einheit** (vielfach auch unechte oder scheinbare Konkurrenz genannt). Sie ist dadurch gekennzeichnet, dass der Unrechts- und Schuldgehalt der Tat bereits von einer Strafvorschrift – dem Primärdelikt – erschöpfend erfasst wird. Der andere ebenfalls erfüllte Tatbestand – das Sekundärdelikt – ist ohne Eigenwert; er tritt deshalb zurück.

Beispiel:

Der Raub (§ 249 StGB) verdrängt den in ihm enthaltenen Diebstahl (§ 242 StGB) und die Nötigung (§ 240 StGB).

Aus diesem Beispiel erhellen **Sinn und Zweck** der Gesetzeskonkurrenz: Wie bei § 46 Abs. 3 StGB geht es darum, (unzulässige) Doppel- oder Mehrfachverwertungen und damit verbundene Strafschärfungen zu vermeiden.

Im Übrigen sollte der **Sachgrund** für das Vorrangverhältnis (Spezialität, Subsidiarität, Konsumtion, mitbestrafte Vor- oder Nachtat; S. 207 ff.) exakt belegt werden. Im Urteilstenor bzw. in dem das Ergebnis feststellenden Schlusssatz findet das weichende Gesetz keine Erwähnung mehr. Auch bei der Strafzumessung ist es grundsätzlich nicht zu berücksichtigen.

4.2 Idealkonkurrenz

Die **Idealkonkurrenz oder Tateinheit** (§ 52 StGB). Die Gesetzesverstöße gehen auf ein und **dieselbe Handlung** zurück. Im Gegensatz zur Gesetzeskonkurrenz treten hier beide Tatbestände gleichberechtigt nebeneinander.

> *Beispiel:*
>
> Der Schuss ins Herz einer bekleideten Person.

Es sind sowohl der Totschlag (§ 212 StGB) als auch die Sachbeschädigung (§ 303 StGB) – unter Hinweis auf das tateinheitliche Zusammentreffen – in Ansatz zu bringen. Der Täter hat sich aus §§ 212, 303, 53 StGB strafbar gemacht.

§ 52 Abs. 1 StGB umschreibt zwei Formen der Tateinheit. Der Täter hat durch eine Handlung entweder gegen mehrere (unterschiedliche) Strafgesetze verstoßen (= sog. **ungleichartige** Idealkonkurrenz), oder er hat dasselbe Gesetz mehrfach verletzt (= sog. **gleichartige** Idealkonkurrenz).

> *Beispiele:*
>
> - Der Täter wirft einen Molotowcocktail, bei dessen Explosion Menschen getötet, verletzt und Sachen zerstört werden.
> - Busfahrer B verursacht schuldhaft einen Verkehrsunfall, bei dem zehn der von ihm beförderten Fahrgäste zu Schaden kommen (= § 229 StGB in zehn tateinheitlich miteinander konkurrierenden Fällen).

Im Fall der gleichwertigen Idealkonkurrenz ist es – streng genommen – verfehlt, die Taten in nur einer Deliktsprüfung unterzubringen. Um Monita zu vermeiden, sollte man stattdessen im zweiten *Beispiel* wie folgt vorgehen: Man greift sich (beliebig) eines der Opfer heraus und beschränkt die Prüfung der Strafbarkeit des B wegen fahrlässiger Körperverletzung zunächst darauf. In einer zweiten eigenständigen Untersuchung kann dann einfach gesagt werden, dass B sich überdies noch in neun weiteren Fällen einer fahrlässigen Körperverletzung schuldig gemacht hat und dass sich die Einzeltaten zur Tateinheit verbinden.

4.3 Realkonkurrenz

Die **Realkonkurrenz oder Tatmehrheit** (§ 53 StGB). Den Gesetzesverletzungen liegen **mehrere** Handlungen zugrunde.

> *Beispiel:*
>
> Der Dieb D verkauft die zuvor gestohlene Sache an einen Gutgläubigen.

Beide Delikte – Diebstahl (§ 242 StGB) und Betrug (§ 263 StGB) – sind durch verschiedene Handlungen (und gegenüber unterschiedlichen Opfern) verübt worden. Sie konkurrieren realiter miteinander. D hat sich aus §§ 242; 263; 53 StGB strafbar gemacht. (Im Gegensatz zur Idealkonkurrenz trennt man hier nicht mit Kommata, sondern durch Semikolen.)

Ebenso wie bei der Tateinheit kann auch bei der Realkonkurrenz differenziert werden zwischen **gleichartiger** und **ungleichartiger** Tatmehrheit.

Beispiele:

- Der Lagerarbeiter L lässt über Jahre hinweg jeden Freitag Waren mitgehen (= § 242 StGB in gleichartiger Realkonkurrenz in x Fällen).
- Der Raufbold R hat vorgestern eine Körperverletzung, gestern eine tätliche Beleidigung und heute eine Sachbeschädigung begangen (= ungleichartige Realkonkurrenz: §§ 223; 185; 303; 53 StGB).

5 Die Rechtsfolgen (theoretische und geltende Möglichkeiten)

5.1 Kumulationsprinzip

Das **Kumulations- oder Additionsprinzip**, wonach die Einzelstrafen zusammengezählt werden. Es war früher vorgesehen für Geldstrafen sowie bei mehrfach verwirkten lebenslangen Freiheitsstrafen. In der Erkenntnis, dass dieses Prinzip zu unverhältnismäßig hohen Strafen führt, hat man davon – nunmehr auf ganzer Linie – Abstand genommen.

5.2 Absorptionsprinzip

Das **Absorptionsprinzip**, bei dem die Rechtsfolgen eines Gesetzes verdrängt werden. Realisiert worden ist das in § 52 Abs. 1, Abs. 2 StGB: Die Strafe ist dem Gesetz zu entnehmen, das die schwerste Strafe ausweist, wobei allerdings die milderen Gesetze eine sog. Sperrwirkung entfalten, § 52 Abs. 2 S. 2 StGB.

5.3 Asperationsprinzip

Das **Asperations- oder Verschärfungsprinzip**. Hierfür steht § 54 StGB. Für jede Gesetzesverletzung ist (gesondert) eine Einzelstrafe auszuwerfen. Die schwerste Strafe – die sog. Einsatzstrafe – erfährt sodann eine angemessene Erhöhung (= **Gesamtstrafe**).

5.4 Kombinationsprinzip

Das **Kombinationsprinzip**, bei dem die Sanktionen der verschiedenen Tatbestände miteinander verbunden werden können. Vgl. dazu die §§ 52 Abs. 4 S. 2, 53 Abs. 4 StGB.

5.5 Prinzip der Einheitsstrafe

Das **Prinzip der Einheitsstrafe**, wonach unbeschadet der Zahl der Gesetzesverletzungen und der Art ihres Zusammentreffens auf eine einheitliche Strafe zu erkennen ist. Dieses Prinzip gilt de lege lata allein im Jugendstrafrecht; vgl. §§ 18, 31 JGG.

6 Die gedankliche Abfolge bei der Prüfung von Konkurrenzen – ein Arbeitsprogramm in Frageform

(1) Sind überhaupt mehrfache Gesetzesverstöße gegeben?

(2) Wenn ja, liegt ein Fall von Gesetzeskonkurrenz vor?

(3) Wenn nein, konkurrieren die Delikte miteinander idealiter, § 52 StGB?

(4) Wenn nein, ist letztlich Realkonkurrenz (§ 53 StGB) gegeben?

Zur Erläuterung: Die Frage nach den Konkurrenzen stellt sich nur (dann aber zwingend), wenn der Täter gegen mehrere Strafnormen verstoßen oder dieselbe Norm mehrfach verletzt hat. Das ist die **Grundvoraussetzung** für alle Konkurrenzarten! Sofern das Gutachten zu dem Ergebnis kommt, dass nur **eine** Strafgrundlage greift, erübrigt sich ein Weiterdenken. Es müssen also schon **zumindest zwei** Gesetzesübertretungen festgestellt worden sein.

Ist das der Fall, sollte die erste Überlegung dahin gehen, ob möglicherweise von **Gesetzeskonkurrenz** auszugehen ist. Das ist deshalb tunlich, weil man sich so die komplizierte Prüfung „eine oder mehrere Handlungen?“ erspart.

Kann Gesetzeskonkurrenz nicht angenommen werden, ist zu entscheiden, ob **Handlungseinheit** vorliegt, mit der Konsequenz, dass auf **Idealkonkurrenz** zu erkennen wäre. Die Schwierigkeit besteht hier darin, die Reichweite des Erfordernisses **„dieselbe Handlung“** (§ 52 Abs. 1 StGB) zu bestimmen.

Fällt die Prüfung negativ aus, folgt daraus zwangsläufig, dass **Handlungsmehrheit**, mithin **Realkonkurrenz** gegeben ist: Der Täter hat mehrere Straftaten begangen (§ 53 Abs. 1 StGB).

7 Die Grundvoraussetzung: Gesetzesmehrheit – eine Negativliste

7.1 Tatbestandliche Exklusivitäten

Ein Verstoß gegen mehrere Strafgesetze scheidet selbst verständlich aus, wenn die betroffenen Strafnormen einander bereits tatbestandlich ausschließen, ein Nebeneinander also nicht möglich ist. Dies ist ein vor allem im Bereich der Vermögensdelikte häufig anzutreffendes Phänomen, aber dort fast durchweg umstritten: Tatbestände werden – z.T. gewaltsam – so zugeschnitten, dass sie sich von anderen benachbarten Delikten abgrenzen. Auf diese Weise kommt nur eine Vorschrift zum Zuge; die andere ist schon tatbestandlich präkludiert. Die Konkurrenzfrage stellt sich nicht mehr.

Beispiel:

Der Trickdieb, der sich listig durch Täuschung Einlass in eine Wohnung verschafft, begeht nur einen Diebstahl nach § 242 StGB (= Fremdschädigungsdelikt), nicht auch einen Betrug nach § 263 StGB (= Selbstschädigungsdelikt).

Weitere Beispiele:

- §§ 249-255 StGB, sofern man mit der h.L. für die Erpressung eine Vermögensverfügung einfordert (anders die Rspr., die den Raub als Spezialfall der räuberischen Erpressung wertet, also von Gesetzeskonkurrenz ausgeht).
- §§ 255-263 StGB im Fall des Bedrohens mit einer Scheinwaffe. Die Täuschung über die Echtheit der Waffe soll hier ohne Eigenbedeutung sein.
- §§ 242-246 StGB im Fall wiederholter Zueignung (Beispiel: Der Täter stiehlt Zigaretten, die er dann später genüsslich raucht). Nach der sog. Tatbestandslösung des BGH entfällt bereits der Tatbestand der Unterschlagung (anders die sog. Konkurrenzlösung der h.L., die die Unterschlagung als mitbestrafte Nachtat (= Gesetzeskonkurrenz) einstuft).

7.2 Die sogenannte Sperrwirkung

Von der vorgenannten Fallgruppe zu unterscheiden sind Konstellationen, die so gelagert sind, dass das Vorliegen eines Delikts Sperrwirkung gegenüber anderen Strafvorschriften entfaltet, d.h. schon deren Anwendbarkeit ausschließt.

Beispiele:

- §§ 216-211 StGB und der berühmte Satz: Das Vorliegen der Privilegierung (Tötung auf Verlangen) sperrt (von vornherein) den Rückgriff auf die Qualifikation (Mord).

- §§ 315c-315b StGB. Für Vorgänge des fließenden und ruhenden Straßenverkehrs ist ausschließlich der Tatbestand der Gefährdung des Straßenverkehrs zuständig. Der gefährliche Eingriff in den Straßenverkehr ist grundsätzlich nur verkehrsfremden Außeneingriffen vorbehalten.
- §§ 248b-242 StGB (Benzindiebstahl). Ist ein unbefugter Gebrauch eines Fahrzeugs zu bejahen, kann ein Diebstahl mit Blick auf das verbrauchte Benzin nicht gegeben sein, weil man dem Täter sonst die mit § 248b StGB verbundene Privilegierung abschneiden würde.

7.3 Natürliche Handlungseinheiten

Sie sind dadurch gekennzeichnet, dass der Täter sich zu einer Vielzahl von Einzelakten versteigt und – aus isolierter und formaler Sicht – jede dieser Einzelbetätigungen den Tatbestand des in Rede stehenden Delikts erfüllt. Eine normative (d.h. wertende) Betrachtung ergibt jedoch, dass sich in Wahrheit alle Einzelaktionen zu einer einheitlichen Tat, also nur zu einer einzigen Gesetzesverletzung verknüpfen.

Beispiele:

- die Schimpfkanonade mit einer Fülle von beleidigenden Verbalinjurien;
- die Tracht Prügel;
- der Zeuge, der während einer Aussage vor Gericht mehrere falsche Angaben macht;
- der Dieb, der eine Schaufensterscheibe einschmeißt und mit mehreren Handgriffen Beutestücke an sich nimmt.

In Falllösungen wird diesem Befund „eine Tat“ überwiegend, wenn auch vielleicht nur intuitiv, Rechnung getragen: Das Gesamtverhalten der Täters wird in nur einer Deliktsprüfung untergebracht. Wünschenswert wäre es überdies insoweit nur, wenn bei der Erörterung des Handlungsmerkmals klargestellt würde, dass sämtliche Teilakte – kraft natürlicher Betrachtung – zu einer Bewertungseinheit verschmelzen.

7.3.1 Voraussetzungen

Die **Voraussetzungen** für eine natürliche Handlungseinheit sind vergleichbar der früher anerkannten Fortsetzungstat (S. 204), nur mit dem Unterschied, dass der zeitliche Zusammenhang sehr viel dichter, viel komprimierter sein muss. Eine Tat kraft natürlicher Lebensauffassung ist anzunehmen, wenn

- der gleiche Tatbestand betroffen ist;
- den Einzelakten in etwa die gleiche Begehungsweise zugrunde liegt;
- ein (ganz) enger zeitlicher und räumlicher Zusammenhang besteht;
- bei höchstpersönlichen (unvertretbaren) Rechtsgütern (z.B. Leib und Leben, Ehre, Freiheit, sexuelle Selbstbestimmung) das gleiche Opfer betroffen ist; (Anmerkung: Stehen hingegen austauschbare bzw. vertretbare Rechtsgüter – Eigentum, Vermögen – in Rede, brauchen die Rechtsgutsträger nicht identisch zu sein. Beispiel: Der Jugendliche, der mit einem Schraubenzieher eine Reihe von parkenden Autos beschädigt.)
- ein einheitlicher, d. h. durchlaufender Vorsatz festzustellen ist.

7.3.2 Lösung der Einführungsbeispiele

Gemessen an diesem Kriterienkatalog ist für unsere **Einführungsbeispiele** (S. 197 f.) Folgendes festzustellen:

Im *Fall 1* ist trotz der Vielzahl von Ohrfeigen vom Tatbild her nur *eine* körperliche Misshandlung i.S. des § 223 Abs. 1 StGB gegeben. Mit jeder einzelnen Ohrfeige wird kein neues Unrecht gesetzt, sondern (dasselbe) Unrecht nur quantitativ gesteigert. Das liegt anders im *Fall 3*. Weil sich die Körperverletzung gegen unterschiedliche Opfer richtet, sind selbstständige Taten anzunehmen, die zueinander realiter konkurrieren, § 53 StGB (anders z. T. die Rspr. Tateinheit; vgl. S. 211). Das Gleiche gilt für den *Fall 2*: Wegen des größeren zeitlichen Abstands bedeutet jede Ohrfeige eine (neuerliche) Zuwiderhandlung gegen § 223 StGB.

7.3.3 Die fortgesetzte Tat

Im Übrigen hätte der *Fall 2* früher als Paradebeispiel für eine **fortgesetzte Tat** (oder Tat im Fortsetzungszusammenhang) gestanden: Mit dieser Rechtsfigur wurden gleichartige Wiederholungs- oder Serientaten zu einer Handlung im Rechtssinne zusammengefasst. Erklärte Ziele dieses künstlich geschaffenen Konstrukts waren die Prozessökonomie und die Praktikabilität: Den Strafverfolgungsorganen sollte bei Handlungsketten die (aufwändige und als unangemessen empfundene) Aufklärung jeder einzelnen Tat erspart bleiben (im *Fall 2* etwa: Wann ist die Vorlesung ausgefallen? Wann hat sich P vertreten lassen? Wann war S nicht anwesend?).

Seit dem Beschluss des Großen Senats (BGHSt 40, 138 ff.) aus dem Jahre 1994 (sog. „Jahrhundertentscheidung") ist die fortgesetzte Tat Geschichte! Der BGH ist aus vielerlei Gründen von ihr abgerückt, unter anderem deshalb, weil ihr Einsatz die Praxis „nicht selten zu pauschalen Feststellungen verleitet" hat (BGHSt 40, 138, 147). Zeitlich gestreckte Tatwiederholungen sind seitdem nach den Regeln der Realkonkurrenz zu behandeln, was bedeutet, dass – wie im *Fall 2* – ein konkreter Einzeltatnachweis unumgänglich geworden ist.

7.4 Juristische Handlungseinheiten

Bei ihnen ergibt sich die Handlungseinheit aus **rechtlichen Gründen**, genauer: Sie ist aus der Tatbestandsfassung selbst ablesbar.

7.4.1 Mehraktige Delikte

Unter diese Rubrik fallen die Tatbestände, die nur verwirklicht sind, wenn der Täter – *kumulativ* – zwei aufeinander folgende Tathandlungen vornimmt:

> *Beispiele:*
>
> - Raub (§ 249 StGB): Nötigung und Wegnahme;
> - räuberischer Diebstahl (§ 252 StGB): Wegnahme und Nötigung;
> - Fälschung von Gesundheitszeugnissen (§ 277 StGB): Ausstellen/Verfälschen und Gebrauchmachen

7.4.2 Alternativ gefasste Tatbestände

Zu nennen sind des Weiteren solche Delikte, die **Handlungsalternativen** aufweisen.

> *Beispiel:*
>
> Körperverletzung (§ 223 StGB): körperliches Misshandeln *oder* Gesundheitsschädigung.

Liegen beide Begehungsweisen vor (die im Übrigen stets kumulativ zu prüfen sind!), hat sich der Täter gleichwohl nur einer Körperverletzung schuldig gemacht.

Entsprechendes – obwohl hier umstritten – ist anzunehmen für das Verhältnis zwischen dem Herstellen/Verfälschen und dem (späteren) Gebrauchmachen bei der Urkundenfälschung (§ 267 StGB): Aus dem Umstand, dass das Gesetz die Tatvarianten in einer Vorschrift zusammengestellt hat, ist zu schließen, dass sie sich – ungeachtet der zeitlichen Inkongruenz – zu einer Bewertungseinheit verbinden.

Nur der Vollständigkeit halber sei erwähnt, dass auch die Erfüllung mehrerer **Qualifikationsmerkmale** (etwa beim Mord, § 211 StGB; bei der gefährlichen bzw. schweren Körperverletzung, §§ 224, 226 StGB) am Vorliegen einer Tat nichts ändert. Die Körperverletzung kann mit noch so vielen Qualifikationsmomenten des § 224 StGB einhergehen; es bleibt bei einer Tatbestandsverwirklichung. Das erhöhte Unrecht schlägt sich nur in der richterlich-konkreten Strafzumessung nieder.

7.4.3 Pauschaldelikte

Zu verzeichnen sind ferner Delikte, bei denen der Gesetzgeber eine Vielzahl von Einzelakten bzw. ganze Handlungskomplexe **pauschalierend** zu einer Tat zusammengefasst hat.

Beispiele:

- das „Quälen" in § 225 StGB;
- die Verletzung der Fürsorge- oder Erziehungspflicht (§ 171 StGB);
- die geheimdienstliche Agententätigkeit (§ 99 StGB);
- die Zuhälterei (§ 181a StGB).

Auch wenn sich etwa die Ausbeutung einer Prostituierten auf einen längeren Zeitraum erstreckt, kann – mit Rücksicht auf die in § 181a Abs. 1 StGB enthaltene Handlungsumschreibung – der Vorwurf der Zuhälterei nur einmal erhoben werden.

Die Schwierigkeiten beginnen insoweit erst bei der Frage, welche Ereignisse eine **Zäsur** schaffen, mit der Folge, dass zwei hintereinander geschaltete Taten (in Realkonkurrenz) im Spiele sind. Etwa: Der Zuhälter fährt für drei Wochen in Urlaub, oder er „steigt aus", nimmt aber dann seine Tätigkeit wieder auf.

Die Entscheidung, ob dennoch auf eine durchgängige Tat zu erkennen ist, hängt von zwei Faktoren ab: der **Zeitkomponente** und den **subjektiven Befindlichkeiten**. Ist der Zeitraum der Unterbrechung entsprechend groß und / oder liegt der Tatfortsetzung ein neuer Tatentschluss zugrunde, dürfte das Gesamtgeschehen in mehrere Taten aufzuspalten sein. Die Einzelheiten dazu sind heftig umstritten.

Als gesichert angesehen werden kann demgegenüber der Befund, dass eine **rechtskräftige Verurteilung** in jedem Fall eine Zäsur schafft: Wer z.B. nach rechtskräftiger Verurteilung unbefugt einen Titel weiterführt, begeht eine (weitere) selbstständige Straftat nach § 132a StGB.

7.4.4 Dauerdelikte

Die Eigenart von Dauerstraftaten besteht darin, dass sich der Handlungsvollzug über einen längeren Zeitraum erstreckt.

Beispiele:

- Trunkenheit im Straßenverkehr (§ 316 StGB);
- Fahren ohne Fahrerlaubnis (§ 21 StVG).

Der Täter verstößt, solange er fährt, unaufhörlich – gewissermaßen in jeder aufeinander folgenden Sekunde seines Tuns – gegen das gesetzliche Verbot; die

Normverletzung beginnt mit der Abfahrt und zieht sich hin bis zum Erreichen des Zielorts.

Dieser Kategorie unterfallen auch solche Delikte, bei denen der Täter einen andauernden rechtswidrigen Zustand herbeiführt und diesen Zustand willentlich aufrechterhält (= aktives Tun gepaart mit einem nachfolgenden pflichtwidrigen Unterlassen).

Beispiele:

- Hausfriedensbruch (§ 123 StGB);
- Freiheitsberaubung (§ 239 StGB).

Wer ein Opfer einsperrt und einen späteren Fluchtversuch unterbindet, macht sich nur einmal aus § 239 StGB strafbar.

Im Einzelfall kann sich abermals das Problem stellen, welche Vorkommnisse die Handlungskontinuität zerreißen. Für die §§ 123, 239 StGB ist das leicht zu beantworten: Der rechtswidrige Zustand wird zwischenzeitlich aufgehoben und dann wieder neu begründet. Bei den Verkehrsstraftaten ist die Frage zum Teil – insbesondere bei der Unfallflucht – heillos umstritten. Leiten lassen sollte man sich wiederum von den soeben aufgezeigten Kriterien. Ausschlaggebend sind neben dem **Zeitfaktor** die **Vorsatzgegebenheiten**, eventuell auch die **Motivationslage** (so die Rspr.).

8 Die Gesetzeskonkurrenz

Bei mehrfachen Normverstößen (nochmals: die Prämisse aller Konkurrenztypen!) ist zunächst eine mögliche Gesetzeskonkurrenz zu bedenken. Dabei lassen sich insgesamt **fünf Untergruppen** unterscheiden, die jeweils einer Strafvorschrift den Vorrang zuweisen.

8.1 Die Spezialität

Sie kann ohne weiteres durch einen logisch-mathematischen Vergleich ermittelt werden: Ein Delikt (das *lex specialis*) weist sämtliche Erfordernisse eines anderen Delikts (*lex generalis*) auf und fügt dem noch zusätzliche – eben die speziellen – Merkmale hinzu.

Ein solches „Einschlussverhältnis" besteht vor allem bei:

- Qualifikationstatbeständen (etwa §§ 224 ff.; 250 ff. StGB) und dem Grundtatbestand (§§ 223, 249 StGB);
- Privilegierungen (§ 216 StGB) und dem Grunddelikt (§ 212 StGB).

Spezialität kommt aber auch bei den sog. **delicta sui generis** (= arteigene Delikte) in Betracht.

> *Beispiele:*
>
> - Raub (§ 249 StGB) und räuberischer Diebstahl (§ 252 StGB), die sich aus den Bausteinen Diebstahl (§ 242 StGB) und Nötigung (§ 240 StGB) zusammensetzen;
> - Erpressung (§ 253 StGB) im Verhältnis zur Nötigung (§ 240 StGB).

8.2 Subsidiarität

Die Subsidiarität beruht auf einer wertenden Betrachtung. Ihre Grundaussage ist den zahlreichen Vorschriften zu entnehmen, die mit einer **Subsidiaritätsklausel** ausgestattet sind. Eine Strafnorm tritt nur hilfsweise auf den Plan, nämlich nur für den Fall, dass eine andere Vorschrift nicht zum Tragen kommt.

8.2.1 Formelle Subsidiarität

Sofern solche Klauseln vorhanden sind, spricht man von **ausdrücklicher oder formeller Subsidiarität**, wobei – noch weitergehend – zwischen **spezieller** und **relativer Subsidiarität** differenziert werden kann. Im ersten Fall benennt die subsidiäre Vorschrift konkret die Vorschriften, denen der Vorrang zufällt.

> *Beispiele:*
>
> §§ 145, 145d, 202, 265, 316 StGB.

Im zweiten Fall wird die Subsidiarität allgemein für Strafgesetze mit schwererer Strafdrohung angeordnet.

> *Beispiele:*
>
> §§ 125, 246, 248b, 265a StGB.

Insoweit ist dann durchweg streitig, ob damit ausnahmslos alle (schwereren) Tatbestände gemeint sind

> *Beispiel:*
>
> Nach BGHSt. 47, 243 ff. verdrängt der Totschlag (§ 212 StGB) die Unterschlagung (§ 246 StGB).

oder ob es sich um solche Delikte handeln muss, die das gleiche Rechtsgut schützen oder zumindest die gleiche Angriffsrichtung aufweisen (so die h.L.).

8.2.2 Materielle Subsidiarität

Anerkannt sind darüber hinaus Fälle der **stillschweigenden oder materiellen Subsidiarität**, die anzunehmen ist, wenn einer Vorschrift (etwa § 30 Abs. 1 StGB oder § 323c StGB im Verhältnis zur unechten Unterlassungstat) erkennbar Reservefunktion zufällt. Dies trifft in erste Linie auf Konstellationen zu, bei denen ein deliktisches Gesamtverhalten mehrere Entwicklungsstadien durchläuft, die von verschiedenen Normen mit gleichem Rechtsgut aufgegriffen werden.

Beispiele:

- Vorbereitungstaten (§§ 146, 310 StGB);
- Durchgangsdelikte (Körperverletzung – Tötung);
- Gefährdungsdelikte mit Blick auf Verletzungsdelikte (Aussetzung, § 221 StGB – § 212 StGB).

8.3 Die Konsumtion

Sie ist dadurch gekennzeichnet, dass mit der Verwirklichung eines Straftatbestands regelmäßig oder üblicherweise ein anderes Delikt einhergeht (= **typische Begleittat**). Man geht dann davon aus, dass der Gesetzgeber bei der Bemessung der Strafandrohung für die „Haupttat" den Unwert der Begleittat bereits mitberücksichtigt hat.

Beispiel:

Der Einbruchsdiebstahl (§§ 242, 243 Abs. 1 Nr. 1 StGB) und der Wohnungseinbruchsdiebstahl (§ 244 Abs. 1 Nr. 3 StGB) konsumieren den Hausfriedensbruch (§ 123 StGB). Früher war das auch für die Sachbeschädigung (§ 303 StGB) anerkannt. Hiervon ist aber BGH NJW 2002, 150 abgerückt: Der Unwert einer Sachbeschädigung sei nicht mit abgegolten; deshalb insoweit Tateinheit.

8.4 Mitbestrafte Vortat

Wie bei der Konsumtion ergibt sich auch hier das Rangverhältnis aus der Bewertung des konkreten Sachverhalts unter dem Aspekt der Strafbedürftigkeit: Die das gleiche Rechtsgut schützende Vortat fällt nicht ins Gewicht, weil sie in den Dienst einer anderen Tat gestellt wird, auf der der eigentliche Unrechtsschwerpunkt liegt.

Beispiel:

Der Täter unterschlägt einen Kfz-Schlüssel (§ 246 StGB), mit dessen Hilfe er anschließend das Fahrzeug entwendet (§ 242 StGB).

8.5 Mitbestrafte Nachtat

Das Gegenstück bildet die straflose Nachtat. Auch hier ergibt der Funktionszusammenhang zwischen den Taten den Fortfall des nachträglich verwirklichten Delikts. Dem ist vor allem bei den Vermögensstraftaten zu begegnen: Der Täter will den rechtswidrig erlangten Gewinn sichern, ausnutzen oder verwerten.

Beispiel:

- Das Ableugnen des Diebesbesitzes. Der (Sicherungs-) Betrug (§ 263 StGB) ist ohne eigenständigen Unwertgehalt.
- Der Dieb unterbindet Tage später mit Gewalt das Herausgabeverlangen des Eigentümers. Die räuberische (Sicherungs-) Erpressung (§§ 253, 255 StGB) erschöpft sich in der Verteidigung der durch den Diebstahl erlangten Position. Obwohl Verbrechen, tritt sie zurück, wobei allerdings die in ihr enthaltene Nötigung gewissermaßen wieder auflebt. Also: §§ 242; 240; 53 StGB.

8.6 Zum methodischen Vorgehen

Nicht selten herrscht Unklarheit darüber, ob und ggf. in welchem Umfang Sekundärnormen im Gutachten anzusprechen sind. Ist das Vorliegen von Gesetzeskonkurrenz **offensichtlich** (und unbestritten), können in Klausuren aus Zeitgründen die verdrängten Delikte unerwähnt bleiben. In Hausarbeiten sollte man, wenn das Ergebnis für das Primärdelikt festgestellt wird, kurz darauf hinweisen, dass damit das entsprechende Sekundärdelikt nicht in Ansatz zu bringen ist.

Anders liegt es, wenn die Annahme von Gesetzeskonkurrenz **streitig** ist. Dann versteht sich von selbst, dass der möglicherweise zurücktretende Tatbestand schulmäßig zu prüfen ist und dass am Ende zu den Konkurrenzen Stellung bezogen werden muss. Diskutiert werden diese kontrovers beurteilten Fälle zumeist unter dem Schlagwort **„Klarstellungsfunktion der Idealkonkurrenz"**.

Beispiele:

- Eine nur versuchte Tötung geht einher mit einer vollendeten Körperverletzung i.S. der §§ 223 ff. StGB (sog. qualifizierter Versuch). Während im Schrifttum zum Teil daran festgehalten wird, dass die Körperverletzung verdrängt wird, plädiert die h. A. (so jetzt auch BGHSt 44, 196 ff.) auf Tateinheit: Der Schuldspruch ließe sonst nicht erkennen, dass der Täter über den Tötungsversuch hinaus das Opfer körperlich verletzt hat.
- Der Täter verwirklicht hintereinander geschaltete, aber in verschiedene Richtungen gehende Qualifizierungen (etwa: sowohl § 224 StGB als auch § 226 StGB). Der BGH vertritt hier nach wie vor den Standpunkt, dass die „stärkere" Qualifikation die minderschwere aufzehrt (einschränkend jetzt

aber BGH, NJW 2009, 863). Die wohl h. L. hält dem entgegen, dass im Schuldspruch zum Ausdruck gebracht werden muss, dass der Täter über den schweren Körperverletzungserfolg hinaus sich zudem zu einer gefährlichen Begehungsweise verstiegen hat; also: §§ 224, 226, 52 StGB.

9 Die Idealkonkurrenz

Scheidet Gesetzeskonkurrenz aus, ist die Frage, ob die mehrfachen Gesetzesverstöße auf **„dieselbe Handlung“** (§ 52 StGB) zurückgehen. Dies ist für jeden Beteiligten gesondert zu bestimmen. Wer z.B. mehrere Personen durch eine Aufforderung zu drei verschiedenen Überfällen bestimmt, begeht nur *eine* Anstiftung (in drei tateinheitlich konkurrierenden Fällen). Die Handlungseinheit kann abermals zum einen aus der **Natur der Sache** resultieren oder sich zum anderen aus **juristischen Gründen** ergeben.

9.1 Tateinheit aus der Natur der Sache

9.1.1 Handlung im natürlichen Sinne

Liegt den Gesetzesverletzungen eine einzige Willensbetätigung bzw. ein Ausführungsakt zugrunde, führt diese sog. Handlung im natürlichen Sinne zur Idealkonkurrenz.

Beispiele:

- der Wurf einer Handgranate, die Menschen tötet, andere verletzt und Sachen zerstört (= ungleichartige Tateinheit);
- die beleidigende Äußerung gegenüber mehreren Personen (= gleichartige Tateinheit).

9.1.2 Natürliche Handlungseinheit

Nicht damit zu verwechseln ist die natürliche Handlungseinheit, bei der mehrere (natürliche) Handlungen aufeinander folgen. Von ihr war bereits oben (S. 203 f.) die Rede, und es wurde aufgezeigt, dass sich die Einzelhandlungen, soweit sie den gleichen Tatbestand betreffen, zu **einer Bewertungseinheit** verklammern können.

Die **Rechtsprechung** geht allerdings einen Schritt weiter und operiert mit der Rechtsfigur der natürlichen Handlungseinheit – zumindest gelegentlich – auch dann, wenn die von einem einheitlichen Willen getragenen Einzelbetätigungen nacheinander **unterschiedliche Strafgesetze** (mit andersartigen Rechtsgütern) erfüllen.

> *Beispiel:*
>
> Die sog. Polizeifluchtfälle, bei denen sich wegen der durchlaufenden Fluchtabsicht alle Straftaten (etwa Fahren ohne Fahrerlaubnis, Trunkenheit im Verkehr, gefährliche Körperverletzung, Widerstand gegen Vollstreckungsbeamte, Verkehrsunfallflucht) zu einer natürlichen Handlungseinheit verbinden sollen, die dann zur Idealkonkurrenz führt.

Unter Hinweis auf den Wortlaut des § 52 Abs. 1 StGB (= „dieselbe Tat") tritt die h. L. dem – zu Recht – nicht bei: Es ist nicht sachgerecht, allein mit Blick auf das Gesamtziel alle Teilakte als Einheit auszugeben und damit den Amokfahrer besser zu stellen. Richtigerweise ist auf **Realkonkurrenz** zu erkennen, es sei denn, die Tateinheit ließe sich aus juristischen Gründen – etwa über die Regeln der **Klammerwirkung** (S. 213 f.) – ableiten.

9.2 Tateinheit aus juristischen Gründen

9.2.1 Teilidentität

Über den Fall **vollständiger Kongruenz** hinaus (die Gesetzesverletzungen beruhen auf einer Handlung im natürlichen Sinne; s.o.) wird Idealkonkurrenz auch bei bloßer Teilidentität begründet: Bei **mehraktigen Delikten** trifft einer der Teilakte mit einer anderen Straftat zusammen.

> *Beispiele:*
>
> - Die Gewaltanwendung beim Raub (§ 249 StGB) besteht in einer Körperverletzung (§ 223 StGB). Weil ein Raubgeschehen nicht typischerweise mit einer Körperverletzung einhergeht, Konsumtion (S. 209) also ausscheidet, ist infolge von Teilüberschneidung Tateinheit anzunehmen.
> - Der Täter stellt eine unechte Urkunde her und legt sie zu Betrugszwecken dem Opfer vor. Da das Gebrauchmachen von dem Falsifikat (§ 267 Abs. 1 3. Alt. StGB) und die Täuschung (§ 263 StGB) in einem Akt zusammenfallen, ist Idealkonkurrenz gegeben, auch wenn der Herstellungsakt (§ 267 Abs. 1 1. Alt. StGB) zeitlich früher lag.

9.2.2 Taten im Versuchsstadium

Teilidentität im weiteren Sinne ist anzunehmen, wenn ein Delikt in die **Versuchsphase** eines anderen fällt und dazu dient, den Versuch in Richtung Vollendung voranzutreiben.

Beispiel:

Um ungestört arbeiten zu können, vergiftet der Dieb zunächst den scharfen Wachhund. Die Sachbeschädigung (§ 303 StGB) fällt in das Versuchsstadium des Diebstahls (§ 242 StGB) bzw. bedeutet zumindest als Hindernisbeseitigung das unmittelbare Ansetzen (§ 22 StGB) zum Diebstahl. Damit besteht Tateinheit.

9.2.3 Taten im Beendigungsstadium

Auf der anderen Seite umfasst der für die Vermittlung von Tateinheit in Betracht kommende Bereich auch den Zeitraum bis zur **materiellen Beendigung** eines Delikts. Erforderlich ist aber wiederum, dass der Täter durch die in der Nachphase verübte Straftat das Erstdelikt zum Abschluss bringen will.

Beispiel:

Zum Fortschaffen seiner Beute verschafft sich der Dieb ein Kfz mittels Erpressung (§ 253 StGB). Sofern der Täter zu diesem Zeitpunkt noch keinen gefestigten Gewahrsam innehatte, fällt die Erpressung in den Zeitraum zwischen Vollendung und Beendigung des Diebstahls.

9.2.4 Absichtsverwirklichungsdelikte

Tateinheit ist des Weiteren zu befürworten, wenn mit der späteren Straftat das **Absichtsmerkmal** des Erstdelikts **realisiert** wird (str.!). Dies gilt für alle sog. **unvollkommen zweiaktigen Delikte**, bei denen der Gesetzgeber die Zweithandlung in den subjektiven Tatbestand verbannt hat.

Beispiel:

Der Täter hat einen Menschen entführt (§ 239a StGB) und erpresst seiner Absicht entsprechend später einen anderen (§ 253 StGB).

9.2.5 Die Klammerwirkung

Die **Ausgangssituation** ist hier wie folgt beschaffen: Der Täter begeht zwei (oder mehrere) Straftaten, die an sich, weil zeitlich verstreut, zueinander in Realkonkurrenz stünden. Als mögliches **Bindeglied** fungiert jedoch ein drittes **zeitlich gestrecktes Delikt** (etwa ein Pauschaldelikt, S. 206, oder eine Dauerstraftat, S. 207 f.), das mit den auseinander liegenden Straftaten zusammenfällt. Die Frage ist dann, ob das durchlaufende Delikt die Taten zur Idealkonkurrenz verklammert.

Beispiel:

Ein Geheimagent (§ 99 StGB) öffnet im Zuge seiner Tätigkeit unerlaubt Briefe (§ 202 StGB), nimmt zeitversetzt Telefongespräche auf (§ 201 StGB) und stiehlt später Unterlagen (§ 242 StGB). Weil all diese Taten der Spionagetätigkeit zugehörig sind, werden sie über die Klammer des § 99 StGB zur Tateinheit verbunden.

Die Problematik dieses Klammereffekts ist darin zu sehen, dass er den Täter privilegiert. Ohne eine Verklammerung wäre Tatmehrheit anzunehmen, und der Täter stünde damit in den Rechtsfolgen schlechter. Eine solche Besserstellung stößt jedenfalls dann an die Grenzen des Erträglichen, wenn die selbstständigen Gesetzesverletzungen den Vermittlertatbestand **im Unrecht übertreffen**.

Beispiel:

Der Täter besitzt unerlaubt eine Schusswaffe (§ 52 WaffG), mit der er im Frühjahr den X ermordet (§ 211 StGB) und im Sommer dem Y absichtlich eine schwere Körperverletzung zufügt (§ 226 Abs. 2 StGB).

Hier für eine Verklammerung einzutreten hieße, den Täter nur deshalb zu begünstigen, weil er (zufällig) noch eine weitere – die verbindende – Straftat nach dem WaffG begangen hat. Wer hingegen eine Waffenbesitzerlaubnis vorweisen könnte, stünde im Ergebnis schlechter da, weil für ihn Realkonurrenz anzunehmen wäre.

Um diesen Widerspruch aufzulösen, ist allgemein anerkannt, dass das Prinzip der Verklammerung nicht gilt, wenn der (Verbindungs-) Tatbestand **leichter wiegt**. In diesen Fällen ist eine **Entklammerung** vorzunehmen, die es bei der Realkonkurrenz belässt (und den tatmehrheitlich konkurrierenden Delikten jeweils tateinheitlich den Verstoß gegen das WaffG hinzufügt). Im Ergebnis also: §§ 211 StGB, 52 WaffG, 52 StGB; 226 Abs. 2 StGB, 52 WaffG, 52; 53 StGB. Daran ist allerdings wiederum ungereimt, dass die einmalige Zuwiderhandlung gegen das WaffG zweimal in Ansatz gebracht wird.

Übrig bleibt die Konstellation, bei der nur **eines** der Delikte schwerer wiegt als die an sich verbindende Tat.

Beispiel:

Der Zuhälter (§ 181a StGB) nötigt bei einer Gelegenheit die Prostituierte (§ 240 StGB) und fordert in einer anderen Situation unter Vorhalten einer Waffe von ihr den Dirnenlohn heraus (§ 250 Abs. 2 Nr. 1 StGB).

Nach neuerer Rechtsprechung ist in einem solchen Fall die Verklammerung zulässig.

10 Schaubild

Zur Veranschaulichung und zum besseren Verständnis seien im Folgenden nochmals alle Fälle der Handlungseinheit, die es entweder bei einer Tat (= **Bewertungseinheit**) belassen oder die **Idealkonkurrenz** auslösen, in einer **Übersicht** zusammengestellt:

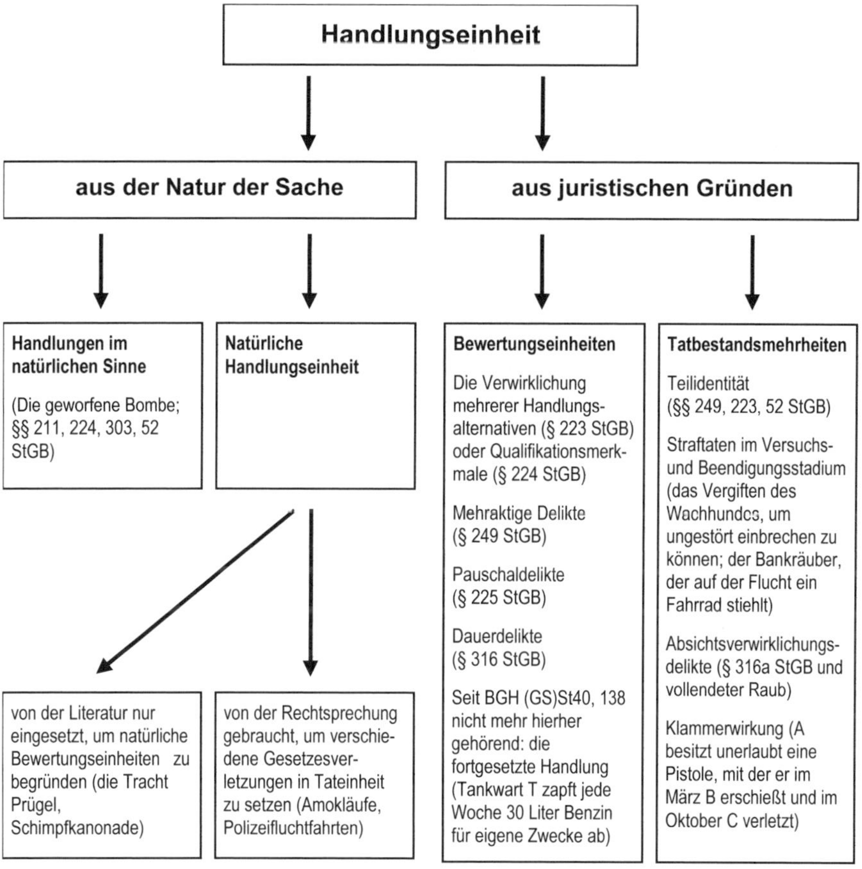

11 Die Realkonkurrenz

Die Tatmehrheit nach § 53 StGB lässt sich nach allem leicht und weitgehend negativ bestimmen: Sind mehrere Tatbestände gegeben, für die weder Gesetzeskonkurrenz noch Idealkonkurrenz (Handlungseinheit) angenommen werden kann, steht der Befund der Realkonkurrenz (Handlungsmehrheit) zwingend fest.

12 Schlussbemerkungen zur Methodik; Standort der Konkurrenzen; Einfluss der Konkurrenzen auf den Aufbau

Allenthalben wird vorgeschlagen, die Konkurrenzen ganz am Ende des Gutachtens anzugehen. Dies ist nicht unbedingt empfehlenswert, weil das mehr Schreibarbeit macht und die Übersicht erschwert. Stattdessen sollte man die jeweiligen Konkurrenzverhältnisse **„an bereitester Stelle"** klären, d.h. da, wo sie sich endgültig und verbindlich festschreiben lassen (etwa nach jedem einzelnen Tatkomplex).

Im Übrigen sollte man sich vergegenwärtigen, dass die Konkurrenzen oftmals schon den Aufbau des Gutachtens diktieren. Schon vor der Niederschrift sollte also der Bearbeiter sein Augenmerk auf die Konkurrenzformen richten, um so – weit verbreitete – Fehler in der Prüfungsreihenfolge und im Gesamtaufbau zu vermeiden. So ist beispielsweise häufig zu beobachten, dass Sekundärstraftaten *vor* dem Primärdelikt erörtert werden. Mitunter kommt es auch vor, dass ein einheitliches Delikt auseinander gerissen und mehrfach – z.T. sogar in verschiedenen Handlungsabschnitten – geprüft wird. Der umgekehrte Fall ist ebenfalls nicht selten anzutreffen: Mehrere Gesetzesverstöße werden in nur *einer* Deliktsdarstellung untergebracht. Diese Fehlerliste zeigt, dass die Konkurrenzen nicht nur um ihrer selbst willen – jedenfalls in den Grundzügen – beherrscht werden sollten.

Sachregister

F

G

H

I

J

K

M

U

V

W

Z

Printing: Ten Brink, Meppel, The Netherlands
Binding: Stürtz, Würzburg, Germany